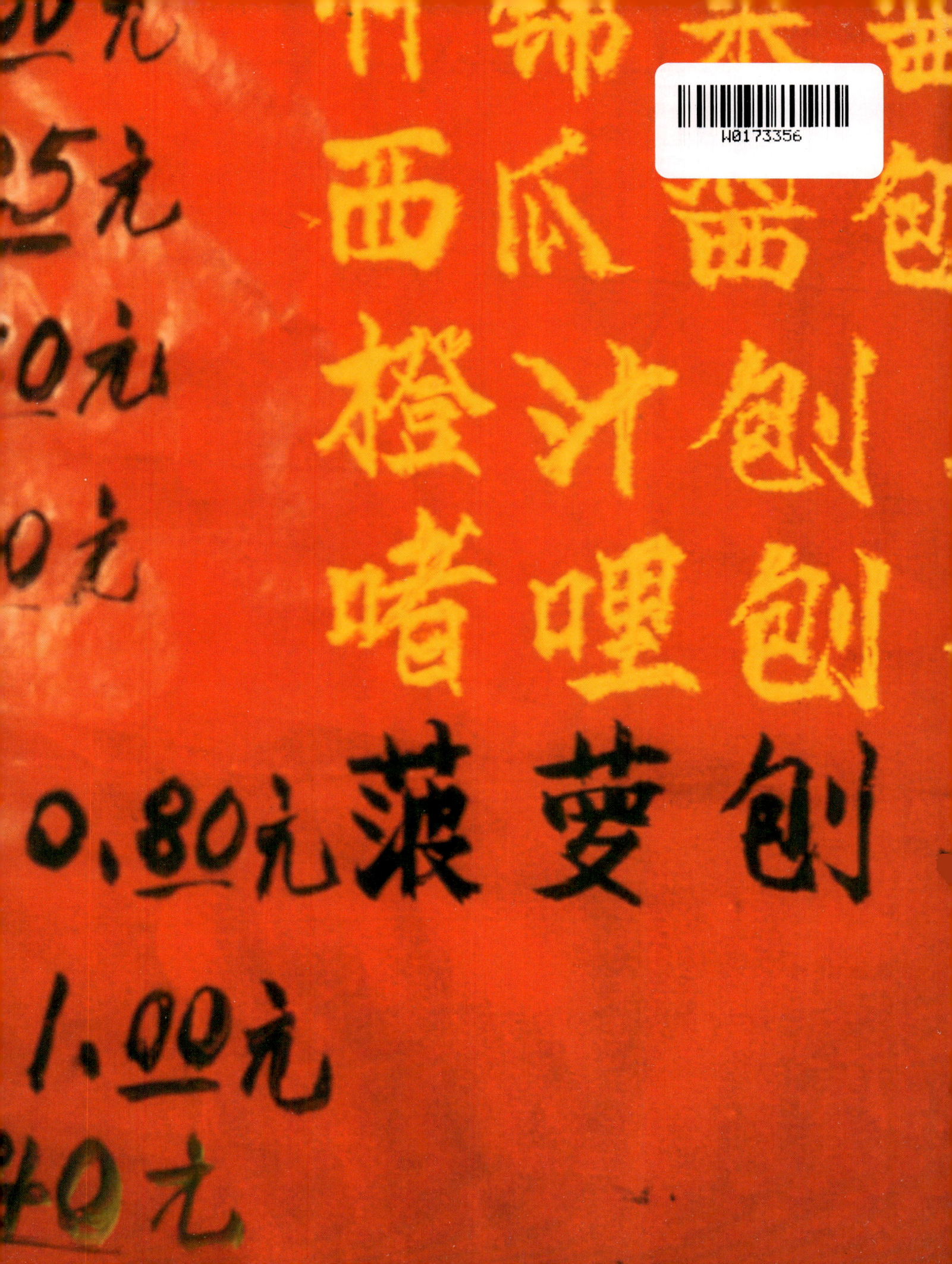

Die echte chinesische Küche

Typische Rezepte und kulinarische Impressionen
aus den vier berühmtesten Regionen

Autoren: Liu Zihua und Uli Franz

Fotoreportagen Uli Franz
Rezeptfotos Susi und Pete A. Eising

Übersetzung: Dai Shifeng
Beratung: Wang Xiaohui
Koordination: Yang Li

Die echte chinesische Küche

Inhalt

Vorhergehende Doppelseite:
Gartenlandschaft am Li-Fluß bei Guilin.

Das Kochen

Die Küchen Chinas

Von fleißigen Bienen und Faultieren

Einführung

Von wegen – alle Menschen seien gleich! Unter uns leben fleißige Bienen und wahre Faultiere. Jeder kennt das Hohelied auf die Emsigkeit und jeder schämt sich seiner kleinen Faulheiten. Warum werden dem Faulsein eigentlich nur Schattenseiten angedichtet? Wer diese Fleißarbeit von Kochbuch zur Hand genommen hat, mag durchaus der Faulheit frönen und dabei in Genüssen schwelgen. Vielleicht verzehrt ihn aber auch der Gegensatz. Zwar möchte er »die Tapete wechseln«, doch vor dem großen Abenteuer, vor einer harten Reise auf der staubigen Seidenstraße nach China schreckt er noch zurück. Versöhnend erlaubt er dafür seiner Nase, sich die Gewürzroute entlang zu schnuppern, und sein Gaumen darf gelegentlich beim Chinesen an der Ecke auf eine kleine kulinarische Reise gehen. Vielleicht ganz unbewußt verhält er sich wie ein Kind, das mit Spinat und Karotten in seinem Teller spielt und insgeheim ein verträumtes Minigärtchen anlegt. Warum kann eine Chinareise nicht ähnlich phantastisch in der Reisschale stattfinden? Erfüllen wir uns doch Wünsche und machen Schluß mit einer Ernährung aus Fleiß und praktischen Zwängen. Das Essen muß wieder in ein sinnliches Abenteuer einmünden – warum nicht mit Hilfe chinesischer Weisheiten?

»Unser Appetit auf Essen und Sexualität entspricht der menschlichen Natur« betonte schon vor 2200 Jahren der Philosoph Gaozu. Nicht weniger freimütig fordert die chinesische Kochkunst unsere großmütige Vorstellungskraft und unseren ursprünglichen Wagemut heraus und provoziert eine wahre Rebellion gegen einen Eßstil der Monotonie. Nach chinesischem Denken speist eine richtige Ernährung das Zusammenspiel von Körperöffnungen, Sinnesorganen, Gefühlen und Tugenden sowie den inneren Organen; ist also viel, viel mehr als eine geschwinde Antwort auf den alltäglichen Hunger.

Jene Kochkultur, die auch als Philosophie der Lebensfreude taugt, prägte bereits das aristokratische Geburtsritual der chinesischen Antike. Wenige Tage vor der Niederkunft entsendet der fastende Vater, der seit drei Monaten von seiner schwangeren Frau getrennt lebt, zwei Vasallen an die Pforte ihrer Gemächer: Links nimmt der Musikmeister und rechts der Küchenmeister Aufstellung. Den Koch erkennt man an einer Schöpfkelle, den Musikmeister an einer Stimmgabel. Als die höchsten Würdenträger im Staat – der Koch bekleidete meist das Amt des Premierministers – haben sie die Pflicht, auf das Einhalten der Geburtsregeln zu achten. Während der Musikmeister seine Stimmgabel anschlägt, um dem Neugeborenen erste wohlklingende Schreie zu entlocken, überwacht der Koch die Ernährung von Mutter und Kind. Aus Tradition ganzheitlich geprägt, begegnen kluge Chinesen auch heute noch dem Essen nicht anders als dem Leben, symbolisieren doch beide das Eine: Erfüllung im Jetzt. So erzählen sie gerne, daß die ersten Menschen im Garten Eden Kantonesen gewesen seien, die die unheilvolle Schlange einfach in den Kochtopf gesteckt hätten.

Ob Biene oder Faultier – etwa 190 typische Rezepte der vier berühmtesten Regionalküchen Chinas warten im vorliegenden Buch auf Sie, genauso wie eine fürstliche Belohnung. Sind die nachgekochten Gerichte gelungen und mundeten die Speisen nicht nur ihrem Schöpfer, sondern auch den geladenen Gästen, dann dürfen Sie sich gefällig Virtuose des Würzens nennen.

Im Olymp

Der Meisterkoch Liu Zihua

Der Pekinger Liu Zihua blickt nach zwanzigjähriger Anstrengung auf eine Welt tausendfacher Gaumenfreuden hinab. Liu kocht seit 1967 für die Seinen, seit 1973 für Fremde und seit 1984 trägt er die weiße Mütze eines staatlich gekrönten »Meisterkoches«. Er weiß also, wovon er spricht, wenn er Ma Po Dou Fu (siehe Seite 260) als sein Lieblingsgericht bezeichnet. Jener Sojabohnenkäse mit Chili und Pfeffer ist scharf, scharf, scharf. Ein gewöhnlicher Nordchinese verschont seinen Gaumen mit einem so explosiven Gericht. Einst, als der Bauernsohn Liu noch Soldat werden wollte, hätte er diese Sichuaner (Szetschuaner) Spezialität nie angerührt, zu groß waren seine Vorurteile gegen das Essen südlich des Yangtse-Flusses. Geboren in einer Bauernkate südlich von Peking, hielt er seinen dörflichen Himmel für den Himmel der Welt. Er aß, was seine Eltern aßen, er lernte, was sie ihm beibrachten. Mit achtzehn Jahren brach die Gleichförmigkeit ab, Liu meldete sich widerwillig, auf Geheiß eines bestimmenden Vaters, zu einer Kochprüfung, die das Erste Dienstleistungsamt der Hauptstadt veranstaltete – und bestand als einer von vielen hundert Bauernburschen. Der Bedarf des Staates hatte seinen Jugendtraum vom Soldaten zerbrochen und ihm den unbeliebten Weg einer Kochausbildung gebahnt. Fortan sollte die Bürokratie in sein Leben treten. Unverzüglich mußte Liu seinen Wohnsitz in die Hauptstadt verlegen. Der erzwungene Umzug erwies sich schnell als Vorzug, herrschte doch ein strikter Zuzugsstopp für alle urbanen Zentren des Landes, insbesondere für die Neunmillionenstadt Peking.

Bei seinem Sprung vom mageren Land in die wohlgenährte Stadt schien Liu wie auf einer Rolltreppe, die ihn ohne eigenes Zutun nach oben beförderte, gelandet zu sein. Doch nur die Richtung war vom sozialistischen Plan diktiert, nicht das Tempo der Auffahrt. Kaum hatte der eingeschüchterte Bauernsohn sein Gleichgewicht erlangt, da beschleunigte er sein Fortkommen. Wenn schon Koch, dann ein großer. Nach diesem Ziel schien er fortan zu streben.

Der neue Lebensabschnitt begann mit einer Explosion auf seiner unbedarften Zunge. Lehrling Liu war der Ausbildungsgruppe »Sichuan-Küche« zugeteilt worden und mußte sich die scharfe Regionalküche Westchinas aneignen. Ehrgeizig sprang er über seinen eigenen Schatten und lernte, zu kochen und zu essen, was er nicht kannte.

Nach knapp dreijähriger Ausbildung in den vier großen Kochstilen, wurde er dem berühmtberüchtigten Sichuan-Restaurant in der Rong Xian Westgasse zugeteilt. Berühmt, weil es von 1959 an sieben Jahre lang der kommunistischen Parteielite als Gourmettempel gedient hatte. In den abgeschirmten Salons der ehemaligen Prinzenresidenz liebten Spitzenkader wie Mao Tsetung, Liu Shaoqi und Zhu De zu speisen. Einer, »Pfeffriger Napoleon« genannt, kam besonders gern: der berühmteste Sohn der Provinz Sichuan, Deng Xiaoping. Als berüchtigt war das Restaurant in der Kulturrevolution verschrien. Die anarchistischen Rotgardisten witterten ein bourgeoises Schlemmernest der kapitalistischen Machthaber à la Deng. Auf Initiative der Mao-Witwe mußte das stilvollste Restaurant Pekings sieben Jahre lang schließen und seine »verbürgerlichten« Köche zur neuerlichen Proletarisierung auf das flache Land verschicken.

Schicksalhafte Begegnung

Zur Wiedereröffnung im Jahre 1973 finden sich altbekannte und neue Gesichter ein. Zu den bekannten zählt ein kleiner, älterer Mann. Obwohl er sich gleich einer Randfigur verhält, begegnen ihm die anderen mit riesigem Respekt. Nur ein frisches Gesicht wagt unmittelbar neben dem Gewürdigten aufzutauchen. Augen begegnen sich, Münder bewegen sich, und schon ist die Distanz zwischen der zurückhaltenden Berühmtheit und dem forschen Nobody verflogen. Aus dieser ersten Begegnung soll ein Verhältnis von weisem, väterlichem Lehrer und wissensdurstigem, kindlichem Schüler erwachsen. Der Kochschulabsolvent Liu war seinem zukünftigen Lehrmeister, dem berühmten Koch Chen Songru begegnet. Meister Chen stammt aus einer großen Familie. Mit zwölf Jahren schickte ihn sein Vater in die Stadt, um sich als Küchenjunge zu verdingen. Essen

Wie Vater und Sohn
Liu Zihua und sein Lehrer
Chen Songru (links)

muß der Mensch, also wird man immer Köche brauchen, lautete sein Rat zum Abschied. Chen Songru lernte und lernte. »Learning by doing« sagen die Engländer bis heute unübertroffen zu dieser Art des Aneignens. Diesen Weg gingen alle, die sich heute Chinas »Meisterköche erster Sonderklasse« nennen, also die Elite.

Sein Schüler Liu Zihua lernte anders, schneller, sprunghafter, mehr mit dem Kopf als mit der Hand. Tatsächlich verkörpern beide verschiedene Generationen. Chen, die aussterbende Garde der handwerklichen Macher, Liu die Generation der gebildeten Nachrücker. In China stehen sich beide Lager normalerweise verständnislos gegenüber, denn die Alten klammern sich an die Macht, die längst den Jüngeren gehören sollte. Nicht so der alte Chen, deshalb kann Liu auch unumwunden eingestehen: »An meinem Lehrer und anderen alten Meistern kann ich die in jahrzehntelanger Arbeit gesammelten Erfahrungen nur bewundern. Leider können sie ihre Erfahrungen nicht systematisieren und wissenschaftlich ausdrücken. Deshalb sollten wir Köche der jüngeren Generation einen anderen Weg als unsere Vorfahren einschlagen. Schade nur, daß solche Gedanken in unserer traditionalistischen Branche noch wenig Anklang finden. Selbst gleichaltrige Kollegen werfen mir Geltungssucht vor.«

Der Erfolg

Bekannt wurde der »Ausgezeichnete Koch« – 1986 war ihm dieser Titel von der Stadt Peking verliehen worden – mit einem schmalen Buch. Unter dem Titel »Köstliche Familienspeisen für alle Jahreszeiten« veröffentlichte er im Jahre 1991 passende Rezepte für Frühjahr, Sommer, Herbst und Winter. Entsprechend der Saisongemüse, der Vorbereitungszeit und dem kühlenden oder wärmenden Charakter der

Einst eine Prinzenvilla
Der Eingang zur Haupthalle des nächtlich leeren Sichuan-Restaurants.

Viele Köche, großes Wissen
Keiner redet dem anderen drein, hier herrscht eine feste Rangordnung; sei es bei der Vorbereitung, sei es beim Braten.

Heiß und nochmals heiß
Das Öl im Wok muß rauchen, bevor das frische Gemüse hineingegeben wird.

9

Speisen stellte er Rezeptvorschläge zusammen. Dieses, sein viertes Kochbuch entwickelte sich innerhalb von Monaten zum Bestseller.

Liu meint heute: »Inzwischen bin ich mit Leib und Seele Koch, bin sozusagen vierundzwanzig Stunden im Dienst.« Für seine Frau und seine Tochter hat dieses Eingeständnis auch etwas Gutes, denn sie profitieren von Papas Kunst. Oft wird der Montag zum häuslichen Festtag, denn montags hat Liu frei und kann seiner Lieblingsbeschäftigung nachgehen: über üppige Bauernmärkte zu streifen, Frisches und Ausgefallenes aufzuspüren und – zu kaufen, ohne mit dem Yuan geizen zu müssen. Als Besserverdienender mit einem Monatsgehalt von umgerechnet 120 Mark kann er neunzig Prozent davon für Essen ausgeben. Mit links kann er noch das Geld für die Miete seiner Zweizimmerwohnung abzweigen, denn fünf Yuan entsprechen mittlerweile auch in China einem besseren Trinkgeld von einer Mark fünfzig. Mit dem schmaleren Gehalt der Frau, umgerechnet neunzig Mark, und seinen Buchhonoraren konnte sich die Familie mit einem Kühlschrank, einer Stereoanlage und einem Farbfernseher ausstatten. Fahrrad, Nähmaschine und Armbanduhr gelten bei Familie Liu wie bei allen Städtern längst als Standard.

Wenn der Hausherr montags für die Seinen festlich kocht, hat das Privatbankett nichts mit Etikette, dafür viel mit Experiment zu tun. Liu will das Gedächtnis seiner Frau testen und fragt sie scherzhaft: »Xue Lijuan, erinnerst du dich noch an die Zeit der Rindfleisch-Gerichte?« Sie braucht nur für Sekunden zu überlegen: »Wir kannten uns erst kurze Zeit. Du kamst gerade von einem Lehrgang aus Sichuan zurück und wolltest an mir dein neuerworbenes Können testen.« »Testen! Verwöhnen wollte ich dich«, entgegnet Liu gespielt empört. »Damals hatte ich in

Chongqing Sichuaner Gerichte mit scharfem und nußartig mariniertem Rindfleisch zubereiten gelernt.« Unerwartet tritt spielerischer Glanz in seine Augen, als er fortfährt: »Noch sechs Jahre später sollte mir dieser Lehrgang zugute kommen. 1984 hatte Deng Xiaoping seinen Freund, Prinz Sihanouk, in unser Restaurant eingeladen, um dessen sechzigsten Ge-

burtstag zu feiern. Für ihr Bankett kreiierte ich zwei Gerichte, jenes nußartige Rindfleisch in Streifen und ein Gericht, das wir wegen der Dünne seiner Scheiben 'Schattenspiel-Rindfleisch' nennen.« Unter der Regie von Meister Chen sorgten Liu Zihua und weitere dreißig Köche für die Befriedigung der erlauchten Gaumen. Ob es einen direkten Zusammenhang

zwischen jenem Geburtstagsschmaus und Lius wenig später erfolgten Beförderung zum »Meisterkoch der dritten Sonderklasse« gibt, blieb bis heute ein Geheimnis, gehütet wie die kulinarischen Gelüste jener hohen Herrn.

Aufstieg in den Olymp

China erhebt sich wie eine Pyramide aus einer Hierarchie von Quadersteinen. Jeder Stein hat seinen Sitz in einer unverrückbaren Ordnung, wo nur oben oder unten zählt. Auch die Rangordnung der Köche ist dadurch bestimmt. Ganz oben triumphieren die Meisterköche der ersten, gefolgt von denen der zweiten und dritten »Sonderklasse«. Im einzelnen unterscheidet sich ihr Können lediglich durch ein Mehr oder Weniger an »Verdiensten für die Entwicklung der nationalen Gastronomie«. Unterhalb dieses Olymps tummeln sich die Meisterköche der ersten bis fünften »Klasse«, gefolgt von einem Heer aus staatlich anerkannten »Köchen«. Entsprechend dieser Hierarchie dürften sich übrigens nur ganz, ganz wenige Köche in deutschen China-Restaurants »Koch« nennen. Dank seiner zahlreichen Aufsätze in der renommierten Fachzeitschrift »Chinas Kochkunst«, seines Lehrauftrages an einer Pekinger Berufsschule und nicht zuletzt seiner Kochbücher, müßte Liu längst auf einem der ersten Plätze im Olymp der Meisterköche thronen. Doch abgesehen von seinem Mangel an Jahren, müßte er dafür mit den Wölfen heulen und öfter mal ein erlesenes Menü für einen hohen Kader kochen, kostenlos natürlich.

»Ob ich Schlangenfleisch mag? Nein, davor schauert es mich, ehrlich gesagt«, entgegnet Liu Zihua angewidert. Der Meisterkoch ißt keine, dafür ist er eine Schlange, denn er wurde im August 1953 geboren – im Jahr der Schlange.

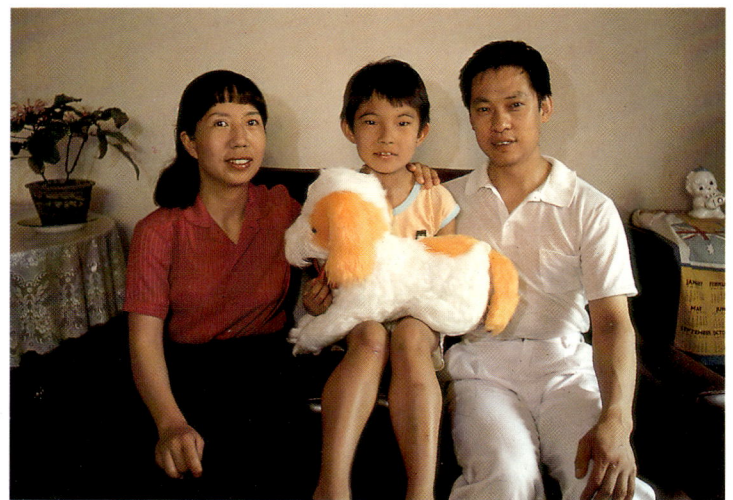

Reif ist sie, wenn es hohl klingt
Am liebsten kauft der Meisterkoch selbst auf dem Straßenmarkt ein, denn es geht ihm immer um beste Qualität und absolute Frische.

Ein Paar, ein Kind
Die Freizeit verbringt Meisterkoch Liu gerne in seiner Zweizimmerwohnung im südlichen Vorort von Peking. Wenn seine Frau und er frei haben, widmen sie sich ihrem »Juwel«, der neunjährigen Tochter Liu Ran.

Kochkunst als Brücke

Liu Zihua schildert seine Eindrücke in Deutschland

Liebe Freunde!

Auf Einladung Ihres Verlages und zum Zwecke der Aufnahme der für das Buch erforderlichen Rezeptfotos bin ich zwei Monate in München gewesen. Diese Zeit war zwar kurz, aber ich merkte, daß bereits eine tiefe Freundschaft zwischen uns entstanden ist. Dies wird unvergeßlich für mich sein. Nachdem ich nach China zurückgekommen war, habe ich meiner Frau die Erlebnisse dieser Zeit erzählt. Sie ist Ihnen auch sehr dankbar.

Am 9. Januar bin ich voller Hoffnung auf den Boden Deutschlands getreten und in der schönen Stadt München angekommen. Im Vergleich zu China war alles für mich sehr neu und fremd. Die Zeit war knapp. Wir kamen nicht dazu, uns mehr zu unterhalten, sofort habe ich mit der Arbeit begonnen. Ehrlich gesagt, ich hatte mich ziemlich selbstsicher und fähig gefühlt, die Fotos von den Gerichten vorzubereiten. Aber nach der ersten Kocharbeit wurde mir klar, daß es nicht so einfach war, wie ich es mir vorgestellt hatte. Die Schwierigkeiten, auf die ich traf, waren wirklich groß. Zum Beispiel konnten wir uns sprachlich nicht direkt verständigen, manche erforderlichen Lebensmittel waren anders und die Bedingungen, chinesisch zu kochen, waren nicht vorhanden. Was besonders ungewohnt war, waren die unterschiedlichen Kriterien des Geschmacks und der ästhetischen Form des Essens in den beiden Ländern, so daß ich es manchmal nicht akzeptieren konnte.

In Peking hatte mir der Dolmetscher bereits erzählt, wie gewissenhaft die Deutschen seien. Aber auf keinen Fall hatte ich mir denken können, daß es so schlimm sein konnte: Das Gericht auf dem Foto mußte der schriftlichen Beschreibung unbedingt entsprechen. Natürlich habe ich später allmählich verstanden, daß es richtig war, weil es unser Ziel ist, den Lesern ein Kochbuch mit hohem Niveau und von hoher Qualität anzubieten, und weil wir schließlich die Verantwortung gegenüber dem Kunden tragen müssen.

In der späteren Zeit ging die Arbeit ziemlich zügig voran. Ich kann sagen, ohne zu übertreiben, daß ich mich mit diesem Buch und der Qualität der Fotos mit all meiner Intelligenz und

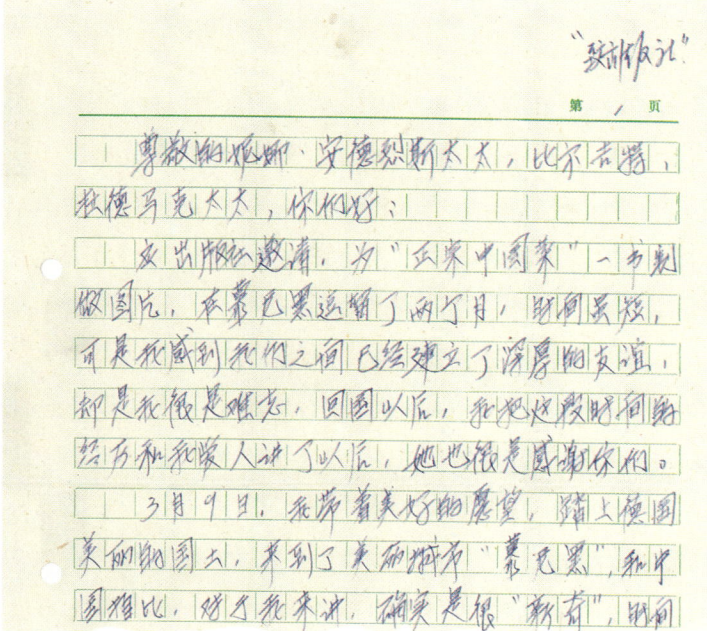

Kraft gewidmet habe. Was mich tröstet, ist die wirklich gute Qualität der Fotos. Ich meine, daß unsere Zusammenarbeit trotz aller Schwierigkeiten zufriedenstellend war. Ich glaube, daß Sie vielleicht auch dieser Meinung sind.

Als chinesischer Koch freue ich mich sehr, diese Chance gehabt zu haben, die feine chinesische Kochkunst und Küche

dem deutschen Volk und anderen Menschen auf dieser Welt näher zu bringen. Als erste Person des Kochkunstaustauschs zwischen China und Deutschland bin ich sehr stolz. So eine Kooperation hat es in China noch nicht gegeben. Alle, die davon wissen, freuen sich für mich.

Zwischen unseren beiden Ländern, zwischen dem Osten und dem Westen, haben sich ganz unterschiedliche Eßgewohnheiten und Neigungen gebildet; darin liegt wahrscheinlich gerade der Sinn unseres Kochbuchs. Ich glaube, daß das Buch als eine Brücke wirken kann, um die Beziehungen der Kochkunst zwischen unseren beiden Ländern und zwischen dem Osten und dem Westen zu vertiefen, um die Unterschiede zu verkleinern und um den Menschen der Welt einen schönen Genuß der chinesischen Küche zu ermöglichen. Darüber wäre ich sehr erfreut und glücklich.

Kurz gefaßt kann man sagen, daß unsere Zusammenarbeit gelungen ist. Die unvergeßliche Zeit in München hinterläßt eine schöne Geschichte und Erinnerung. Wenn es noch Gelegenheit gibt, können wir noch weiter zusammenarbeiten. Herzlich willkommen in China! Ich werde Sie in meinem Restaurant und bei mir zu Hause ganz herzlich empfangen.

Sehr geehrte Damen, viel Glück, viel Geld und viel Erfolg! Lassen wir unsere Freundschaft sich für immer weiterentwickeln!

Liu Zihua
Peking

Das Team im Fotostudio
Von links nach rechts: Susi und Pete Eising, Li Li, Liu Zihua und Martina Görlach.

Wohlgeschmack heißt ihre Seele

Die Kochkunst

Gleichwertig mit Philosophie, Theaterkunst, Tuschmalerei, Gartenarchitektur, Musik und Politik gehört die Kochkunst zur chinesischen Kultur. Nicht nur der Geschmack, der Duft und die Farbe der Gerichte müssen »locken«, sondern auch die Form und die Konsistenz der Speisen. Ja selbst das Darbieten auf edlem Porzellan sowie eine poetische Namensgebung müssen den Appetit anregen. Als die Essenz, ja als die Tugend dieses großen »Hungers« kann man nur den Wohlgeschmack bezeichnen. »Wir Köche«, meint Meister Liu Zihua (siehe Seite 8), »betrachten den Wohlgeschmack als die Seele eines Gerichtes. Jeder kreative Koch bemüht sich, dem Motto *hundert Speisen schmecken hundertmal verschieden* gerecht zu werden. Sein Können zeigt sich in der Fähigkeit, Geschmack zu kreieren.« 2500 Jahre sind verflossen, seit in den Klassikern der Zhou-Dynastie (1050–249 v.Chr.) die Harmonie der fünf Geschmäcker sauer, süß, bitter, scharf und salzig als das Wesen der chinesischen Küchenkunst benannt wurde.

Der Wohlgeschmack einer tischfertigen Speise erwächst aus dem natürlichen Geschmack der Gaben der Natur. Feiert demnach die Rohkost in der chinesischen Küche Triumphe? Im Gegenteil, rohe Speisen wie Salat und Tatar sind höchst verpönt. Vielmehr lautet die Maxime: Durch gekonntes Kochen den Rohstoffen ihren verborgenen Geschmack zu entlocken und ihn mit viel Raffinement leicht zu überhöhen. Mit der populärsten aller Bratmethoden, dem Pfannenrühren, gelingt es, die Produkte auf einem glühendheißen Ölfilm im eigenen Saft zu garen. Prallen hierbei Wasser und Öl aufeinander, entlädt sich eine Explosion. Doch diese darf sich nur blitzartig austoben, damit die absolute Frische im Herzen der Nahrung erhalten bleibt. Zum richtigen Maß an »Sprengkraft« gesellen sich das Kombinieren und Untermischen von Zutaten. Ohne würzendes Beiwerk wären die teuersten Delikatessen, nämlich Haifischflossen, Vogelnester und der Gallertpilz Silbermorchel gänzlich fade, farblos und ohne Duft. Nur durch gelerntes Kochen und Köcheln sowie den abgestimmten Umgang mit Zutaten verwandelt sich Nichtssagendes in Fürstliches. Ein exzellenter Koch muß ein hervorragender Jongleur, doch er braucht kein todesmutiger Artist zu sein, denn Mutter Natur wiegt ihn in Sicherheit. Sie offeriert ganz zwanglos ein Puzzle harmonisierender Geschmacksvarianten.

Da sich das Denken der alten Chinesen und ihre Kochkunst freimütig zu den menschlichen Instinkten bekennen, können sie etwas so Hehres wie Glück ganz simpel mit »warm, gut gefüllt, dunkel und süß« umschreiben.

Wohlgeschmack zu kreieren, gelingt nicht zuletzt durch kunstvolles Würzen. Dieses Geheimnis beherrscht die Küche des Westens (siehe Seite 206) wie keine zweite, kann sie doch auf eine Auswahl von über fünfzig Gewürzen zurückgreifen. Diese feurige Küche wird verkannt, denn Unwissende billigen ihr lediglich das Prädikat »scharf« zu. Tatsächlich bietet sie ein breites Spektrum an Schärfe: nußartig-scharf, salzig-scharf, süß-scharf, aromatisch-scharf und sauer-scharf.

Trägt die Seele der chinesischen Kochkunst den Namen Wohlgeschmack, dann lauten die Namen ihrer Seelenverwandten natürlicher Geschmack, totale Frische, forderndes Feuer, künstliche Würze und naturgegebene Harmonie.

Peng Ren
(Feine Gerichte
zubereiten)

Peng Tiao
(Gerichte schmackhaft
machen)

Zeichen wie Bilder

Was in unserem Auge als anmutiger Bilderkorpus erscheint, liest ein Chinese als schöngeschriebenes Protokoll einer köstlichen Botschaft, denn in den beiden obigen Zeichenpaaren verbirgt sich das Geheimnis seiner Küche. Der Chinese neigt zur Übertreibung. Gratuliert er einem frischvermählten Paar zur Hochzeit, dann wünscht er nicht einfach nur »Glück«, sondern »Doppelglück«, denn eine Verdopplung signalisiert Potenz. Dieses Signal gilt auch für die abgebildete Kalligraphie. Übersetzt heißen die Schriftzeichen nämlich »feine Gerichte zubereiten«, *Peng Ren*, und »Gerichte schmackhaft machen«, *Peng Tiao*, wobei die beiden linken Zeichen jene Potenz der Doppelung ausmachen.

»Haben Sie schon gegessen?«

Vom Sinn der Worte

Ein fragendes »Wie geht's?« mag noch so freundlich klingen, verglichen mit einem »Haben Sie schon gegessen?« verflüchtigt sich jener Worte Glanz in einem Dunkel von Beliebigkeit. Zurecht wird jetzt gefragt, was hat das eine mit dem anderen zu tun? Viel, denn beide Fragen heben gleichermaßen auf das Wohlbefinden ab. Die eine unverblümt deutsch, die andere blumig oder besser kulinarisch chinesisch. Auf der ganzen Welt sollen sich nur noch die Nepalesen und die Koreaner so »essensmäßig« begrüßen. Essen und Trinken, Schreiben und Sprechen, Schauen und Hören, Riechen und Schmecken formen eine elementare Einheit, die in Bildern lebt wie: *Der Frühlingswind ist gleich Wein, der Sommerwind gleich Tee, der Herbstwind gleich Rauch, der Winterwind gleich Ingwer.*
Beim Schnuppern all dieser Winde offenbart sich, daß die chinesische Sprache über alle Maßen anschaulich ist. Abendländische Forscher schwärmen von dieser viertausend Jahre alten Kultur von Sprache, weil sie »bis zur Grenze des Möglichen mit Sinn geladen« sei. Doch das Gewicht müßte stärker auf das scheinbar banale Wörtchen »essen« gelegt werden, denn das winzige Wort hat im Chinesischen eine Vielzahl von Bedeutungen. Würde man zum Beispiel einen chinesischen Lehrer fragen: »Was tun Sie beruflich?« würde er allen Ernstes antworten: »Ich esse vom Pulver des Kreidestiftes.« Staunen würden Sie auch, wenn sich eine Dame mit den Worten vorstellt: »Ich esse mit geöffnetem Mund.« Natürlich ißt man nicht mit geschlossenem Mund oder vielleicht auch Mundwerk. Ja, Mundwerk, das führt uns auf die Spur: bei der Dame handelt es sich um eine Opernsängerin.
Um die Jahrhundertwende tauften Chinesen ihre Landsleute, die Christen geworden waren, »Leute, die die Speisen der ausländischen Religion essen«. Für Chinesen geht also nicht nur die Liebe durch den Magen, sondern auch Glauben und Ideologie. Jenes Organ, das dem Element Holz zugeordnet ist (siehe Seite 31), gilt als überaus empfindlich, zugegeben auch im Westen. Doch nur die Chinesen sagen, wer »Essig ißt«, kann sich nicht nur den Magen, sondern auch sein Liebesleben verderben, denn »Essig essen« bedeutet »sich vor Eifersucht verzehren«. Hingegen kann es beim Brettspiel nur von Vorteil sein, einen gegnerischen »Stein zu essen«. Daß sich Männer nicht nur auf selbstgefälliges Schlemmen verstehen, sondern auch in Gegenwart von Frauen selbstherrlich sein können, zeigt der Ausspruch »sofort eßbar«, was mit Blick auf die Damen soviel wie »sehr hübsch« heißt. Wer »bitter ißt«, erleidet Not und wessen »Reisschale zerbrochen ist«, der möchte zu gerne »Getreide zum Kauen haben«. Na, kapiert? Nein, wirklich nicht verstanden? Ist die Schale, das A und O des chinesischen Essens zerbrochen, dann symbolisiert dies den Verlust des Jobs und dem Wunsch nach Getreide entspricht das Verlangen nach Arbeit.

Ein Land voller Münder

Begegnen sich ein Europäer und ein Chinese, dann bewegt sich ihre Konversation zielstrebig auf die Frage zu: »Haben Sie eine Familie?« Ein »Ja« wird von dem Chinesen mit warmherzigen Blicken belohnt, denn eine Familie zu haben, ist für ihn das Höchste der Gefühle. Wie aus der Pistole geschossen wird jetzt die Frage folgen: »Haben Sie Kinder?« Antwortet der Europäer: »Ich habe eine dreiköpfige Familie«, wird ihm der Chinese entgegnen: »Ich habe eine Drei-Münder-Familie«, denn in seiner Sprache ist die Maßangabe für Personen »Mund«. Ausgehend von der bedeutsamsten aller Körperöffnungen, nennen Chinesen das Problem des Bevölkerungswachstums wört-

Fan Cai

Zao Fan

Wu Fan

lich übersetzt »Volk-Mund-Problem«. Es ist Chinas ständiges Problem, eine Milliarde und über 100 Millionen Münder – jährlich 17 Millionen mehr – zu sättigen. Und gleichzeitig seine größte Leistung, denn mit den Erträgen von ganzen sieben (!) Prozent der Anbaufläche der Welt müssen zweiundzwanzig Prozent der Weltbevölkerung ernährt werden. Das Ernährungsproblem wird auch als Chi Fan-Problem, als Problem von »Mahlzeit zu sich nehmen« bezeichnet. Hierbei heißt Fan nichts anderes als gekochter Reis. Über die Jahrhunderte entwickelte sich Fan zur Alltagsbezeichnung für Mahlzeiten schlechthin, so heißen Frühstück Zao Fan, Mittagessen Wu Fan und Abendessen Wan Fan. Warum der sprachliche Winzling »essen« soviel Sinn auf sich vereinen kann, ließ schon viele rätseln. Wenigstens eine Erklärung ist unangefochten: Chinesen nehmen das Wörtchen »essen« so häufig in den Mund, weil sie immer noch traumatische Angst vor einer Hungersnot haben. Bis heute definieren sie ihr Eßgebaren mit dem uralten Spruch: »Wir essen Krabben, wenn wir wählen können, und Baumrinde, wenn es notwendig ist.« In keinem Land der Erde standen sich höfischer Hedonismus und bäuerliche Armut so kraß gegenüber wie im Reich der Mitte. Noch in jüngster Vergangenheit, zwischen Herbst 1959 und Winter 1962, sollen neunzehn Millionen Menschen an Überanstrengung und Unterernährung gestorben sein.
Viele tragen deshalb den Vers des berühmten Dichters Du Fu (712–70) im Herzen:
Hinter blutroten Toren vornehmer Familien verderben Wein und Fleisch, während auf den Straßen die Knochen Verhungerter den Weg versperren.

Wan Fan

Der Kriegskunst entlehnt

Tischsitten

Die alte Kriegslist »Abwarten, ausweichen, angreifen« verwandelte sich mit der Zeit zu einer List bei Tisch. Heute dient sie als Strategem, um sich an der Festtafel wacker zu schlagen. Ein Bankett oder »Wein-Gelage«, wie Chinesen zu einem eleganten Mahl zu sagen pflegen, könnte ein Schlachtfeld sein, wo die kalten Vorspeisen die Vorhut bilden. Auf sie folgt eine Formation von Hauptspeisen gleich Artillerie, während die wendige Nachhut als leichte, doch stärkende Suppe daherkommt. Für diesen Aufmarsch von Speiseregimentern gilt es, feste Regeln einzuhalten. Vorschriftsmäßig zeigt sich der Gastgeber und nicht dessen Partnerin, als Kommandeur. Seine souveräne Rolle spielt er feinsinnig und keineswegs als Haudegen. Ein gekünsteltes Gerangel, immer freundschaftlich und nie rüde, beginnt am Eingang zum Bankettraum, der in vielen Restaurants entweder aus einem engen Kabinett oder nur der Leere hinter einem Paravent besteht. Beim Schritt über die Schwelle spielen die Frauen keine Rolle, hier geben sie den Männern freiwillig den Vortritt. Dafür setzt unter diesen ein lautes, doch höfliches Feilschen ein: Jeder möchte gemäß dem altchinesischen Strategem »Einen Ziegelstein hinwerfen, um dafür einen Jadestein zu ernten« als letzter, als der Geringste, eintreten, um später bei der »wirklichen Schlacht« aus der Reserve angreifen zu können.

Sind Freunde zusammengetroffen, kommt es zu Körperkontakt, ansonsten treffen sich nur höfliche Gesten und Blicke. Nach Minuten des wogenden Spiels sagt der Gastgeber lachend »Lieber Gehorsam als Ehrerbietung!« und geleitet die Gesellschaft nach drinnen. Ein neuer »Kampf« um die Rangordnung setzt ein, jeder fordert vehement den schlechtesten Platz – direkt am Eingang. Auch die Sitzordnung ist der Kriegskunst entlehnt. Unumstritten wie ein Thron ist lediglich der Ehrenplatz gegenüber der Tür. Auf diesen Platz komplimentiert der Bankettspender den Ehrengast mit den süßesten und demütigsten Worten. Während er früher auf der gegenüberliegenden Seite der runden Tafel, also am Eingang, Platz genommen hat, sitzt er heute aus Gründen der besseren Unterhaltung zur Linken des Ehrengastes. Es gilt die uralte Regel, daß der Gastgeber seinen liebsten Gast an seiner Rechten, der aktiven und männlichen Yang-Seite, betreut, während er sich selbst mit der passiven, der weiblichen Yin-Seite, begnügt. Hat der Ehrengast seine Frau mitgebracht, so sitzt diese in der Regel links neben dem Gastgeber. Traditionell erfolgt die Rangordnung der anderen Gäste wechselseitig, mal links, mal rechts. So wird Gast Nummer vier, ihm entspricht die gerade Yin-Zahl vier, rechter Hand plaziert, während Gast Nummer fünf, ihm entspricht die ungerade Yang-Zahl fünf, seinen Platz links findet. Die sinnfällige Zuteilung erfolgt ebenfalls durch den ehrwürdigen Gastgeber. Gut und gerne mag inzwischen eine Viertelstunde verstrichen sein, bevor die Gesellschaft vor einem flachen Teller, einer Reisschale, einem Paar Eßstäbchen, einem Porzellanlöffel und drei Gläsern – einem großen für Bier oder Saft, einem mittleren für Wein und einem kleinen für Schnaps – überlegt plaziert Platz nehmen konnte. Noch strahlt die Tischdecke makellos weiß, noch steckt die Serviette vielsagend gefaltet im größten Glas. Der Gastgeber läßt jetzt mit einem dezenten Wink einschenken, zuerst eine wärmende Tasse grünen Tee, dann hochprozentigen Schnaps und schließlich Wein (siehe Seite 118). Wer bereits kapitulieren möchte, stellte das entsprechende Glas einfach auf den Kopf. Bier oder Saft können immer individuell getrunken werden, doch an Schnaps und Reiswein darf man nur in Verbindung mit einem auffordernden Zuprosten (»Trockenes

Zeigt her eure Finger
Beim altchinesischen, immer noch sehr beliebten Fingerspiel muß die richtige Anzahl der vorgestreckten Finger erraten werden. Malerisch umschrieben werden Zahlen im Singsang in die Runde »geworfen«. Und zwar so lange, bis einer der Zecher richtig geraten hat. Die Verlierer müssen jetzt ihr Glas auf einen Zug leeren und das »trockene Glas« zur Mitte hin vorstrecken (historische Aufnahme).

Die verlängerten Finger

Essen mit Stäbchen

Yan Tui

Glas!«) nippen. Trinken heißt Drängen und erinnert an einen Ausscheidungskampf. Schlag auf Schlag werden nach dem ersten Toast – niemals mit Tee – die Gerichte hereingetragen, zuerst vier bis sechs kalte Vorspeisen zum Anfüttern des Magens. Ab sofort gilt die ehemalige Kriegslist »Abwarten, ausweichen, angreifen.« Abwarten, ob nicht noch bessere Speisen kommen; unliebsamen Speisen ausweichen; bei Leckerbissen angreifen. Für eine Sinfonie von Bankett gilt die Regel, daß bei vier Gästen drei Vorspeisen, vier warme Hauptgänge und eine Suppe aufgetischt werden. Sind höchstens drei Gäste gekommen, dann erhalten sie außer drei Vorspeisen ebenfalls vier, doch kleinere Gerichte. Ein Bankett für zwölf Personen besteht aus sechs Vorspeisen, sechs Hauptgerichten, zwei Suppen sowie zwei Desserts. Ritualisiert wie die Speisenfolge ist auch die Trinkzeremonie. Wer beim Einschenken mit einem Finger auf den Tisch klopft, dankt für seine eigene Person. Wer mit zwei Fingern klopft, bedankt sich für seinen Partner gleich mit und wer sich im Namen seiner ganzen anwesenden Familie bedanken möchte, klopft mit allen fünf Fingern auf den Tisch. Bis heute halten sich Frauen in Männergesellschaft zurück, als

würden sie fasten, tatsächlich formt die patriarchalische Norm ihre Diät. Aus reiner Höflichkeit greifen ihre Stäbchen nur nach den Speisen in unmittelbarer Reichweite. Da Platten und Teller nicht über den Tisch gereicht werden sollen, entwickelten findige Köpfe ein Karussell, auf dem sich die Gerichte, vor allem zur Freude der Kinder, im Kreis fahren lassen. Liegen spezielle Vorlegestäbchen in den Hauptgerichten, dann sollte man sich ihrer nur vorübergehend bedienen. Meist schätzt der Gastgeber die Verteilung der Speisen als seine Aufgabe. Lieblingsgäste erhalten von ihm persönlich die besten Happen gereicht.

Shrimps-Panzer, Hähnchen-Knöchelchen und zierliche Fischgräten landen erstaunlich freizügig auf der weißen Tischdecke und bilden dort schon nach kurzer Zeit ein ansehnliches Häuflein. Ungenießbare Reste dürfen also anstandslos neben dem Teller gelagert werden. Ein Kenner führt seine Reisschale zum Mund – nicht umgekehrt – und schaufelt sein Essen mit aneinanderliegenden Stäbchen von der Seite in sich hinein. Dazu saugt und schlürft er hemmungslos. Da die meisten Speisen sehr heiß gegessen werden müssen, kaut und schluckt er mit geöffnetem Mund. Der Grund ist fürwahr triftig, so kann auch keine Etikette sein Schmatzen unterbinden. Geht es auf dem kulinarischen Schlachtfeld geräuschvoll zu, dann fühlt sich ein Chinese wohl. Doch wehe, wenn sich einer schneuzt, dann erntet er strafende Blicke.

Auch Chinesen wissen, daß Übung Meister macht. So sagen sie: Wer mit den Stäbchen ein Reiskorn aus der Schale holen, eine Mücke in der Luft erhaschen und gar feindliche Pfeile aus der Luft abfangen kann, der vermag seine verlängerten Finger zu gebrauchen.

Das obere Stäbchen wird zwischen Daumen, Zeigefinger und Mittelfinger »eingespannt« und kann so nach unten bewegt werden.
Wichtig für das Essen mit Stäbchen ist die Tatsache, daß das untere immer statisch zwischen Ringfinger und Daumen ruht und nur das obere bewegt wird.

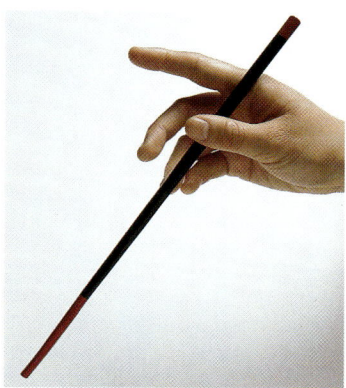

Das untere Stäbchen an den Zeigefinger lehnen und mit Daumen und Ringfinger halten.

Das obere Stäbchen »bewegt sich« direkt darüber.

Beim Essen wird nur das obere Stäbchen bewegt.

Das Land der Mitte

China

»Im Auge der Vier Meere ruht das Land der Mitte. Es erstreckt sich nördlich und südlich des Gelben Flusses und im Osten wie im Westen des Erhabenen Berges Taishan auf weit über tausend Meilen im Quadrat. Trübe und klar unterscheiden sich deutlich, und so lösen Kälte und Wärme einander ab. Dunkel und hell sind sichtbar getrennt, und so folgt der Tag auf die Nacht und die Nacht auf den Tag. Im Volke gibt es Kluge und Dumme, die Natur gedeiht üppig, Kunst und Handwerk blühen. Der Fürst und das Volk ergänzen sich, während Sitte und Recht sich gegenseitig stützen.«

Ein Land im Lot. So beschrieb Konfuzius (551–479 v.Chr.) im Buch der Riten seine Heimat, deren Horizont er ahnungsvoll im Reich der Mythen ansiedelte. Heute, 2500 Jahre später, wissen wir, daß Chinas Maße gewaltig sind, seine Grenzen aber auf dem Globus enden. Könnten wir China dort bis nach Europa verschieben, welche Fläche würden wohl seine 9,6 Millionen Quadratkilometer bedecken? Der nördlichste Punkt läge auf der Höhe von Hamburg und der südlichste, 5.500 km entfernt, im Sudan. In seiner Ost-West-Ausdehnung reichte es von Gibraltar bis in den 5.200 km entfernten Ural.

China – fürwahr, schon beinahe ein Kontinent. Unvorstellbar, daß an jeder Ecke gleich, eben nur chinesisch, gekocht werden soll, zumal nicht nur Chinesen das Riesenreich bevölkern. Neben den Han, wie sie sich selbst nennen, leben hier weitere 55 Nationalitäten, die über den gesamten Westen von Tibet bis zur Inneren Mongolei verstreut siedeln. Sie kochen und essen entsprechend ihrer eigenen Kultur, die der arabischen oder indischen meist näher steht als der chinesischen. Und die Han selbst wären verkannt, würde man ihnen nur eine einzige Landesküche zubilligen. Anders als die alte Welt hat das antike China nie Völkerwanderungen erlebt, deshalb fehlt auch eine einheitliche Mischküche im nationalen Stil. Stolz verfeinern und vervollkommnen die Chinesen seit über zweitausend Jahren ihre vier großen Küchen.

Die Küche des Nordens
Die Farbe schwarz und der Geschmack salzig symbolisieren den Norden.

Die Küche des Ostens
Dem Osten entsprechen grün und sauer.

Die Küche des Südens
Symbolisiert wird der Süden durch rot und bitter.

Die Küche des Westens
Dem Westen ist die Farbe weiß und der Geschmack scharf zugeordnet.

Der Raum, in dem sich ein Mensch bewegt oder ein Land erstreckt, ist für Chinesen weit mehr als nur eine mathematische Größe dreier Dimensionen. Vielmehr betrachten sie ihn als ein in sich geschlossenes Gebilde aus Herrschaftsbereichen sowie aus kosmischen und Klimazonen. Traditionell entspricht er einem Zyklus, in dem sich die Fünfheit von Erde (Mitte), Holz (Osten), Metall (Westen), Feuer (Süden) und Wasser (Norden) ergänzt und in stetigem Wandel begriffen ist. Um dies augenfällig zu machen, erhielt einst jede Himmelsrichtung eine jener archaischen Farben zugeteilt. Übrigens: Die Mitte zhong gilt von alters her als die fünfte und wichtigste Himmelsrichtung, sie wird durch gelb, die Farbe der Erde und des Kaisers, symbolisiert. Ihr entspricht der Geschmack süß, aber keine eigenständige Küche.

SOWJETUNION

Xinjiang

Tibet
(Xizang)

NEPAL

INDIEN

BHUTAN

BANGLADESCH

Bundesrepublik Deutschland
im Größenvergleich

MONGOLEI

Heilongjiang

Jilin

Innere
Mongolei

Liaoning

Hebei

NORDKOREA

Gansu

Peking
(Beijing)

Ningxia

Huang He
(Gelber Fluß)

SÜDKOREA

Qinghai

Qingdao
(Tsingtao)

Shanxi

Shandong

Kaiserkanal

Shaanxi

Henan

Jiangsu

Anhui

Shanghai

Sichuan
(Szetschuan)

Hubei

Yangtse

Shaoxing
(Shao Hsing)

Zhejiang

Hunan

Jiangxi

Fujian
(Fukien)

Guizhou

Yunnan

Guangdong

Taiwan

Guangxi

Kanton
(Guangzhou)

BURMA

VIETNAM

Hong Kong

LAOS

N

Hainan

0 100   300   500 km

THAILAND

Essen knüpft Bande

Aus dem Familienalltag

Die Miniküche mit ihrem Gasherd und ihrem kleinen Spültrog erinnert an eine Räucherkammer, in der sich auf allen Flächen Fettschichten wie Kalk in einem Wasserkessel festgefressen haben. Kaum zu glauben, daß in diesem schäbigen Kabinett ein göttliches Mahl zubereitet werden kann. Zugegeben, hier wird nur selten gesimmert und nur ab und an gedämpft, dafür aber täglich kurz und heftig in Öl gebraten. All die langwierigen Vorbereitungen für ein richtiges Essen finden im übervölkerten Wohnzimmer statt. So braucht sich keiner lange in der speckigen Küche aufzuhalten. Der eigentliche Akt des Kochens kommt und geht wie ein Gewitter. In den städtischen Mietshäusern leben durchweg Künstler, die mit Lebensraum jonglieren können. Das Kunststück gelingt dank ihrer klugen Tradition, die ihnen viel Raum nach innen weist. Es gelingt aber auch, weil sie auf Klappbares aller Art zurückgreifen können. Für jede warme Familienmahlzeit, also zum Frühstück, Mittagsmahl und Abendessen, wird ein runder Klapptisch hinter der Kleiderkommode hervorgeholt und zusammen mit verchromten Klappstühlen unter der nackten Neonröhre des kargen Wohnraumes aufgeschlagen. Mit dieser Art von »Camping« ist die Jugend betraut, während sich der Familienvater oder die Mutter, vielleicht sogar beide, um die verantwortungsvollste aller Hausarbeiten, das Kochen, kümmern. Leben drei Generationen unter einem Dach, dann fällt diese Aufgabe der Schwiegertochter zu.

In der Familie Li bereiten allabendlich die Eltern das Essen gemeinsam zu, während der dreiundzwanzigjährige Sohn die Klappmöbel aufstellt und den Tisch mit Stäbchen, Gläsern und Reisschalen deckt. Da das elterliche Bett das halbe Wohnzimmer ausfüllt, braucht er nur zwei Klappstühle aufzuschlagen – für sich und seinen Vater. Die Mutter ißt auf der Bettkante sitzend. Auf den ersten Blick erscheint ihr Platz als der geringste, tatsächlich regiert sie über die Tastatur des Farbfernsehers. Ein schönes Essen vor jenem Götzen einzunehmen, gilt als die Lieblingsbeschäftigung vieler Chinesen.

Frau Li rüstet sich bereits beim üppigen Abendessen für den kommenden Hunger. Wie jeden Abend verstaut sie übriggebliebenes Essen für den nächsten Tag, diesmal Chinakohl mit Tofu, in einer Blechdose und legt diese in den Kühlschrank. Für sie und ihren Sohn klingt der Abend mit den Spätnachrichten um 22 Uhr 30 aus. Derweil erduldet der Hausherr die Geräuschkulisse, versunken sitzt er am abgeräumten Eßtisch über einem Buch.

Essen aus der Dose

Noch bevor seine Frau am nächsten Morgen ihren Arbeitsplatz erreicht hat, deponiert sie das mitgebrachte Essen in einer Vorratsdose im Dampfbehälter der Zentralheizung ihrer Fabrik. Hier können sich Tofu und Chinakohl über die Vormittagsstunden unter mächtigem Zischen erhitzen. Gegen ein Uhr mittags wird sie die Reste des Abendessens verspeisen. Während ihre Mittagspause einem Nickerchen dient, sind die »Zwischenpausen« für den Marktbesuch reserviert. Taufrisches Gemüse und schlachtfrisches Fleisch zu kaufen, fällt in Frau Li's Ressort, denn direkt hinter ihrer Fabrik erstreckt sich ein freier Markt, auf dem Bauern ihre Erdnüsse, Eier, Hühner, Fische und Gemüse privat an verwöhnte Städter verkaufen dürfen. Oft haben die Bauern nächtliche Radfahrten auf sich genommen, um ihre Ernte an die Städter zu veräußern. Herrn Li schreckt solch ein quirliger Bauernmarkt ab. Betritt er ein Geschäft, dann nur ein staatliches, in dem es ruhiger zugeht. Über die Jahre hat es sich eingependelt, daß er das amtliche Haushaltsbuch verwaltet, in dem die Rationen an Speiseöl, Sojasauce, Reis und Weizen eingetragen werden, die der Familie pro Monat zum günstigen, staatlich garantieren Verbraucherpreis zustehen. Und welche Aufgabe erfüllt der Junior? Er ist von Hausarbeiten mehr oder weniger freigestellt. Zum einen verdient er das Vierfache seines Vaters, umgerechnet 230 Mark, zum anderen wird er als Einzelkind auf Händen getragen.

Essen heißt leben und wachsen

Viele Werte mögen die Chinesen abgestreift haben, doch das Essen konnte bis heute die Natur eines Kultes bewahren. Versonnen zitiert Professor Li den Spruch seiner Väter und Großmütter *Min Yi Shi Wei Tian*, »Das Volk erblickt den Himmel im Essen«. Essen

Aus dem Hausbach direkt auf den Tisch Mit knackigem Gemüse wird der frische Fisch zubereitet.

Vor dem »Götzen« schmeckt es am besten Schulkinder nehmen ihr Mittagessen in einem Fernsehladen ein.

heißt leben und wachsen.
So findet an jedem Lebensabschnitt ein Festmahl statt: Geburt, Hundert-Tage-Fest (eine Art Taufe), Geburtstag, Verlobung und Hochzeit, Einzug, Beförderung, Pensionierung und schließlich die Beerdigung sind willkommene Anläße für ein Bankett. Der beste Ausdruck einer innigen Freundschaft zeigt sich in einer Einladung zum Essen, wohlgemerkt in der Familie und nicht im Restaurant. Nur zu Hause kann der Gastgeber schwelgen: »Diese Gerichte habe ich persönlich für Sie gekocht.« Ein geschenktes Mahl ist nicht weniger wert als eine edle Kalligraphie. Denn traditionell dienen Speisen und nicht Blumen als Geschenke und Opfergaben. Aus diesem Brauch erwuchs der Scherz, daß sich im Opferkult für Götter und hungrige Geister nur die Gefräßigkeit der Chinesen widerspiegele, da sie die Gaben nach der Darbietung selbst verspeisten. Ein dummer Scherz, kommt es doch ausschließlich auf die Energie des Offerierens an.
Seit 2000 Jahren feiern sie den ersten Tag des ersten Mondmonats als Frühlingsfest.

Chunjie gilt als der Beginn des Jahres, das sich traditionell aus zwölf Mondphasen (mit Schaltmonaten) zusammensetzt. Auch heute noch würdigen sie im Familien- und Freundeskreis die Bedeutung des lunaren Jahreswechsels – Geng Sui Jiao Zi – mit einem symbolträchtigen Essen, eben mit Jiaozi, den chinesischen Ravioli (Rezept Seite 72).

Bankett für den ehrwürdigen Alten
Dem Großvater gebühren die Leckerbissen.

Mit Erlaubnis der Götter

Des Kaisers Küche

Die honorablen Gäste naschten gerade wie Spatzen von der gegrillten Schildkröte auf Binsensprossen, als Fanfarenklänge sie aufschreckten. Ihre feingliedrigen Hände legten flink die elfenbeinernen Eßstäbchen beiseite und vergruben sich in den Falten gleißender Seidenroben. Kahlgeschorene Eunuchen in nicht minder prächtigem Ornat trippelten zum Signal mit korallenroten Lackkästchen in den Palast der Himmlischen Reinheit, wo der Kaiser die höchsten Militärs des Reiches zum Bankett geladen hatte. Die Kästchen plazierten die Verschnittenen neben den gleich Tigern geformten Salzstücken – Symbole der Tapferkeit – und öffneten sie nach Verklingen des letzten Fanfarenstoßes. Aus acht Fächern lockten die berühmten »Acht Leckerbissen«, nämlich gepökelte Entenschwimmhäute, Schweinefleisch, Hühnchenflügel in Aspik, Fisch so weiß wie Jade, Maronenpüree, grüne Lotuskerne, marinierte Walnüsse und gewürfelte Wasserkastanien. Drei Stunden nach Bankettbeginn, vom Trommelturm war gerade die nächtliche Doppelstunde des Hahns verkündet worden, konnten sich die berauschten Gäste kaum noch rühren, hatten sie doch von über fünfzig Gängen genascht. Längst waren die »Acht Leckerbissen« bis auf Reste vertilgt, als von den unermüdlichen Eunuchen auf silbernen Tabletts Ba Bao Fan, Reis mit acht Köstlichkeiten, hereingetragen wurde. Lustvolles Stöhnen, verschämtes Rülpsen und wohliges Grunzen signalisierten, daß jeder in der Runde satt und nochmals satt war. Deshalb torkelten die Stäbchen nur noch aus Achtung vor dem Gastgeber durch die »Acht Köstlichkeiten«. Unberührt standen die Berge von Pfirsichen herum, die man in der kaiserlichen Viktualienkammer geschält hatte, um ihnen die grünliche Farbe der Galle, des Tapferkeitsorgans, zu verleihen. Die Gäste waren verstummt, sie warteten jetzt darauf, daß sich der Gastgeber mit den Fingern die fettigen Mundwinkel abwische. Der Himmelssohn tat dies recht flüchtig, hob müde die Hand und sagte: »Jedes weitere Reiskorn wäre überflüssig, ebenso überflüssig wie ein weiterer Tupfer Puder auf den zarten Wangen der Braut. Das Bankett ist beendet, gehet in Frieden.«

Alle hatten geschlemmt, doch niemand hatte sich mit den Zähnen sein Grab gegraben, galt doch auch für dieses Mahl die medizinische Maxime, daß die sinfonisch abgestimmte Speisenfolge dem Körper die größtmögliche Lebenskraft zuführen müsse.

Eunuchen-Wirtschaft

Kaum waren Kaiser und Gäste gewichen, machte sich ein Schwarm von Eunuchen über das verschmutzte Geschirr und die Berge von Resten her, ohne auch nur einen winzigen Bissen zu naschen. Hurtig abräumen, lautete die Devise des händeklatschenden Obereunuchen. Hatte das gewaltige Mahl mit dem kaiserlichen Befehl »Reicht die Viktualien dar« begonnen, so endete es jetzt mit hierarchisch gestaffeltem Abtragen. Jung-Eunuchen reichten die Platten, die rotlackierten und die mit Golddrachen bemalten Kästchen sowie die gelben Schälchen weiter an jene Eunuchen, die außerhalb der Halle standen. Diese wiederum übergaben die unberührten Speisen, das hauchdünne, drachengeschmückte und mit den Zeichen »Zehntausendfaches Leben« versehene Porzellan und die kiloschweren Silberplatten an die Eunuchen vom Dienst, die nahe der kaiserlichen Küche in der Westlichen Allee des Palastes warteten. Die erkalteten Speisen von des Kaisers Tisch wurden verpackt und als begehrte Geschenke am folgenden Tag verteilt.

Hier Verschwendung, da Hungersnot

Wer nach dem fünfstündigen Festbankett die Halden von stehengelassenen Speisen erblickte, mußte an Verschwendung denken. Doch irdische Maßstäbe, gar gemessen an den alljährlichen Hungersnöten in den Westprovinzen, legten höchstens Rebellen und Bettler an, denn im Kaiser erblickten Hochrangige wie Gemeine den Sohn des Himmels. Der Kaiser des Reiches der Mitte sah sich wiederum im Zentrum dessen, was unter dem Himmel liegt, Tian Xia, schlichtweg als Repräsentant der Weltzivilisation. Ein derart hehres Wesen konnte verständlicherweise nur kostbarste Nahrung und diese in aller erdenklichen Fülle zu sich nehmen. Alle Speisen seiner Majestät enthielten Honig, denn die Süße entsprach der überaus bedeutenden Mitte. In Urzeiten durften auch nur der Herrscher und die Seinen Fleisch essen, während das Volk vegetarisch zu leben hatte. Verdammt, sich zeitlebens nur an Früchten und Körnern zu laben, gelang es diesen armen Seelen nicht, nach dem Tod in einem neuen Körper wiedergeboren zu werden. Nur die Seelen von Herrscher und Adel konnten, so die Mythologie, durch kostbare Nahrung derart kraftvoll gedeihen, daß sie sich nach dem Tode in einem geistigen Wesen namens Shen Ming wiederfanden. Verstand es ein Kaiser nicht, in seiner Person das Saure, das Bittere, das Scharfe, das Salzige und das Süße, also alle Himmelsrichtungen (siehe Seite 16), zu vereinen, dann war das Reich bedroht.

Ströme von Wein

Marco Polo (1254–1324), der siebzehn Jahre lang in China zubrachte, berichtet von einem Bankett des mongolischen Herrschers Kubilai Khan, zu dem zwölftausend Gäste geladen waren: »Mitten im Festsaal steht ein riesiges, goldenes Gefäß, das soviel Wein enthält wie ein ganzes Faß. Daneben gibt es kleinere. Die goldenen Schalen sind so weit, daß sie für acht oder zehn Personen reichen, sie werden zwischen zwei Personen gestellt. Jeder Gast hat einen Becher mit Henkel, damit schöpft er aus der Schale. Mehrere Fürsten schenken dem Khan ein und kredenzen ihm das Essen. Über ihren Mund und ihre Nase binden sie sich goldene Seidentüchlein, damit Speis und Trank weder Atem noch Geruch annehme. Wenn der Khan sich zu trinken anschickt, erklingt Musik von unzähligen Instrumenten.«

Der kaiserliche Stempel

Exotisch um jeden Preis

Die kniehohen Bankettische der Ming-Kaiser im Kaiserpalast bogen sich unter Platten mit Schwänen und Pfauen, die gebraten und zerlegt worden waren und anschließend ihr Federkleid zurückerhalten hatten. In Honig marinierte Tauben, Wachteln und Fasane wechselten sich im Speisereigen mit Muscheln und Austern ab, die in Schnee aus den fernen Bergen des Nordens gebettet lagen. Kamelhöcker, auf offenem Feuer in wildem Knoblauch gegrillt, und Bärentatzen in Aspik folgten einem Fischgericht namens Hotun, das bei falscher Zubereitung tödlich wirkte. Majestät schnalzte genüßlich mit der Zunge, wenn gehacktes, in Essig eingelegtes

Schneckenfleisch und ein Brei
aus grobgemahlenem Reis mit
Hundeleber-Bouillon aufgetischt wurden. Suppen aus
Haifischflossen und Schwalben-
nestern rundeten jene exotische Sinfonie ab. In jeder Schale und jeder Schüssel befand
sich ein Silberplättchen als
Indikator für Gift im Gericht,
und aus Angst vor einem Mord-
anschlag mußten Eunuchen als
Vorkoster dienen. Das Tafel-
ritual umfaßte nicht nur die
Speisefolge, sondern auch die
Räumlichkeit der Darbietung.
So breiteten die Eunuchen die
Speisen für das Kaisermahl in
der »Halle zur Pflege des Her-
zens« auf der ausgezirkelten
Fläche von »Einhundert
Quadratfuß« aus. An die hundert Hauptgerichte verteilten
sie auf fünf großen Tafeln.
Stunden zuvor waren diese
Berge von Speisen in der kaiserlichen Viktualienkammer von
400 Köchen, deren Rang dem
eines Kreisbeamten entsprach,
zubereitet und anschließend
warmgestellt worden. Dieser
Frevel war dem verwöhnten
kaiserlichen Gaumen bewußt,
deshalb naschte er lediglich
Häppchen von Frischem und
überging den Rest.
Das alles konnte nur so glanz-
voll in Szene gesetzt werden,
weil hinter der Bühne ein ver-
ästeltes Ministerium namens
»Amt für den Speisedienst« einen Hedonismus in Reinkultur
inszenierte. Ohne dieses Amt
mit seinen untergeordneten
Domänen und Zulieferbetrie-
ben, seinen Gärten und Ölmüh-
len, seinen Salinen, Jagdgrün-
den und Zuchtplätzen hätte sich
die kaiserliche Küche niemals
zu einem so raffinierten Spiegel
der Eßsitten und des Zeitgei-
stes ausprägen können. Über
die Jahrtausende gelang es der
kaiserlichen Küche eine geradezu magische Kraft zu erringen.
Stilisiert zur sakralen Zeremonie, war sie mehr als die Küche
des Kaisers, sie war die Küche
des Himmelssohnes.

Am Fuß des Kaiserthrones
*Imperiales Bankett in der
Verbotenen Stadt.*

Auch eine Pizza kann das Herz befrieden

Pujie, der Bruder des letzten Kaisers

Zur Doppelstunde der Schlange, wenn ein schüchternes Windchen die bleierne Abendhitze aus den Pekinger Gassen drängt, wird der alte Herr bescheiden essen, Guota mit gedünstetem Kürbis. Pujie, der alte Herr, könnte täglich kaiserlich speisen, ist er doch der Bruder des letzten Kaisers, Puyi. Warm muß es, bescheiden darf es sein. Pujies abendliches Gericht an diesem hitzigen Sommertag entstammt der Pekinger Küche und gilt als bäuerlich deftig: ein in Öl gebratener Gemüsefladen, der auch den Allerweltsnamen Pizza nicht scheuen müßte. Anders als sein 1967 verstorbener Bruder braucht sich Pujie nur um sein eigenes, nicht das Wohl des Reiches zu kümmern. So erlebt der ranghöchste Nachkomme von Chinas letzter, 1911 gestürzter Dynastie den Tag ausgeglichen, mit Frieden im Herzen. Zu Zeiten seines Vaters, Prinz Chun, der dem verwandten Guangxu-Kaiser die Regierungsgeschäfte abnahm, galt die Weisheit, daß ein Kaiser, wolle er sein Herz befrieden, eine Bouillon aus »Wasser, Feuer, Essig, Hackfleisch, Salz, Pflaumen und rohem Fisch« schlürfen müsse. Diese Zwänge feudaler Symbolik sind dem Kaiserbruder längst fremd, hat ihn seine tadellose Gesundheit doch anstandslos in die Moderne hinübergeleitet. Und diese hat ihn geprägt, ja geformt – umerzogen, würden die regierenden Kommunisten sagen. Wurde sein aristokratischer Bruder zum Gärtner, so wurde er zu einem demokratischen Politiker, mit Sitz im Parlament und in der Politischen Konsultativkonferenz aller nichtkommunistischen

Parteien. Die vermeintliche Umerziehung begann in Stalins Sowjetunion und wurde 1950 durch einen zehnjährigen Lageraufenthalt in Fushun vertieft. Dort, in Chinas Kohlengrube, lernte er, daß einen Finsternis nicht ewig, sondern nur vorübergehend gefangenhalten kann. Das Jahrzehnt im Arbeitslager brachte Kaiser und Kaiserbruder einander näher. »Nach 1960«, sagt Pujie, »als eine Amnestie mich freisetzte und ich nach Peking zurückkehren durfte, erlaubte ich mir, zum abgedankten Kaiser 'älterer Bruder' zu sagen.« Pujie wirkt nach diesem Bekenntnis erleichtert, so als sei er der Finsternis gerade erst entschlüpft.

Bedachtsam greift er zur Porzellantasse, nippt am grünen Tee und fällt zurück ins Grübeln. Unerwartet hellt sich sein feines Gesicht auf, jetzt wirkt er wie ein Angler, der Beute gemacht hat. Sein »Fisch« ist seine Kindheit: »Als mein Bruder drei Jahre alt war«, fährt Pujie fort, »mußte er unsere Familie verlassen und in die Verbotene Stadt übersiedeln. Über Nacht türmte sich zwischen uns eine Kluft wie zwischen Himmel und Erde auf. Ganze acht Jahre lang sollte es so bleiben.«

Der Kaiser von China – mein Bruder

Pujie verstummt schlagartig, hüllt sich in Schweigen, lockt plötzlich mit spitzen Lippen Maomao, eine seiner vier Siamkatzen, um kurz darauf mit dem

Deckel seiner Tasse zu spielen. Jetzt nippt er wieder konzentriert, als sei der Tee eine Medizin zur Ideenfindung. Der Gedankenfaden spult sich weiter auf, so fährt er fort: »Mit zehn wurde mir erlaubt, in Begleitung meiner Großmutter und meiner Schwestern, den Palast zu betreten. Ich war sehr gespannt, glaubte, der Kaiser sei ein alter Mann mit langem Bart. Welch eine Überraschung, als ich auf dem Thron einen Knaben in meinem Alter sitzen sah. Stolz erfüllte mich, als man mich aufklärte: mein Bruder – der Kaiser von China! Doch ich wagte ihn nicht mit 'älterer Bruder' anzureden oder gar zu duzen, das sollte wie gesagt erst 1960 passieren.« Pujie hat seinen berühmten Bruder überlebt, doch es gärt noch sichtbar

in ihm, Blutsbande und Etikette ringen noch heute miteinander. Wenn er wiederholt betont: »Ich bin ein einfacher Mensch«, dann ist der Wunsch der Vater des Gedankens. Der alte Herr möchte sich einfach geben, bescheiden essen, bescheiden leben. Doch seine aristokratische Herkunft entpuppt sich als ein unverrückbarer Schatten. Öffnet Pujie die namenlose, rotlackierte Pforte zu seinem versonnenen Hofhaus, dann wenden sich ihm die neugierigen Augen der Gassenbewohner zu, sie grüßen nicht, sie gaffen. Greift er zum Tuschepinsel, dann lechzen die Bewunderer nach einer seiner filigranen, tänzerischen Kalligraphien (siehe Umschlagvorderseite). Betritt er ein Restaurant, dann scharwenzeln sie um ihn herum, als sei er der Kaiser von China. Pujie bemerkt den andauernden Kniefall seiner Umwelt, doch das macht ihn nicht hochnäsig, vielmehr bedachtsam. Was wissen die Leute schon! Mußte er nicht tausendfach dafür büßen, daß sein Bruder der Kaiser war? Natürlich die sowjetische Kriegsgefangenschaft, die Umerziehung im Arbeitslager! Doch selbst seine Vermählung mit Saga Hiro blähte sich zu einer verschlungenen Staatsangelegenheit auf. Die Verwandten aller Grade lagen ihm seit geraumer Zeit in den Ohren: »Pujie, wann endlich heiratest du?« Immerhin war der im Jahr der Ziege geborene Prinzensohn schon neunundzwanzig, als sie ihm so massiv zusetzten. Das gutgemeinte Drängen verfolgte ihn bis Tokio, wo er im Jahre 1936 seine militärische Karriere mit einer Ausbildung zum Kompaniekom-

Sinnbild und Abbild des imperialen China
Wandelpavillon am Lotosteich im »Garten der Harmonie und des Vergnügens« (Xie Qu Yuan). Dieser Garten, 1751 angelegt, befindet sich im Sommerpalast von Peking.

mandanten zu krönen gedachte. Seine dortigen Kameraden, allen voran General Shigeru, erwiesen sich als Heiratsvermittler, die global zu denken verstanden.

Bei aller Zuneigung für Pujie sah Shigeru doch in seinem ledigen Freund vom Festland einen Boten der Stunde – und die versprach Krieg, Krieg zwischen dem republikanischen China und dem monarchistischen Japan. Der Mandschu-Prinz könnte durch Heirat mit einer Japanerin die Wunde – den japanischen Marionettenstaat Mandschukuo – im Fleisch des chinesischen Riesen aufwerten. So muß der gewiefte Oberbefehlshaber der Leibgarde des Tenno gedacht haben, als er dem Ledigen einen Stoß Fotos mit japanischen Schönheiten vorlegte. Pujie entschied sich dankbar für die vierundzwanzigjährige Cousine des Kaisers, eben jene Saga Hiro und wurde – trotz kalkulierter Vermittlung und Spionageverdachtes seines Kaiserbruders – ein Leben lang glücklich. Saga gebar zwei Kinder, die Mädchen Huisheng und Husheng. Wie das Finstere, so ist auch das Lichte vergänglich, auf strahlende folgten düstere Jahre: Am 8. August 1945 erklärte die ehemalige UdSSR dem fernöstlichen Nippon den Krieg, prompt setzte sich ein nationalistisch verwirrter Pujie die Pistole an die Schläfe, doch Saga fiel ihm in den Arm und verhinderte eine theatralische Abrechnung mit dem Weltgeschehen. Wenig später wanderte der Kaiserbruder in russische Gefangenschaft und die Familie wurde für sechzehn Jahre auseinandergerissen.

Gnadenlos in den Tod getrieben

In jener aufgewühlten Zeit triumphierte voll grausamem Hohn die Etikette über die Blutsbande. Mutter Saga und Vater Pujie (»Richte Dich in allem nach dem Willen Deiner Mutter!«) verboten der ältesten Tochter, ihren Geliebten zu heiraten, weil er – wie die Mutter – japanischer Abstammung war. Nach jenem harschen Nein der Eltern sahen die beiden Liebenden nur noch einen Ausweg, sie vereinigten sich im Tod. Eine menschenfressende Etikette hatte dem Abkömmling der Qing, der letzten echten Dynastie im Reich der Mitte, die geliebte Tochter geraubt und ihn darüber hinaus auch noch zum Gefangenen der Mao Tsetung-Dynastie gemacht. Der Pujie der fünfziger Jahre schien seelisch und sozial vernichtet. Doch das Jahr 1960 brachte die Auferstehung. Pujie durfte in das vom Vater geerbte Prinzenanwesen in Pekings nördlicher Altstadt einziehen, durfte seine Frau und seine zweite Tochter aus Tokio heimholen und die neue Gesellschaft nach Maos Anweisung ertasten. Er faßte Tritt und überlebte gar unbeschadet hinter der grauen Mauer seines geheimgehaltenen Wohnsitzes die Kulturrevolution. Dort verlebt er heute als angesehene Persönlichkeit den Tag. Doch die Juwelen des Hauses, die Gattin und die Kinder, fehlen. Saga ist tot und die Tochter lebt mit ihrer zwanzigjährigen Tochter in Tokio. Immerhin besitzt er noch eine Perle von Haushälterin. »Meine Ayi kann nicht nur chinesisch, sondern auch japanisch kochen«, meint Pujie mit verhaltener Genugtuung. Doch es läßt ihm keine Ruhe, schnell fügt er hinzu: »Allerdings meine Leibspeisen, Haifischflossen- und Schildkrötensuppe, die kann sie nicht zubereiten.« Um seinen geschulten Gaumen zu befriedigen, muß sich der Gourmet aus seinem versteckten Alterssitz hinausstehlen und ins Parkrestaurant »Nach der kaiserlichen Küche« Fangshan chauffieren lassen. Heute ist allerdings keine Ausfahrt angesagt. Zur Doppelstunde der Schlange wird Ayi eine Pekinger Pizza mit Kürbisgemüse servieren und darauf freut sich der hagere alte Herr schon von Herzen.

Tänzerisch und federleicht
Die Kalligraphien des Kaiserbruders zählen zu den begehrtesten in ganz China.

Über Jahrtausende gereift

Die Geschichte der Kochkunst

Als die Menschen noch in wärmenden Fellen und schützendem Schilfgeflecht durch die Gegend streunten, soll ein göttlicher Kaiser namens Fu Xi auf sie zugetreten sein und ihr Treiben geordnet haben. Er soll ihnen das Jagen mit Netzen und Reusen beigebracht haben. Auf jene ordnende Ur-Gottheit folgte der göttliche Landmann Shen Nong, der um das Jahr 2800 v.Chr. gelebt haben soll. Er brachte die Jäger zur Ruhe, indem er aus einem Holzstecken den ersten Pflug formte. Das primitive Werkzeug erlaubte nun den ehemaligen Nomaden, einen Wasserbüffel oder ein Rind für sich arbeiten zu lassen. Aus Dankbarkeit dafür feierten die Bauern im alten China Shen Nong als ihren Schutzpatron. Bald nannten sie ihn Ackerbaugott, denn er soll ihnen auch das erste Rodungsfeuer entzündet haben. Als neue Berufsstände ins Leben traten, feierte Shen Nong erneut Triumphe: Die Apotheker entdeckten in ihm den göttlichen Botaniker und die Köche verneigten sich vor ihm als göttlichem Spender des Herdfeuers. Shen Nongs Wirken verblaßte zusehends, denn inzwischen trauten sich die Menschen schon allerhand zu. So kochten sie sich Hirse in gebrannten Tontöpfen und schmeckten den faden Brei mit Salz ab. Die Geschmacksorientierung fällt in eine Zeit, da die ersten Schriftzeichen und das Gefüge der Familie aufkamen.

Von Getreide lebend
Der Gott des Ackerbaus, Shen Nong, soll die Chinesen um 2800 v.Chr. seßhaft gemacht haben.

Der erste Kaiser

Unmerklich versinken die Schemen der Frühgeschichte, die goldene Zeit der Kulturheroen Yü und Huangdi dämmert. Yü, immer noch eine legendäre Gestalt, gilt als Bezähmer der gewaltigen Gewässer Nordchinas und als erster König, während der Gelbe Kaiser, Huangdi, bis heute als Chinas erster Kaiser gefeiert wird. Beide Herrscher übten ursprünglich das Handwerk eines Schmiedes aus. Gewiß zweitausend Jahre gärte es, bis sich das Kochen zu einer echten Kochkunst herausbilden konnte. Anfangs galt es oftmals, der Natur das Holz zum Kochen abzuringen. Da in zahlreichen Landstrichen Bäume fehlten, entstand aus der Not eine Tugend: Fleisch und Gemüse wurden kleingeschnitten, um sie mit wenig Holz schneller braten oder garen zu können. Jene »Gründer«-Zeit reichte von der halblegendären Xia-Dynastie (um 1900–1500 v.Chr.) bis zur Gründung des Reiches der Mitte im Jahr 221 v.Chr. In jener Epoche ließen sich die Menschen von ihren fünf Sinnen leiten und kreierten die Anschauung der »Fünf Geschmäcker« Wu Wei, nämlich bitter, salzig, scharf, sauer und süß (siehe Seite 16). Die feinste Zunge muß ein gewisser Yin Yi gehabt haben, denn er erlangte als Koch und Premierminister während der Shang-Zeit, die von 1500 bis 1050 v.Chr. dauerte, den Ruf eines Urvaters aller Köche. Seinen Vorgängern hatte Yin Yi die Unzerbrechlichkeit des Kochtopfes voraus, denn er war ein Kind der Bronzezeit. Der virtuos kochende Premierminister konnte endlich mit großer Hitze braten und brauchte nicht mehr mit zerbrechlichem Tongeschirr zu hantieren.

Kochen war Frauensache
Zubereitung eines fürstlichen Mahles in der Tang-Zeit (618–907).

Chronik kommt in Mode

Inzwischen wacht der Chronist über den Lauf der Geschichte. Seinem Schreibpinsel entgeht nichts, auch nicht der Speiseplan der Erlauchten. So ist schriftlich überliefert, daß sich die Könige der Zhou-Dynastie (1122–249 v.Chr.) bei ihren ritualisierten Mahlzeiten von der Jahreszeit leiten ließen. Im Frühjahr wurden ihnen gebratenes Lamm oder Spanferkel aufgetischt, im Sommer Huhn und Fisch, zuerst luftgetrocknet, dann in Hundefett gebraten. Im Herbst aß der Hof Rinderkalb, Damhirsch und Hirschkalb, im Winter schließlich frischen Fisch und in Schafsfett gebratene Wildgänse.

Hinter der ersten Kochphilosophie muß ein kluger Kopf und ein überaus empfindlicher Magen gesteckt haben. Nicht ohne Grund wird diese dem berühmten Staatsdenker Konfuzius (551–479 v.Chr.) zugeschrieben. Doch Vorsicht! Zuviel Sinn und Unsinn wurden ihm schon angedichtet. Böse Zungen behaupten bis heute, er habe sich als ein so ungenießbarer Schlemmer und Haustyrann gebärdet, daß ihm das Weib davongelaufen sei. Wie alle großen Geister war auch Konfuzius höchst eigenwillig – gerade in seinen Eßgewohnheiten. Schüler berichteten vom Gebaren ihres Lehrers: »Speisen ohne die passende Sauce verschmähte er. Gab es viel Fleisch, dann sorgte er dafür, daß der Geschmack des Reises nicht verlorenging. Während des Essens führte er keine Streitgespräche, und im Bett redete er nicht. Zum Essen mußte immer frischer Ingwer gereicht werden. Trank Konfuzius Wein, dann legte er sich keinerlei Beschränkung auf.«

Revolution in der Küche

In der Küche tut sich was: Pflanzenöl löst tierisches Schmalz und Bratfett ab. Auf die Erfindung der Ölpresse folgt die Ent-

deckung der drei wichtigsten Garmethoden: Braten Jian, Garen in zischendem Öl Zha und Eintauchen in siedendes Öl Zhao (siehe Seite 50 und 51). Daraus sollten sich im Verlauf der Jahrhunderte fünfzig feinabgestufte Garnuancen entwickeln. Mittlerweile mußte Kochen ein echtes Jonglieren geworden sein, denn zum kaltgepreßten Öl gesellten sich exotische Gemüse und Früchte wie Bohnen, Möhren, Zwiebeln, Knoblauch, Gurken und Weintrauben sowie Walnüsse. All diese Köstlichkeiten hatten ihren Weg auf Kamelrücken über die Seidenstraße nach China gefunden. Im Jahr 85 v.Chr. wurde die Landwirtschaft erschüttert. Obwohl noch immer Hirse, Weizen und Gerste dominierten, bereiteten die Sojabohne (siehe Seite 36) und der Reis (siehe Seite 40) unaufhaltsam ihren Einzug in die Küche vor. Gleichzeitig verweigerten sich immer mehr Gourmets dem Hammel und Rind und lechzten nach dem fetten Fleisch des schwarzen Zuchtschweines. Schließlich ging eine Revolution auch über die Küche hinweg. Dort erreicht sie eine Teilung in Hong An und Bai An: in die Zubereitung von Gemüse- und Fleischgerichten und in die Zubereitung von Reisspeisen und Teigwaren.

Die Kochkunst verfeinert sich

Da die Kochkunst nun über einen soliden Rahmen verfügte, konnte sie in ihre zweite Etappe eintreten, die 810 Jahre bis zur Sui-Dynastie (581–618) andauern sollte. Aus jener Epoche ist folgende Erzählung überliefert: Eines Tages begegnet der Geist eines kürzlich Verstorbenen, völlig abgezehrt und verwahrlost, dem Geist eines vor zwanzig Jahren verschiedenen Freundes, der als Irdischer recht hager war, jetzt aber dickbäuchig daherkommt. Freudig begrüßt man sich, doch schon bald stellt sich heraus, daß der Abgezehrte seit seinem Eintritt ins Jenseits nichts

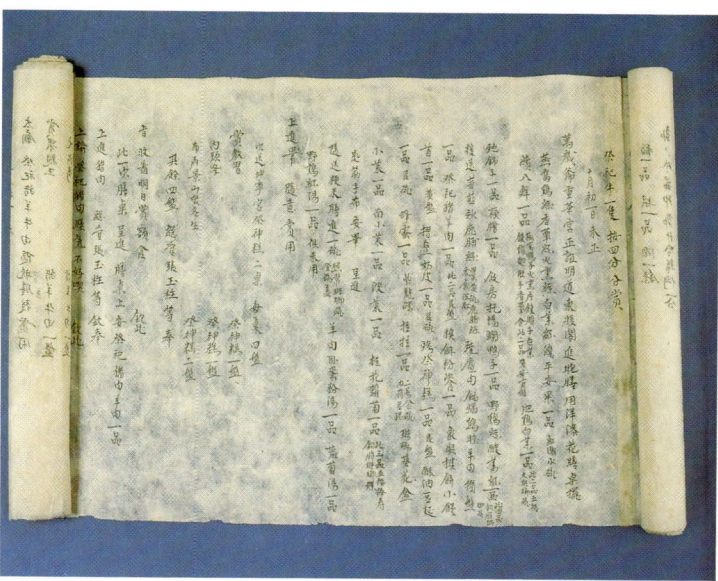

Milchhaut und Elefantenaugen-Fladen

Es trug sich an einem späten Nachmittag des zehnten Mondmonates zu. Der Mond jenes längst verblaßten Jahres begann nach zehnmaliger Pracht merklich zu schrumpfen, die Sonne verlor sich in spärlichen Strahlen und die steife Brise über der Verbotenen Stadt roch nach Winter. Kurzum, das Jahr ging zur Neige, als sich Seine Majestät, der Qianlong-Kaiser (reg. 1736–95), im Ostgemach des Palastes der Doppelblüten hungrig an einem schwarzen Lacktisch niederließ. Von diesem Regenten ist das Bankettmenü des ersten Tag des zehnten Mondmonats bekannt.

In einer zinnoberroten Kristallschale wurde serviert: Zarte geschmorte Streifen vom Huhn, Schwalbennester, Schinkenscheiben und Chinakohl mit Pilzen.

In einer Cloisonné-Schüssel wurde aufgetischt: Acht-Köstlichkeiten mit Schwalbennest, Ente, Hühnerflügeln, Schweinemagen, Schinken, Pilzen, Bambussprossen und Chinakohl. Zubereitet wurden diese Gerichte von Meisterkoch Zhang Anguan.

In Cloisonné-Schüsseln mit Fünf-Fledermaus-Dekor (Symbol für fünffaches Glück) wurde serviert: Huhn mit Chinakohl, geschmortes Eisbein, Fisch, Streifen von Enten- und Fasanenfleisch mit eingelegten Kohlstreifen; Hirschfleisch mit Schnittlauch (das Hirschfleisch ist eine Tributgabe des kaiserlichen Ahnentempels).

Auf silbernem Tablett wurden als kalte Speisen serviert: Wildbret, Hammelfleisch aus Opfergaben, Streifen von Hühnchenfleisch, außerdem Schweine- und Hammelfleisch aus Opfergaben.

Auf gelbem Porzellanteller wurden serviert: Elefantenaugen-Fladen und gedämpftes Brot.

Auf silbernem Geschirr: Milchhaut, Kuchen für das Himmelsopfer und Bohnennudeln in Butter.

Als Beilage auf einem Purpur-Drachen-Teller wurde Honig gereicht.

In Cloisonné-Geschirr: Eingemachtes Salzgemüse, Spinatsalat und Rüben mit Lorbeerblüten.

Aufgetischt wurden dreierlei Suppen: Mit Hammelfleisch und Eiern, mit Rübenstreifen und mit Fasanenfleisch.

Nachdem die Tafel hergerichtet ist und die Serviette am richtigen Platz liegt, nimmt der Monarch am Tisch Platz. Aus der täglich verwendeten Cloisonné-Schüssel mit dem Golddeckel bedient er sich mit Reis. Bis auf die Suppen hat seine Majestät von allen Speisen probiert. Im Anschluß an das Mahl läßt er die Überreste nach Belieben verschenken.

mehr zu essen bekommen hat. Mitleidig rät ihm der erfahrene Dicke: »Vollbringe Wunder! Die Menschen werden dir dann reichlich zu essen und zu trinken darbieten.« Der junge Geist wandert nach Zhenjiang, in die Stadt des berühmten schwarzen Reisessigs, wo er auf eine fromme Buddhistenfamilie trifft. Selbstlos setzt er deren Hausmühle in Bewegung und hat bis zum Abend, für sie als Sterbliche unsichtbar, unheimlich viel Weizen gemahlen. Doch alle führen die Tat auf ihre Gläubigkeit, nicht aber auf ein Wunder zurück, so denkt keiner an das Darbringen eines Speiseopfers. Der Geist bleibt also hungrig. Kaum trifft er am nächsten Tag den dicken Geist, beschimpft er ihn mit den Worten: »Du hast mich betrogen«. Als sich der Hungrige nach geduldigem Zureden wieder beruhigt hat, betritt er das Haus von Taoisten, wo er einen ganzen Tag emsig Getreide worfelt. Doch auch hier glaubt niemand an Wunder, so erhält er auch hier keine Opfergabe. Entmutigt verläßt der abgezehrte Geist die reiche Essig-Metropole und kommt in ein winziges Dorf, wo am Anger arme Leute beim warmen Abendessen sitzen. Für sie unsichtbar, tritt er an ihren niedrigen Eßtisch heran, wo ein Hund liegt. Der Geist hebt ihn auf und die verduzten Leute glauben, ihr Hündchen schwebe. Von Angst ergriffen, rufen sie alsbald einen Wahrsager herbei, der ihnen rät, das Tier zu töten und es als Opfergabe zusammen mit gebratenem Fleisch, Wein und gekochtem Reis den Ahnen darzubieten. Seit jenem Abend zieht der Geist durch die Dörfer südlich des Yangtse-Flusses, vollführt Wunder und ist erheblich fetter als sein beleibter Geisterfreund.

Zeit der Schlemmer

Während sich die Kochkunst zu einem verzahnten Ganzen formte, zerbrach die Einheit des Reiches. Erst im Jahr 589 gelang der Sui-Dynastie eine erneute Vereinigung. Von diesem Einschnitt bis zum Scheitern der mongolischen Yuan-Dynastie im Jahr 1368 dauerte die dritte Etappe, welche die Kochkultur durchlebte. Dank bedeutender Erfindungen sollte sie sich schon bald als Blütezeit entpuppen. Die hochseetüchtige Dschunke, Feuerwaffen, Kompaß und Buchdruck sowie eine ausgeklügelte Reiskultur zeugen von einer revolutionären Epoche. Im ganzen Land lebten inzwischen 77 Millionen Menschen, deren täglicher Durchschnittsverbrauch an Reis, Weizen, Gerste und Hirse bei stattlichen 2,7 Kilogramm lag. In der Tang-Zeit (618–907), dem Großreich des chinesischen Mittelalters, schlug die Stunde der Schlemmer. Bankete in geschmückten Restaurants, auf illuminierten Booten und vor blumenverzierten Pagoden kamen in Mode. Am Kaiserhof wurde eine Krönung von Bankett mit achtundfünfzig Gängen serviert. Gleich einer Fontäne war die chinesische Küche emporgesprudelt. Als sie ihre höchste Pracht entfaltet hatte, zerbrach sie und gebar vier Regionalküchen: im Norden die Küche von Shandong, im Osten die von Jiangsu (Huai Yang), im Süden die von Kanton und im Westen die Küche von Sichuan. Hatte sich zu Zeiten größter Harmonie eine Dissonanz von kulinarischem »Mikro-Nationalismus« eingeschlichen? Möglicherweise, denn in der viertausendjährigen Geschichte der chinesischen Zivilisation versiegte nie der Drang, »unabhängige Königreiche« zu bilden. Mit dem Aufkommen regionaler Kochstile schossen in den reichen Handelsstädten am Kaiserkanal Gaststätten, Restaurants, Imbisse, Teestuben und Schnapsbuden wie Bambusschößlinge aus dem Boden. Die Einheit des Reiches schien zusätzlich durch eine ganz eigene Art von Kultur gefährdet. Als zwischen dem achten und dem elften Jahrhundert aus dem Anbau von Reis eine entwickelte Reiskultur mit Pikieren und dem Einsatz von Kettenpumpen, die mit Hilfe eines Schau-

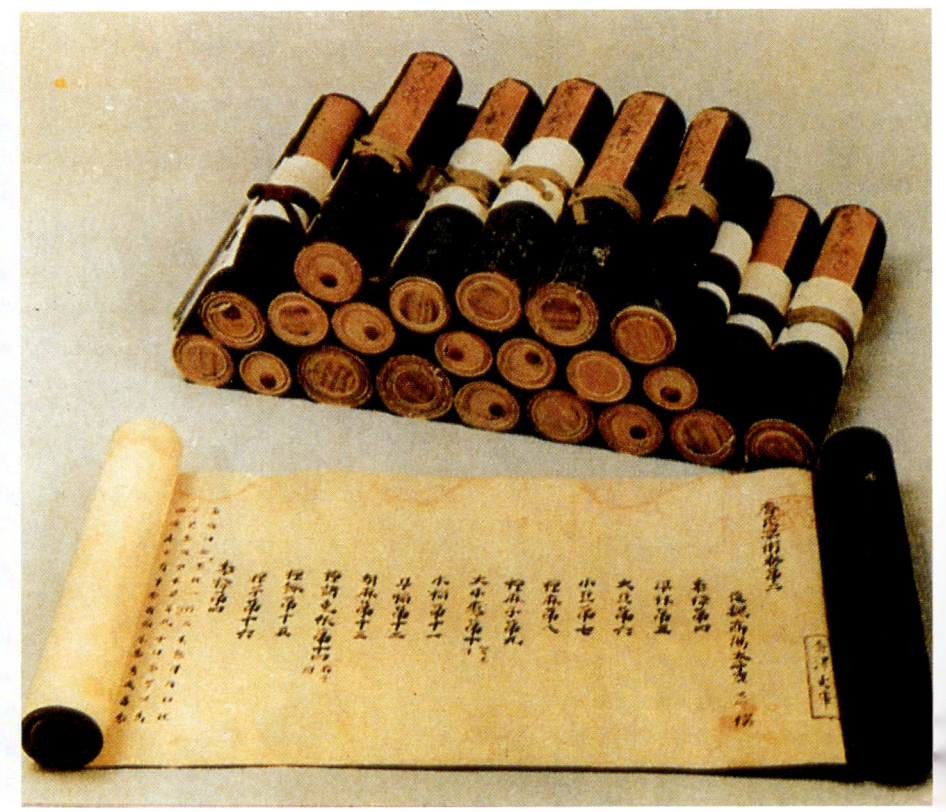

Des Bezirksvorstehers Hobby

Chronisten notierten die Jahreszahl 533, als sich in Gaoyang der Bezirksvorsteher über engbeschriebene Schriftrollen beugte und Frevelhaftes tat. Anstatt sich um die Amtsgeschäfte seines geschäftigen Bezirkes am Kaiserkanal zu kümmern, saß Jia Sixie über den Seiten der ältesten überlieferten Kochbuch-Enzyklopädie aus dem Reich der Mitte. Jener Berg von gerollten Schriften entpuppt sich beim Aufrollen als ein Meer von hundertzwanzigtausend Schriftzeichen. Qi Min Yao Shu ist weit mehr als eine Rezeptsammlung, es ist eine ernährungswissenschaftliche Enzyklopädie. Der Mann vom Kaiserkanal – heute heißt sein Ort Jining – trug beharrlich zusammen: Methoden des Ackerbaus, Bewässerungstechniken, Verarbeitung und Lagerung der Viktualien. Zusätzlich faßte er gleich einem gewissenhaften Buchhalter die Anbautechniken der Bauern am hochwassergefährdeten Unterlauf des Gelben Flusses (Huang He) bis zum sechsten Jahrhundert zusammen.

Dem Genuß frönend
Drei Mandarine lassen
sich nach einem üppigen
Mahl von einem Geigen-
spieler unterhalten.

Von Hand kopiert
Diese Abschrift der
japanischen Übersetzung
von Qi Min Yao Shu stammt
aus dem Jahre 1274. Bei
den abgebildeten Schriften
handelt es sich um die
älteste bisher entdeckte
Kopie.

felrades Wasser über Reisfeld-
dämme heben konnten, hervor-
ging, trat ein naturbedingtes
und soziales Gefälle zwischen
dem südlichen Reis-China und
dem nördlichen Weizen-China
zutage. Zu Beginn des 13. Jahrhunderts entdeckten die Italie-
ner die Kochkunst , während
den Chinesen von ihren mongolischen Okkupanten rohes
Fleisch und Kumyß, vergorene,
berauschende Stutenmilch, vor-
gesetzt wurde.

Epoche der tausend Rezepte

Die vierte kulinarische Periode
reichte von der Gründung der
wiederum chinesischen Ming-
Dynastie im Jahr 1368 bis zum
Sturz der letzten, der Qing-
Dynastie im Jahr 1911. Ein gewisser Song Li hinterließ der
Nachwelt die Notiz, daß unter
dem Ming-Kaiser Hongzhi (reg.
1470–1505) rund tausend verschiedene Rohmaterialien in
den zeitgenössischen Rezepten

verarbeitet worden seien. Nach
der »Vollständigen Enzyklopädie über die Landwirtschaft«,
Nong Zheng Quan Shu, kannten die Köche der Ming-Zeit bereits mehr als hundert Sorten
von Gemüse, so die aus dem
Westen stammende Tomate,
Paprika und Zwiebel. Portugie-
sische und spanische Händler,
die im sechzehnten Jahrhundert in den Häfen an der Süd-
küste Anker warfen, machten
die Chinesen mit Chili, Süßkartoffeln, Mais und Tabak bekannt.

Geteiltes China

Mit Eintritt des sechzehnten
Jahrhunderts eröffnete sich in
der Kochkunst eine bunte Palette von Stilrichtungen: kaiserliche Hofküche (siehe Seite 20),
Mandarinen-Küche, gutbürgerliche und Kloster-Küche. Das alte
Sprichwort »Laßt hundert Blumen blühen und hundert Schu-
len miteinander wetteifern«

trifft auch auf die Vorgänge in
der Kochkunst zu.
Doch nicht Köche, sondern
Literaten und Ärzte schufen Un-
sterbliches. Als historische
Glanzleistungen gelten:

Sui Yuan Shi Dan
von dem Literaten Yuan Mei
(1716–98);

Ben Cao Gang Mu
von dem Pharmakologen Li
Shizhen (1518–98, siehe Seite
31);

Xian Qing Rou Ji
von dem Literaten Li Liwong
(1611–79).

Bei diesen drei Werken handel-
te es sich um mehr als um Bücher zum Kochen, es ging um
Werke der Aufklärung, die der
Volksgesundheit dienten. Im
achtzehnten Jahrhundert erlebte die chinesische Landwirtschaft ihren Höhepunkt. Dank
moderner Anbau- und Zucht-
techniken, vielfältiger Gemüse-
und Obstsorten und dank enor-
mer Erträge erwies sie sich als

Ein Imbiß lockt
An einer Flußgabelung treffen sich Händler und Fischer.

die höchstentwickelte und am besten organisierte der Geschichte – wohlgemerkt, bevor die Agronomie im Westen aufkam. Nicht nur Getreideanbau, Kleinvieh- und Fischzucht, sondern auch der Anbau von Baumwolle, Tee und Zuckerrohr gehörten zu ihrem alltäglichen Erscheinungsbild. In dieser gartenartigen Landwirtschaft bewegte sich ein chinesischer Bauer, zwar barfüßig, aber wohlgenährter und weniger arm als ein Bauer unter der Herrschaft von Ludwig XV. (1710–74). Den chinesischen Landmann drückte höchstens eine natürliche Last an der Schulterstange, während sein französischer Kollege unter einer künstlichen Steuerlast ächzte, die der König für seine verschwenderische Mätressenwirtschaft eintrieb.

Von klassisch bis herzhaft

Die chinesische Küche ist ein noch junges Geschöpf, ein Kind der Neuzeit. Vor der Jahrhundertwende konnte man lange nach dem einen unikalen Stil, jener nationalen Mischküche, suchen. Seit Jahrhunderten rühmen die Gourmets die vier Regionalküchen von Peking und Shandong im Norden, von Jiangsu und Shanghai im Osten, von Kanton im Süden und von Sichuan im Westen. Diese großen Vier wurden vor rund 1400 Jahren aus einem Gemisch unzähliger Küchen herauszentrifugiert. Im Zuge neuzeitlicher Urbanisierung entwickelten sich die vier Küchen zu »überregionalen«, denn ihre mannigfaltigen Köstlichkeiten sind heute in unzähligen privaten Restaurants der Großstädte und Mammutstädte zu genießen. Als Probe auf das Exempel diene der Feuertopf (siehe Seite 74), seit jeher eine Spezialität des Nordens. Gefüllt mit

Hammelfleisch, einem wärmenden Yang-Produkt, gilt er als klassisches Wintergericht. Seit einigen Jahren nun kann man ihn auch in den subtropischen Provinzen Sichuan und Guangdong »lokalisiert« goutieren: In Sichuan ist die Brühe scharf, während die Kantonesen Meeresfrüchte in den brodelnden Topf werfen, den sie dreist »Feuertopf mit lebenden Meeresfrüchten für alle Jahreszeiten« tauften. Doch eine linde Hoffnung vermag die zeitlose Wirkung des alten Sprichwortes »Auf Unordnung folgt Ordnung« zu erwecken. Seit jüngster Zeit reift sowohl bei jungen, gebildeten Köchen als auch bei alten Gourmets die Rückbesinnung auf die echte chinesische Küche – eben die der Regionen. Langsam dämmert es einer Elite, daß die Kochstile der Regionen wie regionale Kulturen zu behandeln sind. Da die Rückbesinnung auf das Ursprüngliche der Kochkultur begonnen hat, interes-

siert die Zukunft. Zur anstehenden Entwicklung meint Meisterkoch Liu Zihua: »Im Rahmen der chinesischen Kochkunst zeigen sich heute die kantonesische und die Sichuan-Küche als richtungsweisend. Beide repräsentieren einen ganz unterschiedlichen Stil und Geschmack. Während die erstere den natürlichen Eigengeschmack und die absolute Frische anstrebt, betont die zweite eine Geschmacksverdichtung durch Würzen. Welche der beiden Küchen eines Tages die führende Rolle übernehmen wird, ist heute noch schwer auszumachen. Ausschlaggebend wird sein, welche sich als erste die Vorzüge der anderen anzueignen vermag.«

Kaltes Yin, heißes Yang

Gesunde Ernährung

Die äußere Ordnung zeigt sich innen, haarklein spiegelt sie sich in jeder Verästelung des menschlichen Körpers. Nicht im Wesen, nur in der Form zeigt sie sich verwirrend verschieden. Die Außenwelt beruht auf Zusammenspiel und ewigem Wandel der fünf Elemente, von Wasser, Feuer, Holz, Metall und Erde. Die großen Fünf finden ihre Entsprechung in den fünf edlen Organen des Körpers, dem Herz, der Leber, der Lunge, dem Magen und den Nieren. Um die organische Verwandtschaft zu bekunden, entwarfen Pharmakologen wie Sun Sixie bereits in der Tang-Zeit (618–907) das Bild, daß das Herz der Sohn der Leber sei, der die Nieren zur Mutter und den Magen zur Braut habe. Geschwisterlich verknüpft seien außerdem Zunge und Herz, Nase und Lunge, Mund und Milz, Ohren und Nieren, Augen und Leber. Den Altmeistern ging es um die Einsicht, daß alle Organe zu einer Familie gehören und nur ganzheitlich – im brüderlichen Zusammenspiel von äußerer und innerer Ordnung – gesehen werden dürften. Diese Einheit fällt nicht vom Himmel, sondern muß stets von neuem errungen werden: durch ausgewogene Ernährung und tiefgehende Atmung. Was gesundes Essen heißt, erzählt ein altes Sprichwort: »Das Ziel der Ernährung muß sein, ein klein wenig hungrig zu bleiben, wenn man gut gefüllt ist, und immer noch ein klein wenig gut gefüllt zu sein, wenn man Hunger hat. Völlerei schadet der Lunge, und Hunger hemmt den Fluß der Lebensenergie.« Bedingen sich die Gegensätze, das kalte, weibliche Yin und das heiße, männliche Yang, dann sprechen die Ärzte der traditionellen chinesischen Medizin von einem fließenden *humidum radicale,* von natürlicher Lebenswärme. Die »Temperatur« unterliegt stetigen Schwankungen und Wandlungen, abhängig vom Essen, Trinken und Atmen. Abhängig ist sie aber auch von den vier Jahreszeiten und den Lebens-

zyklen, die traditionell beim Mann acht und bei der Frau sieben Jahre dauern. Harmoniert der Bezug, dann bedankt sich der Puls mit Sanftmut und Regelmäßigkeit. Fühlt er sich hingegen an wie das Zucken eines Fisches, den man an den Kiemen hochhält, dann sind die Nieren nicht in Ordnung. Von alters her vergleichen chinesische Ärzte den Körper mit einer Laute und seinen Puls mit einer Saite. Reine Töne »erklingen«, wenn das Feuer über das Herz, die Zunge und das Blut herrscht, das Wasser über Nieren und Harnblase, das Metall über die Lunge. Für die vollkommene Harmonie müssen die Elemente Holz und Erde über die Galle und den Magen herrschen. Damit noch längst nicht genug der Ordnung und Zuordnung. So finden die fünf Elemente ihre Entsprechung in den fünf Geschmacksrichtungen bitter (Feuer), salzig (Wasser), scharf (Metall), sauer (Holz), süß (Erde) und in den fünf Speisearten: Bohnen und Fleisch vom Huhn und von gefiederten Tieren; gelbe Hirse und das Fleisch vom Schwein und von gepanzerten Tieren; Ölsamen, Hund und Fleisch von behaarten Tieren; Weizen, Schaf und Fleisch von geschuppten Tieren; weiße Hirse und Rindfleisch. Bereits im ersten Medizinbuch, dem Huang Di Nei Jing (Kanon des Gelben Kaisers zu inneren Krankheiten) aus der Zeit der Streitenden Reiche (475–221 v.Chr.) wird die innere und äußere Verknüpfung der fünf Elemente aufgefächert und daraus eine ausgewogene Speisefolge abgeleitet. Das grundlegende Verständnis, eine Speise wie Medizin und Medizin wie eine Speise zu sich zu nehmen, wurde vor 2500 Jahren geboren. Ausgefeilt wurde diese bahnbrechende Auffassung später von den Hofärzten der einzelnen Dynastien. In der Ming-Zeit verfaßte Li Shizhen (1518–98) *Ben Cao Gang Mu* (Abriß der Arzneimittelkunde), in dem das Zusammenspiel von Nahrung und Heilung am Beispiel von

Spiegel des Universums
Das taoistische Diagramm zeigt, wie sich der Kosmos im Mikrokosmos des menschlichen Körpers wiederfindet. So entsprechen die aus der Backe austretenden Kreise Naturzuständen wie »Großer Schnee« oder »Reif-Anfang«. Die »Blätter« um den Hals des schematisierten Menschen bezeichnen die Funktionskreise der fünf Fu-Organe (Galle,

Dünndarm, Magen, Dickdarm, Harnblase) und der fünf Zang-Organe (Leber, Herz, Milz, Lunge und Nieren). Die den Körper umgrenzenden Bälle symbolisieren Yin, das weibliche, und Yang, das männliche Element. Das Diagramm beruht auf traditionellen medizinischen und spirituellen Elementen, die aus dem Orakelbuch I Ging (»Buch der Wandlungen«) stammen.

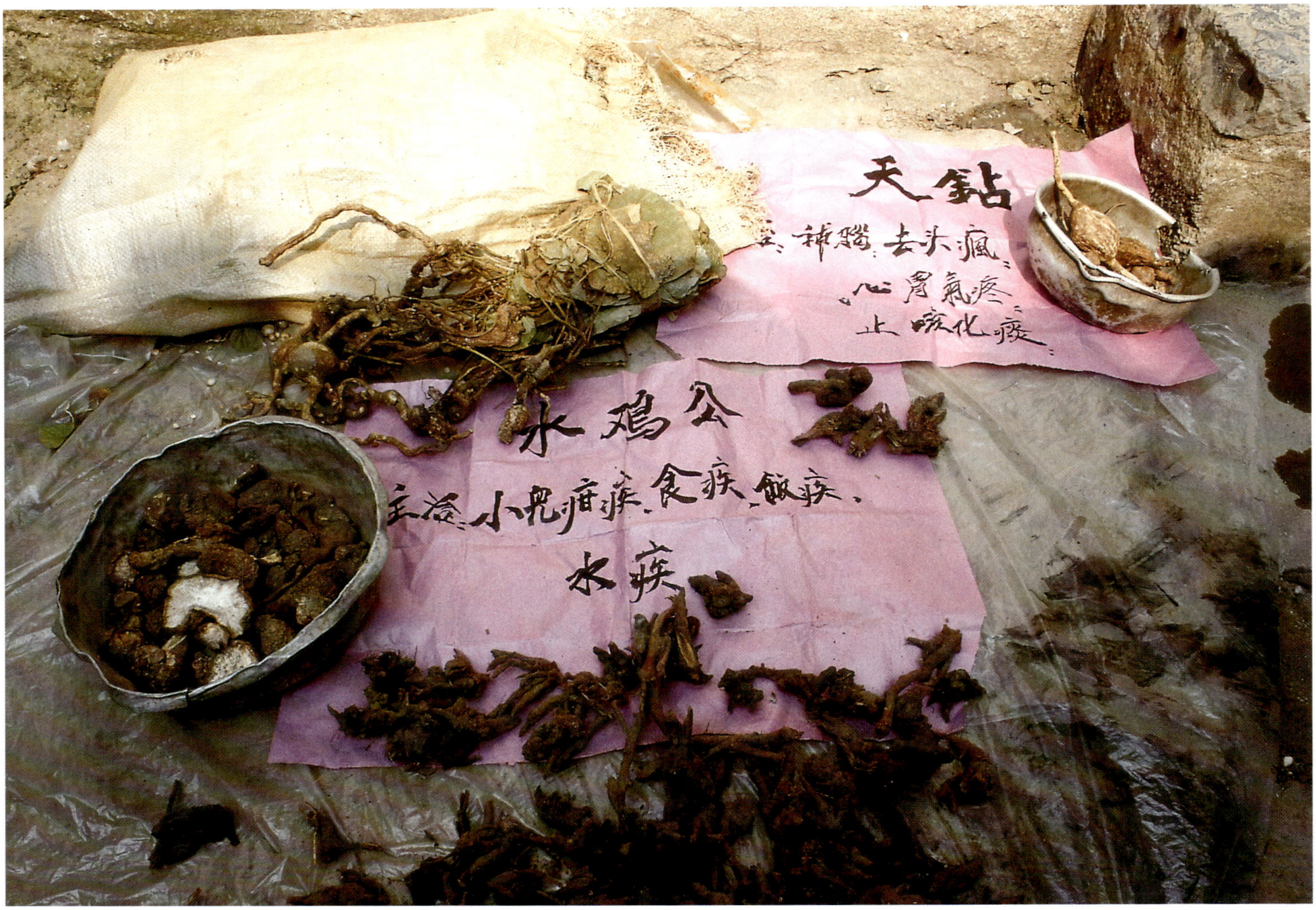

Kräuter gegen Krankheit
Getrocknete Knollen und Stengel helfen gegen Durchfall, Magenkrämpfe und Husten.

Fein gewogen
Die Ingredienzen der traditionellen Heilkunde müssen exakt zusammengestellt sein.

73 Getreidearten, 105 Gemüsesorten und 444 Arten von Tier-
produkten belegt wird. In diesem Rahmen findet auch eine
Speisenzuordnung nach Yin
und Yang statt.
Zu den Kühle spendenden, bei
Fieber, Hautausschlag und In-
fektion wirkenden Yin-Lebens-
mitteln gehören: Entenfleisch,
Wassermelone, Kürbis, Gurke,
Lotossamen, Fruchsäfte.
Zu den erhitzenden, gegen
Erkältung wirkenden Yang-Spei-
sen zählen: Fleisch von Hähnchen, Hammel, Rind, Schwein
und Erdnüsse sowie Ginseng.
Besonders achtsam müssen
sich werdende Mütter ernähren. Die traditionelle Diätetik
sieht in einer Schwangeren einen Yang-gefüllten Feuerball,
deshalb rät sie ihr, während der
neun Monate vorzugsweise
kühlende Yin-Speisen zu essen.
Die Geburt verwandelt ihren
Körper schlagartig in eine »Eis-
schale«, jetzt muß sie die
eingetretene Kälte überwinden und innere Hitze anfachen.
Der Stillenden empfehlen die
Ärzte traditionell ein sämiges
Süppchen aus Schweinefüßen,
Ingwer und Reisessig, das vielsagend »Vom Himmel ge-
schenkte ehrwürdige Nachkom-
menschaft« heißt. Wer hoch im
Alter steht, sollte sich nur noch
Häppchen von Leckerbissen –
im Sommer voller Yin, im Winter voller Yang-Energie – servieren lassen. Vorausgesetzt, er
möchte sein Leben verlängert
sehen. Chinas Küche, wo Yin
und Yang so unentbehrlich wie
Frische und Feuer sind, birgt
ein Geheimnis, das rätseln läßt:
Ist der Küchenmeister nun
Medicus oder Koch? »Sowohl
als auch«, schallt es uns von
der Feuerstelle entgegen. »Entweder oder«, ertönt der Ruf
vom abendländischen Herd.
Und trotzdem brachte die westliche Kochkunst ihre eigene
Diätetik hervor, die sich punk-
tuell mit der östlichen deckt. Im
Jahr 1564 veröffentlichte ein
gewisser Eobanus in seinem
bahnbrechenden Werk *De
tuenda bona valetudine* eine
Liste von Speisen, die unter anderem Pökel- und Rauchfleisch

*Shanzhen-Haiwei
(Köstlichkeiten aus den
Bergen und Delikatessen
aus dem Meer)*

enthielt, und warnte davor, daß
diese Gerichte »innere Hitze«
entfachten. Zu den kalten und
feuchten Speisen zählte der
deutsche Humanist Käse, Pfirsiche und Melonen. Himbeeren
und Tomaten tauchen bei ihm
unter der Sparte Medizin-
pflanzen auf, denn sie helfen
bei »bitterer« Galle, bei Schwel-
lungen und Entzündungen.
Eine, zugegeben, delikate Frage
allerdings umging der bedeu-
tendste Diätiker des sechzehnten Jahrhunderts: Ist sinnlich
Stimmendes gesund oder un-
gesund? Bei seinen sittsamen
Zeitgenossen fehlten Gemüse
und Kräuter wie Lauch, Safran,
Dill, Zitronenkraut, Linsen, Spar-
gel und Bohnen auf dem Speisezettel. Der heilige Hierony-
mus (1360–1416) bezeichnete
Bohnen zwar nicht als Köder
des Teufels, doch als unge-
sund: Nicht wegen der Blähungen, sondern wegen ihrer
»Kitzel erregenden« Wirkung.

Bedeutende Wirkung

Abalone entschlackt den Körper und stärkt die
Leberfunktion. Wer zu Verstopfung neigt, sollte
dieses Schalentier nicht essen.

Aprikosenkerne erhöhen die Seh- und Hörkraft.

Auberginen wirken fiebersenkend und anregend
auf die Blutzirkulation, schützen vor Diabetes und
zu hohem Blutdruck.

Bambussprossen entschlacken und regen die Verdauung an.

Balsambirnen wirken bei Fieber und senken den
Blutzucker.

Blütenpfeffer (Sichuan-Pfeffer) bei Rheuma und
schwacher Milzfunktion.

Datteln sind gut gegen Blut- und Eisenmangel.

Erdnüsse stärken Milz- und Magenfunktion.

Ginseng stärkt das Herz und die gesamte Durch-
blutung.

Ingwer erhöht die Blutzirkulation, wirkt bei Erkältung und Grippe. Er regt außerdem die Magen- und
Darmfunktion an, stoppt Mundgeruch und entschlackt.

Lotossamen zur Stärkung der Funktion von Herz,
Nieren und Milz, Eindämmung der Krebsgefahr im
Rachenbereich.

Himbeeren bei Schwäche von Leber und Nieren.

Seegurken wirken als Aphrodisiakum, beugen Ar-
terienverkalkung vor und stabilisieren die Nerven-
funktion.

Sellerie wirkt harntreibend und bei Kopfschmerzen.

Sesam stärkt den Haarwuchs (gegen Ergrauen)
und festigt den Knochenbau. Wer zu Verstopfung
neigt, sollte mit Sesam sparsam umgehen.

Tomaten bei trockener Haut und Verstopfung.

Tongku-Pilze (Shiitake) beugen der Krebsgefahr
vor und enthalten viele B-Vitamine. Sie stärken um-
fassend die Abwehrkräfte des Körpers.

Wachskürbis (Wintermelone) wirkt harntreibend
und entschlackend. Wer sein Gewicht reduzieren
will, sollte ihn regelmäßig essen.

Walnüsse kräftigen die Funktion von Lunge und
Nieren und sorgen für regelmäßige Verdauung.

Wolkenohr-Pilze (Mu-err) zur Stärkung der Gehirn-
und Leberfunktion, wirken blutreinigend.

Zitrone läßt Sommersprossen verblassen.

So bunt, so verwirrend

Einkauf im Asien-Laden

Alle Asien-Läden sind gleich, nämlich gleich verwirrend. Um ihr buntes Sortiment übersichtlich ausbreiten zu können, müßten eigentlich die meisten dieser Exoten doppelten Raum erhalten.

Bereits durch das Schaufenster wirken sie anziehend wie ein Spielzeug-Laden: Neben halbausgepacktem Porzellan stapeln sich Eßstäbchen, Kesselpfannen, Flaschen, feiste Buddhafigürchen und eine undurchschaubare Mixtur von Lebensmitteln in sonnengebleichter Verpackung hinter der Scheibe. Der Schein des Chaos trügt nicht, also gilt es mutig über die Schwelle zu schreiten. Beim Eintritt schlagen einem sofort die verschiedensten Gerüche entgegen. Es duftet süßlich nach frischem Gemüse, nach Ingwer, Zitronengras, Sojasprossen und exotischem Räucherwerk. Doch diese zarten Düfte müssen ständig gegen Schwaden übler Gerüche von getrockneten Shrimps, Krabben und salzigem Fisch ankämpfen – und werden meist besiegt. Der Geruchsteppich erweist sich beim ersten Schnuppern als überaus deftig.

Die Augen des Neulings verlieren sich schnell in diesem Meer an Konserven mit fernöstlichen Hieroglyphen. Da fordern Zeichen aus China, Indonesien, Japan, Thailand und den Philippinen zum Kaufen auf. Erst wer sich eine jener bunten Konserven aus dem Regal geangelt hat, erkennt, daß das Kleingedruckte oft auf Englisch oder Deutsch zu lesen ist.

Weit gefehlt, wenn einer glaubt, das üppige Sortiment bestünde nur aus China-Waren. Oft begegnet dem Suchenden auf ganzen fünfzehn Quadrat-

Wohlwissend lächelnd
Das Trio der drei alten Herren symbolisiert Glück, Wohlstand und langes Leben. Der Greis rechts, mit der »Beule« auf der bejahrten Stirn und dem Pfirsich in der Hand, verkörpert das lange Leben. Sein Nachbar in der Mitte hat gut lachen, denn er hat die kaiserliche Beamtenprüfung mit Bravour bestanden und es zu Ansehen und Reichtum gebracht. Glück im Leben symbolisiert der linksstehende Herr, dem manchmal auch eine Fledermaus, fu, als Zeichen des Glücks, auf der Schulter hockt.

metern der Ferne Osten, in seiner kulinarischen Vielfalt verworren aufgestapelt. Wer sich für seinen (ersten) Einkauf viel Zeit, viele Notizen und eine unersättliche Neugier mitgebracht hat, wird viel erleben. Sein Besuch im Asien-Laden kann leicht zu einer Art Bibliotheksbesuch ausufern. Da mittlerweile von jedem Produkt vier bis fünf Ausführungen zu kaufen sind, zieht man am besten die Verkäuferin zu Rate. Doch man muß eine eigene und möglichst genaue Vorstellung von seinen Wünschen haben. Soll die Sojasauce süßlich, bitter oder nur salzig sein? Oder bei den Nudeln: dünn oder breit, aus Weizen oder aus Reis? Auch beim Reis kann man zwischen vier bis fünf Sorten wählen. Unsere Rezeptbeschreibungen und Tips sollen Ihnen dabei helfen.

Wer sich in diesem Chaos von Lebensmittelladen zurechtfinden will, sollte einige Faustregeln beachten.

Frische
In erster Linie frische Produkte aus der Kühltheke kaufen. Aber auch hier genau nachfragen, wieviele Tage zum Beispiel die Sojasprossen oder der Tofu alt sind.

Herkunft
Da Sie chinesisch kochen wollen, sollten Sie auf Produkte aus der Volksrepublik China, aus Hongkong und aus Taiwan zurückgreifen, und zwar in genau dieser Reihenfolge. Die volksrepublikanischen Produkte stammen in der Regel aus den Südprovinzen Guangdong und Fujian.

Beschriftungen
Manchmal sind die Aufschriften noch in der alten Wade-Giles-Transkription und nicht im modernen Pinyin, welches wir im Buch verwenden, zum Beispiel beim berühmtesten chinesischen Bier. Nach der neuen Umschrift müßte es Qingdao-Beer heißen, doch aus Werbegründen wurde der alteingesessene Name Tsingtao-Beer (sie-

he Seite 68) beibehalten. Oft wirkt gerade die Verpackung der Produkte aus der VR China am abenteuerlichsten, doch dafür sind die Lebensmittel von dort am ursprünglichsten und billigsten. So sollte man nie gleichnamige Produkte aus Taiwan oder Hongkong kaufen (zum Beispiel Shaoxing-Wein stets aus dem Ort Shaoxing, siehe Seite 118).

Fastfood
Das Sortiment der Asia-Läden orientiert sich immer stärker am Fastfood, vor allem auf dem Sektor der Suppen. Hier spielen die Japaner eine Vorreiterrolle. Dieses Angebot sollte Sie nur für einen schnellen Imbiß interessieren.

Aufbewahrung
Kaufen Sie kleine Mengen. Viele chinesische Produkte haben immer noch sehr schlechte Verschlüsse, so daß der Inhalt schnell verkrustet (zum Beispiel Sojasauce) und schlecht wird.

Zum Würzen
Es werden enorm viele Fertigprodukte angeboten (Chutney, Sambal, Hoisinsauce, eingelegte Gemüse etc.). Auch in diesem Fall sollten Sie lieber auf Frisches zurückgreifen. Sind frische Gewürze nicht vorhanden, dann fragen Sie die Verkäuferin nach Alternativen.

Küchengeräte
Unter den Küchengeräten und Tischutensilien befinden sich viel Tand und viele Blender. Wer sich zum Beispiel einen Wok kaufen möchte, sollte eine gute Gußeisen-Pfanne aus europäischer Fertigung und keine chinesische aus dünnem Metall oder billigem Gußeisen kaufen. Die europäischen Hersteller wissen, daß für Elektroherde der abgeflachte Wok am besten geeignet ist. Diese Kesselpfannen erhält man im Fachhandel.

Tee und Tofu
Generell ist der Einkauf zum Beispiel von Tee im Fachgeschäft oder von abgepacktem

Tofu im Bioladen empfehlenswert, da diese Geschäfte nur Naturkost oder Lebensmittel aus kontrolliertem Anbau führen. Chinesische Tees und getrocknete Gewürze sind oft stark mit Pestiziden belastet. Bei Lebensmittelkontrollen in China berücksichtigt man nur die einfachsten Hygienebestimmungen (oft bestehen die Konservendosen innen aus unbeschichtetem Blech).

Getrocknete Produkte,
zum Beispiel Wolkenohr-Pilze (Mu-err), Tongku-Pilze (Shiitake) und Shrimps, sollten beim Einweichen mehrmals mit kochendem Wasser übergossen werden.

Sojasauce
Meist geben die Etiketten der Produkte keinen Aufschluß über die Geschmacksrichtung. So sind mittlerweile mindestens acht Sojasaucen auf dem Markt. Zur groben Orientierung: die japanischen Saucen sind salzig, die indonesischen und thäiländischen süßlich und die chinesichen leicht bitter. Wir empfehlen die normale chinesische Sojasauce, also nicht die chinesische Pilzsojasauce – wohlgemerkt in der kleinen Flasche.

Öl
Zum Braten kann man jedes gute Pflanzenöl aus dem Supermarkt benutzen. Dort findet man auch spezielle Öle wie Sesam- oder Soja-Öl. Ausgefallene Geschmacksrichtungen wie Chili-Öl, Jasmin-Öl oder Senf-Öl spielen in unseren Rezepten keine große Rolle.

Essig
Am besten kaufen Sie aus dem reichhaltigen Essig-Angebot den gängigen schwarzen Reisessig aus Zhenjiang (sein Säuregehalt ist relativ niedrig).

Getränke
Als Getränk eignet sich vor allem Bier zum chinesischen Essen. Am besten mundet erfahrungsgemäß die Hausmarke. Die meisten chinesischen

Schnäpse (Bambus, Ginseng) und Weine sind süßlich und schmecken Europäern nicht sonderlich. Empfehlenswert ist der japanische Reiswein Sake, der warm getrunken wird.

Ein Asien-Laden mit seinen derben Kartons, den aufgereihten Reissäcken, seinen Bambusschirmen, Musikkassetten, Wushu-Schwertern, Reisschalen, Eßstäbchen, Batterien von fremdartigen Konserven und Tüten und Päckchen sowie seinen Verkäuferinnen, meist lauten Kantonesen, erscheint wie ein Kaleidoskop fernöstlicher Kultur, durch das zu schauen sich auch ohne Einkauf lohnt.

Glutamat
Glutamat, ein Salz der Glutaminsäure, wird aus Getreide, Hülsenfrüchten oder Zuckerrüben durch chemische Verfahren gewonnen. Es ist ein weißes, relativ geschmackloses Pulver, das jedoch den Eigengeschmack der Gerichte intensiviert. In China wird Glutamat regelmäßig zum Kochen verwendet und ist auch in zahlreichen Saucen und Pasten enthalten. In diesem Buch werden die Gerichte ohne Glutamat zubereitet, da man geschmacklich durchaus darauf verzichten kann und Glutamat außerdem bei manchen Menschen allergische Reaktionen (das sogenannte »China-Restaurant-Syndrom«) hervorrufen kann. Sie äußern sich zum Beispiel in Taubheitsgefühlen, Kopfschmerzen, starkem Durst und Übelkeit.

Gemüse

Chinakohl

Gewichtig zeigt er sich, und trotzdem schmeckt er genauso zart, wie seine Farbgebung gehaucht ist. Der »Große weiße Kohl« *Da Baicai* gleicht einem Monument unter den chinesischen Gemüsen. Zurecht trägt er im Westen den Namen Chinakohl. Der Kohl ist das wichtigste Gemüse nördlich des Yangtse-Flusses, also im gesamten Norden. Von den 700 Sorten werden die besten in den Provinzen Shandong und Hebei (siehe Seite 16) angebaut. Um den Winter unbeschadet zu überstehen, lagert in der kalten Nordregion jede Familie Chinakohl ein. Noch im sonnigen Herbst werden gewaltige Mengen auf den staatlichen und privaten Märkten gekauft und auf Lastenfahrrädern nach Hause geschafft. Allein in der Neun-Millionenstadt Peking hortet – rein statistisch gesehen – jeder Bürger 27 Kohlstauden. Da ein Keller meist fehlt, verwandeln sich Balkone, Dielen, Fenstersimse und Hausflure in Vorratslager. Chinakohl bietet sich als ein Gemüse für jede Gelegenheit an – für deftige Hausmannskost wie für raffinierte Bankettgerichte. Er kann süß, sauer, salzig und scharf zubereitet werden – und schmeckt eigentlich immer. Um seinen Nährwert zu erhalten, wird er auch eingesalzen und kleingehackt mit Knoblauch als Dongcai in Tonkrügen aufbewahrt. Bereits vor 7000 Jahren aßen die Chinesen ihren Kohl. Im jungsteinzeitlichen Dorf Banpo, östlich der antiken Kaiserstadt Xi'an gelegen, entdeckten Archäologen uraltes Saatgut der gewichtigen Staude.

Sojabohne

Die Sojabohne ist weltweit die begehrteste Entdeckung der chinesischen Eßkultur. In der Dichtung wird die Sprosse als »Silberkeimling« und »Gelbes Juwel« gepriesen und als Beitrag der »Gelben Kultur« zur kulinarischen Weltzivilisation

gewertet. Bereits vor 3000 Jahren gelang es Bauern im Norden, die schwärzlichen Samen des wilden, bodennahen Sojastrauches zu kultivieren. Seither wächst der Strauch und spendet ein Wunderwerk an Nahrhaftem: er erzeugt Bohnen, die sich durch viel Lecithin und Protein auszeichnen. Der Strauch wächst in Symbiose mit Knöllchenbakterien, die dem Ackerboden natürlichen Dünger, nämlich Stickstoff, zuführen. Ursprünglich gehörte die Sojasprosse in die vegetarische Küche der naturverbundenen Taoisten, denen es um die medizinische Wirkung des Essens ging. Noch bis zur Zeit der »Südlichen und Nördlichen Dynastien« (420–589) wurde die Sojasprosse ausschließlich als Heilmittel bei Krankheiten verwendet. Aus der Sojabohne werden Pasten, Nudeln, Tofu und Sojasauce gewonnen. Die Sauce stellen sie aus fermentierten Bohnen zusammen mit Weizenmehl und Salz her. Soll die Sauce schwer, süßlich und braunschwarz werden, benötigt man noch gebrannten Rohrzukker. Für die Sauce erfährt die Bohne einen wohldosierten Gärungsprozeß; jetzt können die Proteine und Vitamine erst richtig wirken.

Pak choi

Dieses schnell wachsende, anspruchslose Gemüse wird auch Paksoi oder Chinesischer Senfkohl genannt. Botanisch gesehen ist Pak choi dem Chinakohl und dem Stielmangold verwandt, geschmacklich ist er etwas feiner als Chinakohl, mit einer spezifischen eigenen Note. Obwohl Pak choi im Anbau äußerst wenige Anforderungen stellt, wird er bei uns noch sehr selten angebaut. Meist kommt er aus Thailand oder den Niederlanden. Pak choi sollte möglichst frisch sein und nach dem Einkauf rasch verbraucht werden, da er viel Feuchtigkeit enthält und deshalb nicht lange haltbar ist. Gut schmeckt das Gemüse roh als

Salat, noch besser aber kurz gegart wie Spinat und Mangold.

Bambus

Die schnellwachsende Bambussprosse läßt sich in drei Saisonarten unterteilen, in Bambus des Winters, des Frühjahrs und des Sommers. Als sehr nahrhaft und besonders zart gilt die Wintersprosse, sie ist der Liebling jedes Gourmets, vor allem des vegetarischen. Die Chinesen schätzen von alters her die Heilwirkung des jungen, noch nicht verholzten Bambus: Bei zu hohem Blutdruck und bei Entzündungen aller Art, ja sogar bei einem Sonnenstich wirkt er beruhigend. Soll der Darm angeregt und das überschüssige Fett aus den Eingeweiden vertrieben werden, dann sind geschnetzelte und gedünstete Bambusstreifen genau das richtige. Der junge, spargelartige Bambus als

Nahrung ist nur ein Aspekt einer breitgefächerten Kultur, die den Süden und Westen seit Jahrtausenden beherrscht. In jedem einfachen Restaurant ißt man mit Stäbchen aus Bambus. Nudeln werden mit Bambusköchern aus dem siedenden Wasser gefischt und die Baozi in Bambuskörbchen gedämpft. Noch vor fünfzig Jahren bestanden nahezu alle Küchengeräte aus Bambus und nicht aus Metall. Zweifellos war die Kesselpfanne, früher Fu, heute Wok genannt, schon immer aus Metall. Doch für sich genommen, verkörpert das eiserne Teil eben nur die halbe Kochkunst. Erst zusammen mit einem Bambusdämpfkorb namens Zheng werden beide zum ältesten Gerätepaar in der Küche, erst jetzt symbolisieren sie das Wesen der antiken Kochkunst: die Einheit von Braten und Dämpfen. Von den an Birmas, Laos, und Vietnams Grenze siedelnden Nationalitäten ha-

*Das Leib- und
Magengemüse der
Nordchinesen*
Allein mit eingelagertem
Chinakohl kommen sie
über den Winter (Bild
oben).

*Für das Mittagessen
angeliefert*
Der Kantinenkoch
nimmt die tägliche
Gemüseration
entgegen (Bild unten).

*An der Farbe
sind sie zu erkennen*
Chinesische Auberginen
(Bild oben).

*Ungeschält
ungenießbar*
Zarte Bambussprossen
(Bild Mitte).

*Aus dem Westen
geholt*
Rettiche werden auch
von Chinesen gern
gegessen (Bild unten).

ben die Kantonesen gelernt, wie man Reis, Fisch oder Fleisch in ausgehöhlten Bambusrohren schmort und so den Saft und Geschmack erhält. Im Süden und Westen wachsen die Menschen inmitten von Bambuswäldern auf, sitzen auf Bambusstühlen, speisen von Bambustischen, ruhen auf Bambusmatten, wärmen sich an Bambusfeuern und erfreuen ihr Herz an einem jener immergrünen Bambushaine, der durch das Fenster grüßt.

Wachskürbis

Wachskürbis (auch Wintermelone) kommt ursprünglich aus Australien, Indonesien, Malaysia, Südostasien, China und Japan, wo er für die Ernährung teilweise eine wichtige Rolle spielt. In Europa findet man die rankende Pflanze mit den langen Blättern höchstens gelegentlich als Zierpflanze, da die gelben Blüten sehr hübsch sind. Außen sieht die Frucht aus wie eine längliche, hell- bis dunkelgrüne Melone, die mit einer kalkweißen Wachsschicht bedeckt ist. Das Fruchtfleisch, das im Geschmack leicht an zarten, sehr aromatischen Kohlrabi erinnert, ist weiß und enthält relativ viele Kerne. Es paßt gut zu Fleischgerichten und in Suppen. Einen ganzen Wachskürbis können Sie an einem kühlen Ort wochenlang aufbewahren, angeschnitten wie eine Melone im Kühlschrank einige Tage.

Lotossamen und Lotoswurzeln

Die Lotospflanze, eine Seerosenart, gilt in China als heilig.
Lotoswurzeln werden in China für Süßspeisen, vegetarische Gerichte und Suppen verwendet. Sie haben einen milden, leicht süßlichen Geschmack. Bei uns kann man sie nur äußerst selten frisch kaufen, meist werden sie in Dosen oder getrocknet in Scheiben an-

geboten. Wenn Sie nicht den ganzen Inhalt der Dose verbrauchen, können Sie die Reste in einem verschlossenen Gefäß mit Wasser etwa eine Woche im Kühlschrank lagern. Das Wasser dabei täglich wechseln. Lotossamen gibt es nur getrocknet zu kaufen. Sie dienen hauptsächlich als Dekoration für Desserts und müssen eingeweicht werden. Sie sind leicht bitter und nicht nach jedermanns Geschmack.
Lotosblätter werden wie Bananen- und Schilfblätter zum Einwickeln verwendet, sind bei uns aber nur sehr selten zu bekommen.

Pilze

Von allen Pilzen ist der Tongku-Pilz, im Westen eher unter dem japanischen Namen Shiitake bekannt, die geschmackliche wie nahrhafte Krönung. Immer häufiger kommt er auch bei uns zuchtfrisch auf den Markt und kann leicht an seinem würzigen Geruch aufgespürt werden. Getrocknet ist er billiger, doch weniger empfehlenswert, denn sein ursprünglich hoher Anteil an B-Vitaminen ist vermindert. Der »duftende Pilz« hilft bei Blutarmut, Nervenschwäche und zu hohem Blutdruck. Auch als Mittel gegen Krebserkrankungen wird er in China eingesetzt.

Wasserkastanie

Erstaunlich vielseitig, diese kleine Frucht: sowohl Gemüse als auch Obst. Von der Industrie wird die Wasserpflanze sogar zu Speisestärke verarbeitet. Dem Geschmack nach ist die weißrosa Frucht säuerlich bis scharf, ihrem Charakter entsprechend kalt, also gut gegen »innere« Hitze, die sich in Infektionen und Pickeln ausdrückt. Die knackige Kastanie, ursprünglich in Indien angebaut, dient bei der Speisenzusammenstellung häufig als Kontrast zum weichen, ebenfalls weißlichen Garnelenfleisch.

Yamswurzel

Es gibt etwa 250 verschiedene Arten dieser Pflanze, die ihre Heimat in Afrika, dem tropischen Asien, China, Indochina, Malaysia und auf den Philippinen hat. In den Tropen und Subtropen sind die Wurzeln für die Ernährung sehr wichtig, da sie reichlich Stärke und Klebereiweiß enthalten. In China werden Yamswurzeln hauptsächlich zu Süßspeisen verarbeitet, beispielsweise als Kuchen oder fritiert. Man kann sie auch wie Kartoffeln zubereiten, also kochen und zu Brei zerdrücken, im Ofen backen oder füllen. Erhältlich sind Yamswurzeln in den kalten Monaten, etwa von November bis April. Als Ersatz können Sie Süßkartoffeln verwenden.

Handlich wie zum Spielen
Wachteleier gelten als teure Delikatesse.

Lauch, Knoblauch und Ingwer

»Morgen für Morgen sind sieben Dinge zu besorgen, nämlich Brennholz, Reis, Speiseöl, Salz, Sojasauce, Essig und Tee.« Dieses alte Sprichwort belegt, wie wichtig das Würzen seit jeher für die Küche des Nordens wie des Südens ist. Von den zwanzig wichtigsten Gewürzen sind Lauch, Knoblauch und Ingwer unverzichtbar. Im Norden pflegen die Familien Lauchstangen und Knoblauchzöpfe für den ganzen Winter einzulagern. Alle drei Scharfmacher werden gerne roh oder mariniert als Beilage zu Teigtaschen und Nudeln gegessen. Ihr großes Plus besteht darin, daß sie den strengen Geruch oder Geschmack von Fisch und gewissen Fleischsorten abschwächen. Die traditionelle chinesische Medizin bezeichnet das scharfe Trio als Medizinpflanzen, denn sie schützen und stärken die Eingeweide antiseptisch. Und trotzdem sind der deftige Knoblauch und sein milderer Bruder Lauch in der vegetarischen Küche tabu, sie werden den »Fünf Stinken«, Wu Hun, zugeordnet. Nicht so Ingwer. Die erdfarbenen Wurzeln, deren wulstige Formen an Püppchen erinnern, gelten als überaus delikates Gewürz. Ingwer ist nach Auffassung der chinesischen Medizin feuchtigkeitsregulierend und erhitzend, also ideal gegen Katarrh, Grippe, Blähungen und schwachen Magen. Dank seiner ergiebigen Yang-Kraft dient er als Aphrodisiakum.

Bohnenpasten

Es gibt rote, schwarze und braune Bohnenpasten. Sie werden immer aus fermentierten Bohnen – meist Sojabohnen – hergestellt. Dazu kommen Mehl und Gewürze. Die scharfe Bohnenpaste wird zudem mit Salz und Chili, die süße mit Zukker gewürzt. Nach dem Anbrechen die Paste kühl aufbewahren.

Mitten im Verkehrsstreß
Ein Bauer liefert frischen Knoblauch an (Bild oben).

Auf dem Markt heißt es zusammenrücken
Feilgebotene Kürbisse, Melonen und Gurken (Bild unten).

Würzig und scharf
Paprika und Ingwer sind ein Muß in der Küche.

Morgens, mittags, abends

Reis – Nahrung für Millionen

Wissen, daß Himmel und Erde ein Reiskorn, die Spitze eines Haares ein Gebirge ist – das heißt, die Verhältnismäßigkeit kennen.

In längst versunkenen Zeiten verehrten sie im Reich der Mitte die Ratte als Gottheit, als himmlischen Spender, der das erste Reiskorn auf die Erde gebracht haben soll. Heute nun mag jenes Korn aus der Gattung der Süßgräser nicht mehr göttlich, doch immer noch königsgleich sein: Der Reis ist für den asiatischen Menschen der König unter vielfältigem Getreide. Seines zartvioletten Silberhäutchens beraubt, glänzt das geschliffene Korn matt wie weiße Jade. Und wiegt sich die reife Rispe im Wind, dann gleicht sie einem Strauß von blinkendem Goldregen. Schön, wunderschön zeigt sich der reife Reis zur Erntezeit im sonnigen September. Sein Wachstum beginnt mit wochenlangem Monsunregen im Frühjahr. Sobald sich in den eingedeichten Feldern das Wasser kniehoch staut, wird allerlei junges Getier als Grasfresser ausgesetzt, um das Feld für die zarten Schößlinge zu bereiten. Herrscht schließlich Sauberkeit, lassen die Reisbauern das Wasser ab und setzen zerbrechliche Reishalme in den verschlammten Boden, der nun bis zur Ernte nicht mehr bewässert werden muß. Jene Halme wurden Wochen zuvor auf engstem Raum gezogen und dann als sprießende Hälmchen umgepflanzt.

Reis vermehrt sich durch Selbstbefruchtung. Seine männlichen Staubblätter und sein weiblicher Stempel befinden sich beide in derselben Blüte. Gewiß würde es mit einer Fortpflanzung auf Distanz auch klappen, allerdings weniger ertragreich.

Erst durch das Umpflanzen, das Pikieren, wird der Paddy, der Reis auf dem Halm, zur ergiebigsten aller Kulturpflanzen. Bis zum achten Jahrhundert bauten die Chinesen, die eigentlichen Entdecker des Oryza sativa, ihren Reis an, als sei er Weizen oder Hirse. Sie pflügten, säten, wässerten und ernteten mal weniger, mal mehr. Erst im achten Jahrhundert gelang der Bruch mit dem Trott, erst jetzt konnte eine wahrhaftige Reiskultur hervorgebracht werden. Eine Explosion an Menschen belegt diese Geburt: Allein im Reich der Mitte wuchs das Volk von 53 auf 100 Millionen. Reis wurde zu dem Nahrungsmittel Asiens.

Vor gut 4500 Jahren – dieses vorbildliche Alter belegen Einkerbungen auf Büffelbein und Schildkrötenpanzern, den sogenannten Orakelknochen – entdeckten Bauern in Südchina wildwuchernden, hüfthohen Reis, den sie zuversichtlich auf Naßfeldern anbauten. Jener Reis der ersten Stunde machte sie nicht nur satt, sondern auch erfinderisch: Sie lernten aus Chan Mi, dem klebrigen Reis, scharfen Arrak zu brennen, süßwürzigen Reiswein zu keltern und fadendünne lange Nudeln zu drehen, denen sie weise die

Symbolkraft von Langlebigkeit zusprachen.

Selbst mit Politik vermischte sich der schmackhafte Reis. Wiederum in jenem fruchtbaren achten Jahrhundert verhinderten die eingedeichten Reisfelder, daß in Südchina ein System egalitärer Landverteilung eingeführt werden konnte. Ganz im Gegensatz zu Nordchina, der Heimat von Sorghum und Weizen, wo die Landbevölkerung keine solch starke Liebe zu ihrer Scholle aufkeimen ließ. Zu jener bewegten Zeit sorgte der Reisanbau auch für einen kulturellen Rutsch von Norden nach Süden, wodurch sich Chinas geistiger Nabel im Yangtse-Delta verankerte.

Noch tiefer im Süden, an der Küste des heutigen Vietnam, machte ein Reich namens Champa und mit ihm ein Reis gleichen Namens von sich reden. Von allen 1400 bis heute kultivierten Reissorten gilt der rundkörnige Champa als eine Art Urvater, denn mit ihm kön-

nen auch in den gemäßigten Subtropen der Welt zwei Ernten im Jahr eingebracht werden. Die Chinesen entdeckten damals schnell, daß diese robuste Sorte selbst an Hängen und auf wasserarmen Hochebenen besser gedieh als der grazile, durch sumpfiges Wasser verwöhnte Langkornreis. Dem Champa-Reis verdankt das Reich von Angkor seine Blüte. Ohne ihn wäre auch die Besiedlung am Mekong und auf der Insel Java nicht so harmonisch verlaufen. Wenn das neue China die Geisel der Hungersnöte abgeschüttelt hat, dann nicht dank dem einen großen Steuermann, Mao Tsetung, sondern dank Milliarden Reiskörnlein.

Und trotzdem blieb der Reis von Champa immer ein gemeines Getreide, die Zehrung der armen Bauern, Kulis und Straßenhändler. Im alten China zählte nur langkörniger, duftender und burgunderfarbener Reis als hoffähige Sorte, die der Kaiser als Naturalsteuer und Throngabe duldete. Da der kleinkörnige Alltagsreis bis heute als Sattmacher dient, kommt er auch als geheiligtes Speiseopfer nicht in Frage. Den Göttern sei das Beste gerade gut genug und auch die Ahnen könne man nicht mit einfachem Rundkorn abspeisen, entgegnen gläubige Asiaten erstaunlich einhellig. So stehen auf den Haus- und Tempelaltären zwischen Bangkok, Hongkong und Tokio gut aufgehäufte Reisschalen mit teurem Langkorn.

Nicht nur das Was, sondern auch das Wie des Opferns ist vorgeschrieben. Nach altem Brauch genießt allein der Opferreis das Privileg, zu einem kleinen Kegel in der porzellanenen Schale aufgetürmt zu werden, nicht aber der Reis in der täglichen Schale. Schlimme Verwechslungen entstünden: Könnten doch die Lebenden und die Toten ihr Essen nicht mehr säuberlich auseinanderhalten.

Wie blinkender Goldregen
Die reifende Reisrispe.

Die Chinesen, gepriesen als Erfinder von Maß und Mitte, trugen einst das Wissen im Herzen, daß man zur Mahlzeit weder zuviel Reis schöpft, noch Reste von Reis achtlos hinterläßt. »Aufessen!« herrscht die Devise, und bedrohlich heißt es der Sage nach, wer Reisreste macht, bekommt die Pocken oder wird vom erzürnten Donnergott erschlagen.

Statt einer Kochanleitung sei abschließend nur ein Trick verraten: Reis brennt nicht an, wenn man zum Garen den Topfdeckel in ein Küchentuch, das den Wasserdampf wie ein Schwamm aufsaugt, einwickelt. So wird der betulich köchelnde Reis schön trocken. Bitte nicht umrühren!

Barfuß balancierend
Nördlich von Shanghai werden auf topfebenen Feldern Reisschößlinge pikiert (Bild oben).

Sie kurbelt, er füllt nach
Mit der hölzernen Worfelmaschine wird Getreide gereinigt.

Sie haben gut lachen
Junge Bauern bieten privat geerntetes Getreide auf dem freien Markt an.

Weich und weiß

Mantou – Dampfbrot

Mantou

Morgens, mittags und abends verspeisen Südchinesen Reis. Im Norden gönnen sie sich zu den drei warmen Mahlzeiten des Tages stattdessen weiches, weißliches Dampfbrot, Mantou. Nordchina gilt von alters her als Heimat von Weizen, Hirse und Gaoliang, dem chinesischen Sorghum. In dieser Region knetet man Weizenmehl mit Wasser und Hefe zu teigigen Halbkugeln, die in einem Topf gedämpft werden. Die Städter, Opfer der urbanen Hektik, bevorzugen Mantou aus dem Laden, dem Restaurant, vom Markt oder aus der Kantine ihrer Arbeitsstelle. Zu Hause wird das Brot dann nur noch aufgewärmt oder in Öl gebraten. Dampfbrot, dessen Form an eine halbierte Pampelmuse erinnert, erhielt seine Gestalt in der Zeit der Drei Reiche (220–280). Zhuge Liang, der berühmte Militärstratege und Kanzler des Reiches Shu (heute Provinz Sichuan) befand sich mit einem großen Heer auf dem Weg nach Südwesten. Als seine Truppen den Lushui-Fluß überqueren wollten, ertranken viele Soldaten. Nicht die Heimtücke der Fluten soll sie in die Tiefe gerissen haben, sondern ein Dämon. Um den Flußgeist gnädig zu stimmen, ließ Zhuge Liang (181–234) ein Speiseopfer darbringen. Aus Teig wurde ein Menschenkopf geformt, den man mit Fleisch füllte und in den Fluß warf. Sofort glätteten sich die Wogen und die Überlebenden konnten unversehrt übersetzen. Aus jenem »Teigschädel« soll laut Legende das Dampfbrot entstanden sein. Mit der Zeit experimentierten die Köche, sie ließen eines Tages die Füllung weg, so ißt man heute Mantou als Beigabe zu vollwertigen Gerichten.

Das Dampfbrot mit Füllung machte eine eigene Entwicklung durch, es wurde mit den Jahren zum niedlichen Dampfbrötchen und erhielt den Namen Baozi. Nur in den östlichen Provinzen Zhejiang und Jiangsu sowie in der Stadt Shanghai sprechen die Menschen nicht von Baozi, sondern von Rou Mantou und meinen Fleisch-Mantou.

Hinter Glas verbirgt sich eine Herdplatte
Der fahrbare Imbiß verkauft Pfannkuchen zum Frühstück (Bild unten).

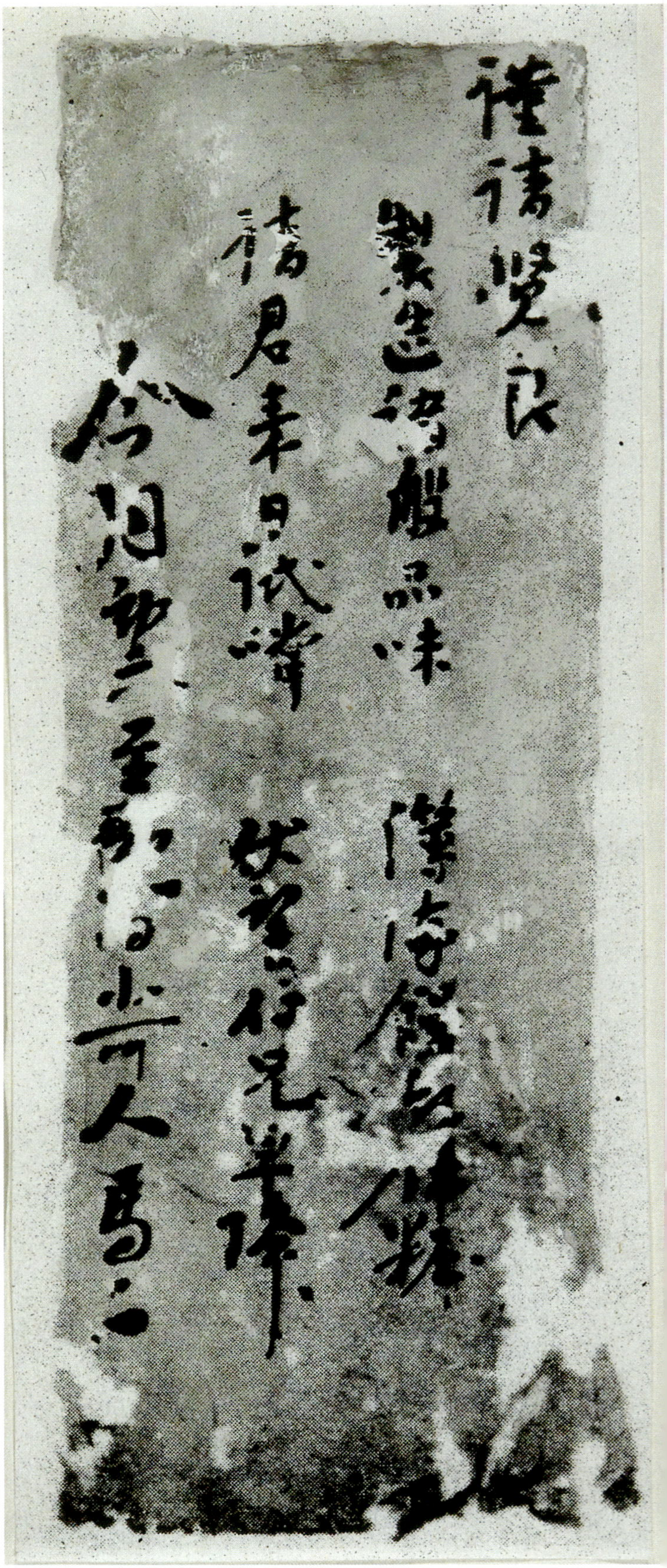

Mal Chaos, mal langes Leben

Ravioli und Nudeln

Ein Wirt sorgt für Wirbel

Schickte sich Marco Polo gerade an, Venedig zu verlassen? Wer weiß, vielleicht setzte er auch schon den Fuß auf chinesischen Boden, als im mongolisch besetzten Reich der Mitte ein Wirt für Wirbel sorgte. Ein gewisser Ma Er pries auf einer handschriftlichen Einladung erstmals gedämpftes Brot, Mantou, mit diversen Füllungen an – nicht banal, sondern erhaben, als veranstalte er einen Opernabend. Gekonnt lädt der Wirt seine ehrenwerten Gäste ein, in den kommenden drei Tagen mal süßes, mal salziges, doch immer gefülltes Dampfbrot zu kosten. Wer bezahlte, bleibt ein Geheimnis. Überliefert ist lediglich das Alter der kalligraphierten Karte: über 700 Jahre. Hätte Wirt Ma geahnt, daß seine gedichtete und schöngeschriebene Werbung einst unschätzbaren archäologischen Wert erzielen würde, er hätte seiner Nachwelt gewiß auch ein Gedicht von Speisekarte hinterlassen. Die abgebildete Einladung (26 x 10 cm) wurde in der Inneren Mongolei im Jahre 1983 ausgegraben und gilt als die älteste überlieferte der chinesischen Geschichte.

Jiaozi

An eine wachsende Mondsichel erinnert die Form der populärsten aller Teigtaschen, die auch chinesische Ravioli, Jiaozi, (Rezept Seite 72) genannt werden. Jene mit Ragout gefüllten Taschen gelten als Hausmannskost und zählen zu den einfachen, aber echt volkstümlichen Speisen. Und trotzdem trägt diese simple Teigtasche verschiedene präzisierende Namen, denn Chinesen lieben es genau. Gekochte Jiaozi heißen Shui Jiao, was soviel wie Wasser-Jiaozi heißt. Gebratene Jiaozi nennt man Guotie und gedämpfte Teigtaschen Shao Mai oder Siu Mai, was einfach Maultasche bedeutet. Hun Dun sind Fleischtäschlein, die in einer klaren Bouillon schwimmen. Um diese Suppe, die in jedem europäischen China-Restaurant auf der Karte steht, rankt sich folgende Legende. Einst lenkte Hun Dun, der Herrscher der Mitte – in Südchina und Hongkong wird er Wan Tan genannt – die Geschicke der Welt. Eines Tages meldeten sich bei ihm der Herr des Südmeeres, Shu, und der Herr des Nordmeeres, Hu, zur Audienz an. Beide wollten Hun Dun stürzen und hatten sich eine List ausgedacht. Unterwürfig traten sie vor seinen Thron und sagten salbungsvoll: »Alle Menschen verfügen über sieben Körperöffnungen – zum Sehen, Hören, Essen und Atmen. Doch der große Hun Dun verfügt über keine einzige Öffnung, deshalb wollen wir ihm welche zufügen.« So bohrten sie dem Gefügigen jeden Tag eine Öffnung in den Leib, bis er am siebten Tag starb und Chaos über die Welt hereinbrach. Das irdische Tohuwabohu symbolisiert seither die Hun Dun (Wan Tan)-Suppe. All diese Variationen der Ravioli, die Marco Polo oder sein Vater nach Italien gebracht hat, belegen einmal mehr die Vorliebe der Chinesen zum anschaulichen und konkreten Ausdruck. In der chinesischen Kochkunst wird streng zwischen Fan, der hauptsächlichen Nahrung, und Cai, den ergänzenden Speisen, unterschieden. Die einzige Verbindung zwischen beiden Menühälften stellen die Jiaozi dar, denn in den Teigtaschen vereinen sich Cai und Fan harmonisch zu einem Ganzen. Im Norden heißt des modernen Städters »Hamburger« Jiaozi, im Süden des modernen Menschen »Fast-food« Dim Sum (»Berühr das Herz«), was ein Sammelbegriff für Teigtaschen aller Art ist. Die verwöhnten Südchinesen halten Jiaozi höchstens für einen Snack, niemals aber für Fan, für eine echte Mahlzeit. Kluge Köpfe vergleichen die chinesische Seele gern mit Jiaozi: nach außen einfach bis eintönig, nach innen vielfältig und abwechslungsreich. Dieser Seele entspricht die Geduld für die Zubereitung von Bao Jiaozi, das Ragout in den hauchdünnen Teig einzuschließen, und ein ausgeprägter Familiensinn, denn Jiaozi werden zu Hause von Großeltern, Eltern und Kindern gemeinsam geknetet, ausgerollt und gefüllt. Bis heute gilt das altchinesische Sprichwort: »Jiaozi ißt man zur Begrüßung, Nudeln zum Abschied.« Die langen Nudeln symbolisieren die Verbundenheit auch nach der Trennung. Mehr noch, sie versinnbildlichen die Langlebigkeit, dienen also als das Geburtstagsgericht schlechthin. In diesem Zusammenhang nennt man sie »Nudeln des langen Lebens«. Kalt gegessen wird die Nudel im Sommer, heiß verspeist wärmt sie den Magen im Winter. Die Lieblingsnudel der Pekinger heißt Zha Jiang Mian, Nudel mit Ragout und gebratener Sojapaste. Fadendünne Glasnudeln, den Vermicelli ähnlich, bestehen aus Reis- oder Weizenmehl. Doch Nudeln aus dem Mehl von Mais, Erbsen und Soja- sowie Mungobohnen sind ebenfalls beliebt. In den modernen Zeiten droht die Nudel, Mian Tiao, der Teigtasche den Rang abzulaufen, denn sie ist hurtig gedreht, meist nicht mehr von Hand, sondern durch eine jener lauten Maschinen. Ganz klar, es ist die Nudel, die dem Zeitgeist zwischen Peking und Hongkong entspricht. Was bei uns die Würstchenbude, ist in China der Nudelstand.

Stärkung vor Schulbeginn
Noch schnell gönnt sich der Junge eine Nudelsuppe.

Reine Handarbeit

Nudeldrehen

Aus einem grobem Teigberg erwächst eine Menge feiner Nudeln – und zwar durch reine Handarbeit. Durch Kneten, Schleudern, Schlagen und immer wieder Drehen wie einen Zopf, verwandelt sich der zähe Teig in Nudeln, die ein langes Leben symbolisieren und von den Chinesen deshalb gerne an Neujahr und an Geburtstagen gegessen werden.

Mian Tiao

Kräftig kneten
Der Teig braucht viel Mehl, auf keinen Fall darf er kleben (Bild oben).

Hochwerfen macht hart
Langsam erhält der Teig die Form einer Wurst (Bild unten).

Wie ein Hufeisen
Durch Zusammendrücken und Aufschlagen wird der Teig elastisch (Bild oben).

Vorsichtig dehnen
Jetzt folgt das Auseinanderziehen (Bild Mitte).

Zu einem Strang drehen
Der gezogene Teig wird gedreht und gedehnt und immer wieder auf den mehlbestreuten Tisch geschlagen (Bild unten).

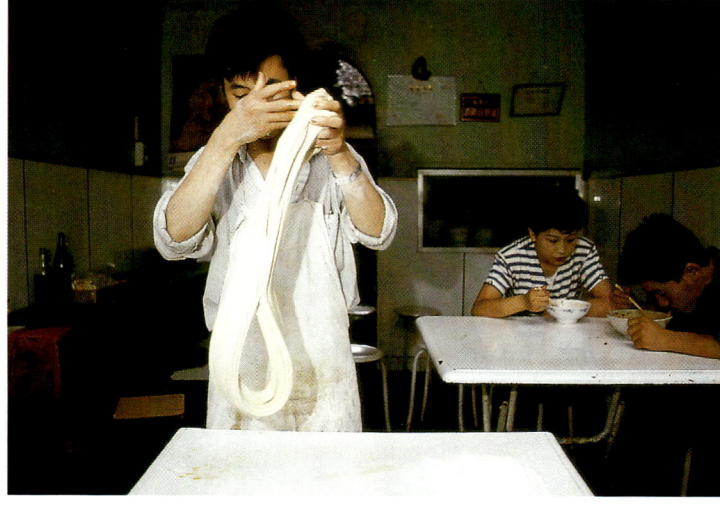

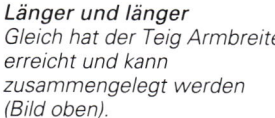

Länger und länger
Gleich hat der Teig Armbreite erreicht und kann zusammengelegt werden (Bild oben).

Immer feiner wird der Strang
Da die »Wurst« in der Mitte immer wieder zusammengelegt wurde,

besteht sie mittlerweile aus vielen Einzelsträngen, den zukünftigen Nudeln (Bild Mitte).

Gedreht wie ein Zopf
Um den Strang aus zusammenklebenden, noch groben Nudeln weiter zu unterteilen, formt der Koch einen Teigzopf (Bild unten).

Ein letzter Zug
Mit einem Ruck wird schließlich der vielfach unterteilte, doch immer noch einheitlich wirkende Teigstrang auseinander gerissen, so daß sich die gedrehten Nudeln voneinander lösen (Bild oben).

Der Dreh-Ort
Nudelimbiß in Chengdu in der Provinz Sichuan (Bild unten).

Auf die Stimmung kommt es an

Vom Trinken

Bis heute lieben Chinesen zu trinken, doch sich zu betrinken ist für die meisten ein Frevel. Sie könnten sich ja entblößen, ihr Gesicht verlieren. Voll Abscheu erzählen die Alten immer noch die Geschichte vom chinesischen Nebukadnezar, der seine Untertanen zwang, wie Rinder zu saufen. Den Herrscher Shouxin, einen ehemaligen Hufschmied, ereilte das gerechte Schicksal, er mußte seine menschenverachtende Grausamkeit mit dem Scheiterhaufen bezahlen. Außer einem verinnerlichten Zwang zu Anstand und Sitte legte einst eine strenge Symbolik den Umgang mit Weinen und Schnäpsen fest. Eine bauchige Weinamphore verkörperte ursprünglich eines der beiden Schriftzeichen für Glück, was Reichtum und Kindersegen entsprach. Die chinesische Gesellschaft war nie und ist auch heute nicht sinnesfeindlich. Der Genuß von weichen und harten Getränken ist genehm, allerdings kommt es auf die Stimmung an. Im Knigge heißt es weise: »Tee, Alkohol und Tabak sollten wie der Anblick von Blumen genossen werden.« Als idealer Trinker gilt derjenige, welcher seinen Becher immer nur halb leert und begreift, daß sich letztendlich alles nur um das Gespür des Trinkens dreht. So vergleicht man das Ideal von Genießer gerne mit einem Lautenspieler, der ohne Saiten zu spielen vermag.

Das Trinken von vergorenen Säften – bereits vor 3500 Jahren labte sich der Adel an Wein aus Hirse und Reis – entsprach ursprünglich einem ehrwürdigen Ritual. So galt das Darreichen einer Jadeschale Wein als einer der wichtigsten Initiationsriten. Selbst die Hochzeitszeremonie konnte ein Bräutigam erst vollziehen, nachdem er von seinem Vater einen Becher Wein gereicht bekommen hatte. In ländlichen Haushalten kann es heute noch vorkommen, daß der Gastgeber ein Bankett eröffnet, indem er sein Glas Wein über die Stirn hinaushebt, sich nach vorne verbeugt und den Wein mit einem Ruck auf den Boden schüttet. Mit dieser Geste würdigt er, daß Speisen und Getränke Geschenke des Himmels sind. Um seine Gäste zu ermuntern, ruft er lauthals: »Herrschaften, man erinnert Sie, einmal herum zu trinken.« Daraufhin greift jeder Gast nach seinem Getränk, hebt es auf Stirnhöhe und beugt es unterwürfig zur Tischmitte hin. Erst nachdem er sich wieder aufgerichtet hat, führt er den Trunk an die Lippen, um zaghaft zu nippen. Es bedarf einer freundlich ermahnenden Aufforderung des Gastgebers, bevor die Gäste erstmals richtig trinken. Zur Einladung stürzt der Gastgeber das erste Glas hinab und hält es mit der Öffnung nach vorne den anderen provozierend entgegen, so als hätte er soeben eine bittere Medizin geschluckt. Triumphierend ruft er: »Trockenes Glas«, Ganbei. Erst wenn sein Durst gestillt ist, stellt er sein Glas umgekehrt auf den Tisch, und die anderen folgen seinem Beispiel. Solche Runden, und es sind immer Männerrunden, gleichen einem Wettkampf um Trinkfestigkeit.

Yin und Yang

Trinkt man Wasser oder Wein, bedeutet das, die männliche Energie Yang im Körper zu stärken. Ißt man, bedeutet das, die weibliche Energie Yin zu kräftigen. Ist die Zweiheit von Yin und Yang, die aus dem Einen, Taiji, stammt, ausbalanciert, dann wird der Körper richtig ernährt. Trinken gleich Yang, essen gleich Yin, lautet so das Grundmuster der traditionellen Ernährungslehre? Nun, simpel gaben sich die alten Chinesen noch nie, deshalb wird auch dieses Grundmuster durchbrochen. Getränke aus Getreide sind ihrem Charakter nach weiblich wie die Erde, aus der sie stammen. Hingegen sind Fleischgerichte, die auf dem Feuer zubereitet wurden, männlich.

Blickt man dem modernen Chinesen beim Essen über die Schulter, dann glaubt man in Bayern zu sein, denn den Tisch dominieren grüne, große Bierflaschen, zwischen denen die Platten mit bunten Gerichten zu verschwinden drohen. Tee und gewärmten Reiswein will keiner mehr. So stieg der landesweite Bierkonsum im letzten Jahrzehnt von vier auf 65 Millionen Hektoliter. Jede Großstadt rühmt inzwischen ihren lokal gebrauten Gerstensaft, und die ehemalige deutsche Kolonie Tsingtao ist besonders stolz auf ihren Exporttrunk, das Tsingtao Beer (siehe Seite 68).

Im Süden und Westen hat sich die Teekultur aus den Restaurants davongestohlen und in Teehäusern verschanzt. Am er-

Welch aufregende Marken
Ob der Inhalt wohl kräftigt und beflügelt? Die Weine aus dem Süden sind süß und die Schnäpse hochprozentig.

wärmten, sherryartigen Reiswein, wovon der beste aus Shaoxing (siehe Seite 118) kommt, nippen die Älteren nur noch im Winter oder zur Regenzeit. Fruchtweine aus Bambus, Pflaumen, Pfirsichen und Chrysanthemen sind höchstens bei feinsinnigen Damen beliebt. Die Schnäpse aus Weizen, Sorghum (Kaoliang) und Reis erfordern strapazierfähige Gedärme, denn sie sind feurig. Fünfundfünfzigprozentig kommen die berühmtesten Feuerwasser namens Maotai aus der südwestlichen Provinz Guizhou und Wuliangyie aus der Westprovinz Sichuan daher. Unter den süßlich-weichen Kaoliang-Schnäpsen sticht Fenjiou aus der Nordprovinz Shanxi hervor.

Was paßt nun am besten zum chinesischen Essen? Wohl Bier, sonst würde sich China nicht zu einem zweiten Bayern entwikkeln.

Und wie steht es mit dem traditionellen Getränk, dem Tee? Früher trank man grünen Tee, um den Magen zu öffnen und ihn nach dem Mahl wieder zu schließen. Während des Essens nahm man außer einem liang (50 Gramm) Schnaps oder Reiswein keinen Trunk zu sich. Doch diese gesunde Gewohnheit galt früher, als Yin und Yang noch das Sagen hatten.

Süße Limo eisgekühlt
Damit die Flaschen rundum kalt bleiben, muß sie der Verkäufer laufend drehen (Bild rechts oben).

Der reinste Augenschmaus
In den Lebensmittelmärkten von Shanghai ist die Auswahl groß (Bild rechts unten).

Grundrezepte

Hühnerbrühe

Zutaten für etwa 2 l Brühe:

1 Hähnchen (etwa 1½ kg)
30 g Lauch
30 g Ingwerwurzel
2 EL Reiswein
Salz, Pfeffer

Zubereitungszeit:
etwa 1½ Std.

1 Hähnchen gegebenenfalls von den Innereien befreien und innen und außen gründlich waschen.

2 Huhn mit 3 l Wasser in einen Topf geben und zum Kochen bringen. Inzwischen Lauch und Ingwer putzen bzw. schälen und in Scheiben schneiden.

3 Brühe mit einem Schaumlöffel abschäumen. Dann Lauch, Ingwer und Reiswein dazugeben. Brühe bei schwacher Hitze halb zugedeckt etwa 1½ Std. köcheln. Dann mit Salz und Pfeffer abschmecken.

Tip

Das Hähnchenfleisch verwenden Sie am besten für eine Suppe, beispielsweise mit Pilzen, Lauch und Spinat.

Reis

Zutaten für 5 Portionen:

500 g Reis

Zubereitungszeit:
etwa 20 Min.

1 Den Reis in einen Topf geben, mit 1 l Wasser begießen und 10 Min. quellen lassen.

2 So viel Wasser abgießen, daß es noch etwa 1 cm über dem Reis steht. Den Reis zum Kochen bringen, dann bei schwacher Hitze zugedeckt etwa 10 Min. dünsten. Dabei den Deckel nicht abheben, damit der Dampf im Topf bleibt. Dadurch wird er schneller gar. Den Reis außerdem nicht durchrühren.

Süß-saure Sauce

Zutaten für 4 Portionen:

20 g Lauch
20 g Ingwerwurzel
2–3 Knoblauchzehen
50 g Zucker
50 ml heller chinesischer Essig
1 TL Sojasauce
1 TL Reiswein
½ TL Maisstärke, in 1 TL Wasser angerührt
Salz
1 EL Hühnerbrühe
4 EL Pflanzenöl

Zubereitungszeit:
etwa 15 Min.

1 Lauch, Ingwer und Knoblauch putzen bzw. schälen und sehr fein hacken.

2 Zucker mit Essig, Sojasauce, Reiswein, angerührter Maisstärke und Salz verrühren. Hühnerbrühe untermischen.

3 Einen Wok oder eine Pfanne erhitzen. Öl hineingeben. Lauch, Ingwer und Knoblauch darin bei starker Hitze unter Rühren ½ Min. braten. Die vermengte Sauce untermischen und einmal aufkochen.

4 Sauce in ein Schälchen geben und servieren. Sie paßt zu fritierten Vorspeisen, wie z. B. Frühlingsrollen, aber auch zu Fleisch und Gemüse.

Tip

Eine scharfe Variante: garen Sie mit Lauch, Ingwer und Knoblauch 1–3 getrocknete Chilischoten (später wieder herausfischen).

Tomatensauce

Zutaten für 4 Portionen:

20 g Lauch
20 g Ingwerwurzel
2–3 Knoblauchzehen
30 g Zucker
1 EL heller chinesischer Essig
1 EL Reiswein
½ TL Maisstärke, in 1 TL
   Wasser angerührt
Salz
4 EL Pflanzenöl
1 EL Tomatenketchup

Zubereitungszeit:
 etwa 15 Min.

1 Lauch, Ingwer und Knoblauch putzen bzw. schälen und sehr fein hacken.

2 Zucker mit Essig, Reiswein und angerührter Maisstärke mischen und mit Salz würzen.

3 Einen Wok oder eine Pfanne erhitzen. Öl hineingeben, Lauch, Ingwer, Knoblauch und Tomatenketchup darin bei mittlerer Hitze unter Rühren braten, bis es würzig duftet. Sauce untermischen und einmal aufkochen.

4 Tomatensauce in ein Schälchen füllen und zu Vorspeisen und Hauptgerichten servieren.

Pikante Sauce

Zutaten für 4 Portionen:

20 g Lauch
20 g Ingwerwurzel
2–3 Knoblauchzehen
30 g eingelegte Sichuan-
   Paprikaschoten (Rezept
   Seite 221)
30 g Zucker
1 EL Essig
1 EL Sojasauce
1 EL Reiswein
½ TL Maisstärke, in 1 TL
   Wasser angerührt
1 EL Hühnerbrühe
Salz
4 EL Pflanzenöl

Zubereitungszeit:
 etwa 20 Min.

1 Lauch, Ingwer und Knoblauch putzen bzw. schälen und sehr fein hacken. Paprika ebenfalls sehr fein zerkleinern.

2 Zucker mit Essig, Sojasauce, Reiswein und angerührter Maisstärke mischen. Hühnerbrühe untermischen und mit Salz abschmecken.

3 Einen Wok erhitzen. Öl hineingeben. Lauch, Ingwer, Knoblauch und Paprika darin unter Rühren etwa ½ Min. braten. Sauce dazugeben und einmal aufkochen.

4 Sauce in ein Schälchen füllen und zu milden Gerichten servieren.

Sauce mit Sichuan-Pfeffer

Zutaten für 4 Portionen:

60 g Lauch
1 EL Sichuan-Pfefferkörner
4 EL warme Hühnerbrühe
4 EL Sesamöl
Salz

Zubereitungszeit:
 etwa 15 Min.

1 Lauch putzen und waschen, dann mit den Pfefferkörnern auf ein Brett geben und sehr fein hacken.

2 Beides mit der Hühnerbrühe und dem Sesamöl in einer Schüssel gründlich verrühren und mit Salz abschmecken.

3 Sauce in ein Schälchen füllen und servieren. Schmeckt besonders gut zu Geflügel und Fisch.

Garmethoden

Marinieren (Yan)

Die Lebensmittel werden vor dem Garen mit bestimmten Zutaten, zum Beispiel Reiswein, vermischt, damit sie ein besonderes Aroma bekommen.

Kochen (Zhu)

Die Zutaten werden in einem Topf in Wasser oder Brühe gekocht. Sie sollen dabei von der Flüssigkeit vollkommen bedeckt sein. Beim Garen von Teigtaschen wird das Wasser mehrmals aufgekocht. Man gibt dreimal etwa 50 ml kaltes Wasser in den Kochtopf und läßt es wieder aufkochen. So werden Teigtaschen gleichmäßig gegart und bleiben schön in der Form.

Dämpfen (Zheng)

Die Zutaten werden über heißem Wasserdampf gegart, ohne mit der Flüssigkeit in Berührung zu kommen. Man verwendet dafür am besten einen Bambuseinsatz, den man in einen Topf auf eine umgedrehte Tasse stellt.
In den Topf kommen etwa 4 cm hoch Wasser. Das Wasser zum Kochen bringen und das Gericht zugedeckt garen.
Wenn Sie keinen Bambuseinsatz haben, legen Sie die Zutaten auf einen Teller oder in eine Schüssel und stellen diese auf die umgedrehte Tasse. Die meisten Lebensmittel werden bei starker Hitze gegart, man muß dann eventuell zwischendurch heißes Wasser nachgießen. Empfindliche Zutaten wie Eier und Fisch garen Sie besser bei mittlerer bis schwacher Hitze.

Pfannenrühren (Chao)

Die Zutaten werden in warmem, nicht zu heißem Öl, unter ständigem Rühren in kurzer Zeit gegart. Wichtig dabei ist, daß die Zutaten möglichst gleichmäßig und fein geschnitten sind. Und beim Garen wirklich oft rühren, damit alles gleichmäßig gar wird.

Wenn in einem Gericht mehrere verschiedene Zutaten vorkommen, zum Beispiel Fleisch und Gemüse, werden beide erst getrennt gegart, damit ihr eigenes Aroma gut erhalten bleibt.
Erst zum Schluß mit der Sauce mischen und noch einmal kurz garen. Wie Sie den Wok oder die Pfanne richtig vorbereiten, steht auf Seite 52.

Schmoren (Shao)

Die Zutaten werden in Brühe zugedeckt geschmort. Zum Schluß wird die Brühe bei starker Hitze eingekocht, bis sie dickflüssig ist.

Pfannenschwenken (Liu)

Diese Methode funktioniert wie das Pfannenrühren, allerdings werden die Zutaten mit etwas Flüssigkeit, zum Beispiel Brühe, gegart.

Mit einem Teigmantel überziehen (Guahu)

Hu ist eine Mischung aus Eiern oder Wasser und Stärke. Die Masse soll so dickflüssig sein, daß die Zutaten davon überzogen sind wie Menschen von einem Mantel. Die Zutaten werden dadurch knusprig gegart und bleiben trotzdem innen zart. Gua bedeutet überziehen.

Mit einem Stärkemantel überziehen (Shangjiang)

Im Gegensatz zum Teigmantel ist die Masse aus Eiweiß, Stärke und Wasser dünnflüssiger, es überzieht die Zutaten wie ein Hemd den Menschen. Es dient dazu, daß Lebensmittel ihre Form behalten und schön zart bleiben.

Mit Maisstärke binden (Gouqian)

Maisstärke wird mit der doppelten Menge Wasser angerührt und zum Binden verwendet, damit die Zutaten mit der Sauce eine homogene Masse bilden. Das chinesische Wort Gouqian setzt sich zusammen aus Gou, was die Mischung aus Stärke und Wasser bedeutet und Qian, was Anwendungsmethode heißt.

Fritieren (Zha)

Bei dieser Methode werden die Zutaten in heißem Öl schwimmend gegart. In der chinesischen Küche unterscheidet man zwei verschiedene Fritiermethoden: das Garen in warmem Öl (Wen You), bei dem die Zutaten relativ hell bleiben und das Garen in heißem Öl (Re You), bei dem die Zutaten knusprig werden. Oft werden die Gerichte erst in warmem Öl zu etwa zwei Dritteln gegart, herausgenommen und noch einmal in heißem Öl gebräunt. Würde man sie gleich in heißem Öl garen, könnten sie verbrennen, bevor sie innen gar sind. Außerdem lieben Chinesen auch Fritiertes ziemlich hell: Je heller, desto feiner. Beim zweiten Garen sollen die Zutaten also oft nur knusprig, aber nicht braun werden.

Küchengeräte

Der Wok

Er ist das wichtigste chinesische Küchengerät, denn in ihm wird einfach alles gegart. Ursprünglich wurden Woks zum Kochen über offenem Feuer verwendet, deshalb haben sie runde Böden, denn darin verteilt sich die Hitze am besten. Inzwischen gibt es Woks mit abgeflachtem Boden für Elektroherde aus den verschiedensten Materialien zu kaufen. Auch Tischgeräte sind im Handel, die wie ein Fonduetopf in der Mitte des Tisches stehen; sie werden elektrisch beheizt. Bei der Zubereitung sollte zuerst der Wok erhitzt werden. Dann bestreicht man ihn mit etwas kaltem Öl und erhitzt ihn wieder. Erst dann das restliche Öl zugeben. Durch diese Vorbereitung haften die Zutaten nicht am Wokboden, was bei mit Stärkemehl marinierten Zutaten leicht passieren kann. Wenn Sie keinen Wok haben, nehmen Sie eine Pfanne – am besten aus Gußeisen – die Sie ebenso vorbereiten sollten.

Feuertopf

Er stammt ursprünglich aus der Mongolei. Es gibt Feuertöpfe aus Alu, Gußeisen oder – ganz edel – aus Kupfer. Beheizt werden sie entweder mit Holzkohle oder heute auch schon elektrisch auf dem Tisch. Wenn Sie einen Feuertopf haben, der mit Holzkohle beheizt wird, immer erst die kochende Brühe in den Topf gießen, dann erst die Holzkohle anzünden.

Bambusdämpfer

Bei Woks wird meist ein Dämpfeinsatz aus Bambus oder Stahl mitgeliefert, auf den man Teller oder Schüsseln mit den Zutaten stellen kann. Noch besser gelingt das Dämpfen in Bambusdämpfern, die es in den verschiedensten Größen zu kaufen gibt. Es sind runde Körbe mit einem Bambusgeflecht als Boden und einem Deckel. Beim Dämpfen kann man mehrere Bambusdämpfer übereinanderstapeln und verschiedene Zutaten gleichzeitig dämpfen. Sollen die Zutaten eher trocken gegart werden, kommen sie direkt in den Bambuskorb, den man mit einem feuchten Leinentuch oder Blättern, zum Beispiel Bananenblättern, auslegt. Soll das Gericht feuchter sein, gibt man es in eine Schüssel und stellt es darin in den Bambuskorb. Es sammelt sich dann etwas Wasser darin.

Küchenbeil

Ein chinesischer Koch zerkleinert und schneidet mit ihm Gemüse, Fleisch und Fisch und zerhackt auch einmal einen Knochen. Küchenbeile gibt es in Asien-Läden. Zum Schnitzen und Schneiden von kunstvollen Garnituren brauchen Sie ein scharfes Küchenmesser oder ein spezielles Schnitzmesser.

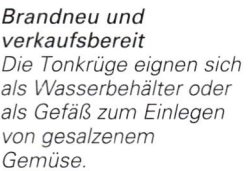

Brandneu und verkaufsbereit
Die Tonkrüge eignen sich als Wasserbehälter oder als Gefäß zum Einlegen von gesalzenem Gemüse.

Ein Regiment von Feuertöpfen
Gefüllt mit dampfender Brühe warten die Kupfergefäße auf hungrige Gäste.

Allerlei neues Eisen
Woks in allen Aus-
führungen, Hackmesser
und viel Nützliches aus
Metall sind auf dem
Markt zu haben.

**Nicht für den
Hausgebrauch**
Hunderte von Eßstäbchen
eines Restaurants liegen
zum Abwasch bereit.

**Beinahe so hart wie
Stahl**
Ein handlicher Wok-
Reiniger aus Bambus.

Schneidetechniken in der chinesischen Küche

Eine Besonderheit der chinesischen Küche ist es, daß alle Zutaten mit großer Sorgfalt – ihren Eigenschaften und den Anforderungen des Gerichtes entsprechend – durch spezielle Schneidetechniken vorbereitet werden. Sie können sogar in der Form so verändert werden, daß immer wieder neue Gerichte entstehen, selbst wenn die Zutaten sich ähneln. Ein Meisterkoch weiß: »Ohne sorgfältige Vorbereitung und eine gute Schneidetechnik kann kein gutes Gericht entstehen.« Sie finden hier die wichtigsten Techniken für die Vorbereitung der Zutaten, aber auch für kunstvolle Garnierungen in Wort und Bild erläutert.

Schneiden wie mit dem Häckselmesser

Zutaten mit Schale, kleine, rutschige Zutaten und größere, knusprig gegarte Zutaten lassen sich mit dieser Methode am besten vorbereiten. Eine Hand hält den Griff des Küchenbeils, die andere den oberen Teil des vorderen Endes. Der Griff ist höher als die Spitze. Die Klinge dicht an die Zutat drücken und das Küchenbeil mit Wucht nach unten drücken.

Schneiden mit senkrecht geführtem Küchenbeil

Mit dieser Technik bereitet man vor allem knackige, aber zarte Zutaten wie Bambussprossen, Chinakohl, Wasserkastanien, weiße Rettiche und Möhren vor. Dazu das Küchenbeil mit einer Hand führen. Die Finger der anderen Hand etwas über der Zutat zusammenziehen. Die Zutat mit dem Zeigefinger leicht drücken und mit dem Küchenbeil senkrecht Scheiben abschneiden. Dabei die Finger flink in gleichem Abstand nach hinten bewegen, damit die Scheiben gleichmäßig werden.

Schneiden mit gezogenem Küchenbeil

Eher zähe Zutaten wie zum Beispiel Fleisch lassen sich am besten in Scheiben schneiden, wenn das Küchenbeil von vorne nach hinten durch die Zutat gezogen wird. Der Druck liegt dabei am vorderen Punkt des Messers.

Schneiden mit geschobenem Küchenbeil

Mit dieser Methode schneidet man kleinere und dünnere Zutaten wie beispielsweise Gurken und andere vegetarische Zutaten in feine Streifen. Beim Schneiden wird das Messer von hinten nach vorne geschoben und der Druck liegt hauptsächlich am hinteren Ende.

Schneiden mit sägendem Küchenbeil

Diese Methode wendet man bei harten und zähen Zutaten wie zum Beispiel Schinken und gekochtem Fleisch, aber auch bei lockeren, empfindlichen Zutaten an. Das Küchenbeil wird wie eine Säge erst nach vorne, dann nach hinten gezogen und dabei möglichst gerade gehalten.

Scheiben schneiden mit geschobenem Küchenbeil

Damit werden knackige Zutaten wie Bambussprossen, Rettich oder Möhren längs in dünne Scheiben geschnitten. Die Zutat mit einer Hand flach auf das Brett drücken. Das Küchenbeil mit der anderen Hand halten und waagerecht zum Küchenbrett schiebend durch die Zutat schneiden.

Scheiben schneiden mit gezogenem Küchenbeil

Weiche Zutaten wie Geflügel, Garnelen oder Fischfilets werden mit einer Hand flach auf das Küchenbrett gedrückt. Mit der anderen Hand das Küchenbeil waagerecht zum Küchenbrett an die Zutat legen. Die Zutat zum Körper hin mit ziehendem Schnitt durchschneiden.

Fein hacken

Wenn man keinen Fleischwolf hat, wird Fleisch, Geflügel oder Fisch mit zwei Küchenbeilen fein zerhackt. In jeder Hand liegt ein Küchenbeil und saust abwechselnd auf die Zutat auf dem Hackbrett nieder.

Rollend schneiden

Um beispielsweise Gurken, Yamswurzeln oder Möhren in rautenförmige Stücke zu schneiden, wird die Zutat mit einer Hand gehalten. Mit der anderen mit dem Küchenbeil schräg einschneiden, etwas rollen und wieder schräg einschneiden. Nach jedem Rollen einen Schnitt machen.

Drehend schneiden

Von Gurken werden oft nur die Schalen verwendet. Dazu die Gurke in eine Hand nehmen. Das Messer mit der anderen Hand dicht an die Schale halten. Die Gurke drehen, so daß die Schale in einem Stück dünn abgeschält wird. Wenn Sie die Gurke vor dem Schälen einige Male auf der Arbeitsplatte mit der Hand hin und her rollen, läßt sich die Schale viel besser abschneiden.

Einritzen

Zutaten wie z.B. Tintenfisch werden oft vor dem Garen mit einem kreuzförmigen Muster versehen. Wichtig ist, daß die Schnitte nicht zu tief werden, die Zutat also nicht durch-, sondern nur eingeschnitten wird. Die Zutat mit einer Hand festhalten, mit der anderen erst in einer Richtung einschneiden, dann quer dazu einschneiden.

Einschlitzen

Von ganzen Fischen wird das Fischfleisch in China oft in Scheiben vom Fisch angehoben, aber nicht abgeschnitten. Dazu mit dem Messer bis zur Mittelgräte einschneiden. Dann das Fischfleisch zum Fischkopf hin entlang der Gräten etwas abschneiden, nur so weit, daß es angehoben werden kann, aber noch an der Gräte haftet.

Gurkenfächer

1 Die Gurke waschen, abtrocknen und der Länge nach durchschneiden. Ein Ende schräg abschneiden.

2 Das Gurkenstück in Abständen von etwa 2 mm einschneiden, aber nicht durchschneiden. Die Scheiben müssen an einem Ende noch zusammenhalten. Es sollen insgesamt jeweils 5 Scheiben sein.

3 Die zweite und die vierte Scheibe nach innen biegen, so daß das Gurkenstück wie ein Schmetterling aussieht. Man kann natürlich auch mehrere Scheiben schneiden und jeweils jedes zweite nach innen einschlagen.

Schriftzeichen

1 Schriftzeichen sehen aus farbigen Gemüsesorten wie roten Beten oder großen Möhren am schönsten aus. Das Gemüse schälen, waschen und in Scheiben schneiden.

2 Mit einem kleinen, spitzen und scharfen Messer aus den Scheiben beliebige Schriftzeichen schneiden – entweder echt chinesisch oder frei nach der eigenen Phantasie.

3 Eventuell verschiedene Zeichen zusammensetzen. Schriftzeichen kommen am besten auf Platten und Tellern aus hellen Materialien zur Geltung.

Rettichrose

3 Nun rundherum 5 dünne Scheiben einschneiden, aber nicht abschneiden. Es sind die äußeren Blütenblätter. Die Blätter eventuell an den Rändern etwas schöner schneiden.

4 Versetzt zu cen ersten Blättern jeweils nach innen weitere Blätter abschneiden und eventuell rund zuschnitzen.

1 Den Rettich – er soll möglichst gleichmäßig gewachsen sein – waschen. Den Stielansatz großzügig abschneiden. Ein Stück von etwa 5 cm Länge abschneiden.

5 Jeweils versetzt zu den vorigen Blättern bis zur Mitte hin Rosenblätter einschneiden. Die äußeren Blätter zum Schluß etwas nach außen biegen.

2 Das Rettichstück mit einem scharfen Messer oder einem Kartoffelschäler gründlich von der Schale befreien. Dabei die Schale so abschneiden, daß das Stück an einem Ende schmaler wird.

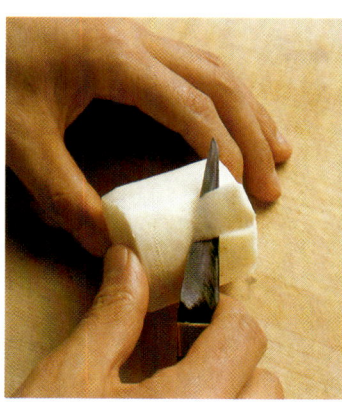

6 Die Rose können Sie nun weiß lassen oder aber rot färben. Das geht am besten in Rote-Bete-Saft, den Sie in Reformhäusern und Naturkostläden kaufen können. Hübsch sieht es auch aus, wenn Sie nur den unteren Teil färben.

Kohlrabiblume

2 Den Kohlrabi dann rund herum mit einem scharfen Messer gründlich schälen. Es sollen keine Fasern mehr zu sehen sein.

3 Mit einem Schnitzmesser oder der Spitze eines Kartoffelschälers nun die ersten sechs Blütenblätter formen: Das Kohlrabifleisch in Form von Blütenblättern ausschneiden und herauslösen.

1 Den Kohlrabi unten etwas flacher schneiden, damit er einen guten Stand hat. Oben ebenfalls ein Stück abschneiden.

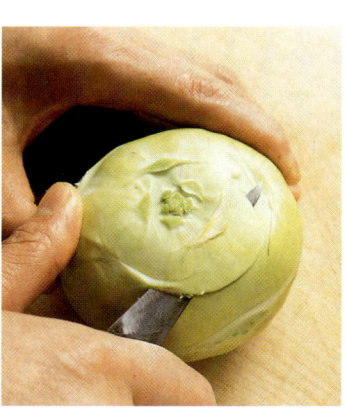

4 Mit dem Schnitzmesser unter die Einkerbungen fahren und ein dünnes Blütenblatt formen. Mit dem Messer etwas anheben, aber keinesfalls zu weit einschneiden, so daß das Blatt am Kohlrabifleisch haftet.

5 Den Kohlrabi nun rundherum jeweils in Ringen mit Blütenblättern versehen. Die Blätter jeweils versetzt zur vorigen Reihe anordnen.

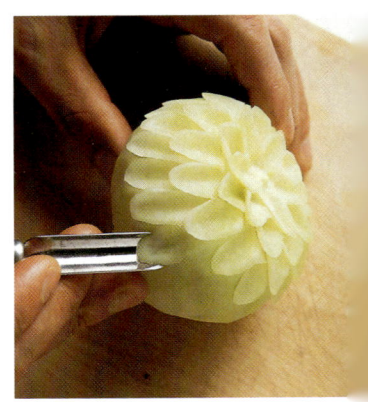

Tomatenblüte

Lauchpinsel

1 Die Tomate waschen und abtrocknen, dann mit dem Stielansatz nach unten auf die Arbeitsfläche legen. Mit einem scharfen Messer die Haut in sieben Segmente teilen. Das Fruchtfleisch dabei etwa ½ cm tief einschneiden.

1 Als Ring für die Lauch- oder Frühlingszwiebelbüschel aus einer Chilischote einen Ring schneiden. Die Kerne aus der Mitte herauslösen.

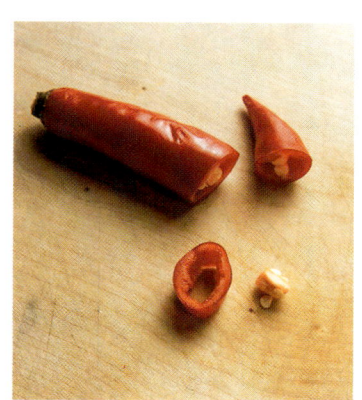

2 Die sieben Segmente mit dem Messer vorsichtig vom Fruchtfleisch lösen. Wenn sich die Segmente nicht einfach abbiegen lassen, mit dem Messer nachhelfen.

2 Eine dünne Lauchstange oder eine Frühlingszwiebel waschen und abtrocknen. Ein Stück von etwa 5 cm Länge abschneiden und den Chiliring daraufschieben.

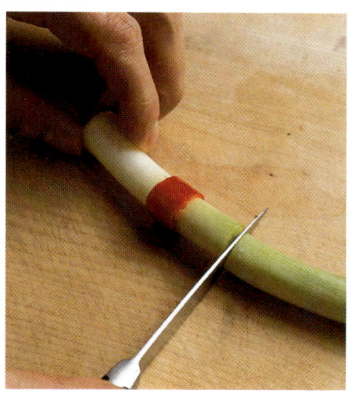

3 Die so entstandenen Blütenblätter vorsichtig nach außen biegen. Die Tomate erst kurz vor dem Garnieren zubereiten, da sie schnell trocken wird.

3 Das Lauch- oder Frühlingszwiebelstück erst an einer Seite mit einem scharfen Messer so oft einschneiden, daß sich die Streifen wie Büschel auseinanderlösen lassen. Dann die andere Seite ebenso einschneiden.

4 Die Lauchbüschel können Sie gut vorbereiten und bis zum Servieren in eine kleine Schüssel mit kaltem Wasser legen.

Chiliblüte

1 Die Chilischote gründlich waschen und abtrocknen. Dann mit einem scharfen Messer von der Spitze zum Stielansatz hin mehrmals einschneiden.

2 Die brennend scharfen Kerne mit den Samenstängen aus der Mitte heraustrennen und wegwerfen.

3 Die Chilistreifen eventuell an den Enden noch etwas spitzer zuschneiden, so daß die Schotenstreifen wie eine Blütenblätter aussehen.

4 Die Chiliblüte entfaltet sich besonders schön, wenn Sie sie bis zum Servieren in kaltes Wasser legen. Und: die Hände anschließend immer gründlich waschen, die Schärfe ist noch dran!

Nudelnest

1 Die Nudeln in sprudelnd kochendem Wasser vorgaren und abschrecken. Gut abtropfen lassen, dann ein hitzebeständiges Sieb mit den Nudeln sorgfältig auslegen. Sie sollen über den Rand hinausgehen.

2 Ein zweites, etwas kleineres Sieb auf das Nudelnest legen, damit es seine Form behält. Das Nest in heißem Öl einige Minuten fritieren, bis es knusprig ist.

3 Das Nudelnest vorsichtig aus dem Sieb lösen und kurz auf Küchenpapier abfetten lassen. Dann in ein passendes Schälchen geben und nach Geschmack füllen.

4 Das Nudelnest sieht sehr hübsch aus und schmeckt außerdem ausgezeichnet. Gut passen dazu Meerestiere – wie hier Garnelen – und Salat.

Melonenschale

3 Mit dem spitzen Messer die Schriftzeichen in die Schale schneiden. Auch hier können Sie chinesische Schriftzeichen oder Phantasiegebilde wählen.

4 Die eingeschnittenen Zeichen mit dem Schnitzmesser oder dem Kartoffelschäler herausarbeiten.

1 Eine Wassermelone ist eine hübsche »Schale« für Fruchtsalat, die sich ausgezeichnet verzieren läßt. Sie brauchen dafür ein kleines spitzes Messer und ein Schnitzmesser oder ein Kartoffelschälmesser mit spitzem Ende.

5 Das obere Ende der Melone abschneiden. Den Rand mit einem scharfen kleinen Messer zackenförmig rundherum verzieren.

2 Die Melone am unteren Ende etwas flach schneiden, damit sie gut steht. Dabei allerdings nicht zuviel abschneiden, damit kein Saft ausläuft.

6 Das Melonenfruchtfleisch mit einem Löffel oder einem Kugelausstecher aus der Melone lösen. Dabei einen mindestens 2 cm dicken Rand stehenlassen. Aus dem Rand die Kerne herauslösen.

Klassisch

Die Küche des Nordens

Ihren Speisen fehlt selten das Salzige einer Sauce, deren senfgelbes Braun sich in nichts von den Lehmziegeln der Bauernkaten Nordchinas unterscheidet. Nicht nur die Behausungen, sondern auch die Menschen sollen nach der Mythologie aus gelber Erde geformt worden sein und »gelben« Reis, nämlich Hirse, gegessen sowie das gelbschlammige Wasser des Gelben Flusses getrunken haben. Selbst ihr Kaiser zelebrierte in Gelb, trug gelbe Kleider und lebte unter gelben Glasurziegeln. So wie Gelb die Farbe und die Päonie (Pfingstrose) die Blume, ist der Weizen das Getreide Nordchinas. Der Körper der Küche des Nordens besteht neben Weizen aus Großhirse, Gaoliang, und Hirse, Xiao Mi (Kleiner Reis) genannt, dann aus Buchweizen, Mais, Süßkartoffeln und Reis. Doch ohne Fleisch wäre dieser Körper kraftlos. Pekings Kontakt mit Zentralasien brachte den Nordchinesen das Rind- und Hammelfleisch. Gewürze wie Knob-

lauch, Koriander und Zwiebel sind es, die die Liaison zwischen Getreide und Fleisch gelingen lassen.

Von den Mongolen gelernt

Auf den Märkten der Neunmillionenstadt Peking schmiegen sich Fleischstände und Nudelbuden gefügig aneinander. Da die Pekinger überdurchschnittlich viel verdienen, können sie sich mehr als andere Städter leisten. In vielen Familien kommt täglich Fleisch auf den Tisch, was vor zehn Jahren noch rar war. Nicht selten hört man einen Vorlauten witzeln und mit dem Arm nach Nordwesten zeigen: »Gleich um die Ecke, dort hinter den Westbergen, fängt die Mongolei an.« Besser als die Menschen aus dem ganz hohen Norden, aus den Provinzen Heilongjiang und Jilin, kennen und lieben die Pekinger die Eßsitten und Bräuche der Mongolen. Verglichen mit den Menschen südlich des Yangtse-Flusses gebärden sich

die »Hauptstädter« reservierter, großzügiger und ruhiger. Ihr Auftritt wirkt, als sei er durch eine streng ausgezirkelte Architektur kaiserlichen Mauerbaus seit Jahrhunderten in Form gepreßt. Die Pekinger kommen stolzer daher als ihre Nachbarn aus der Küstenprovinz Shandong. Doch eigentlich müßten sie, zumindest die Gourmets der Hauptstadt, ihre Häupter vor den Shandongern beugen, denn von der Küste von Shandong wurde einst die Pekinger Küche gespeist. Ursprünglich diente die traditionsreiche Küche der Küstenprovinz und die aus ihr erwachsene Peking-Küche als Gaumenkitzel hoher Staatsbeamter, Literaten und des Adels. Einer ihrer Vorzüge: Sie kennt Gerichte aus Meeresfrüchten und Bergwild in geradezu üppigen Portionen.

Eine Küche zum Vorzeigen

Die Küche des Nordens, hervorgegangen aus der Verschmelzung der Stile von Shandong,

Noch immer trägt er eine Mao-Mütze
Limonaden-Verkäufer im Kaiserpalast.

Ein Gesicht wie aus Stein
Bauer Li geht auf die neunzig zu.

Laß den Sonnenschein herein
Wohnblock in der ehemaligen deutschen Kolonie Tsingtao (Bild ganz rechts).

Vorhergehende Doppelseite:
Bogenbrücke im Pekinger Sommerpalast

Drachen als Zuschauer
Schriftstelen im taoistischen Tempelkloster »Weiße Wolke« in Peking (Bild rechts).

Ausweichmanöver geglückt
Radfahrerknäuel auf Pekings Hauptstraße Chang'an (Bild ganz rechts).

Peking und des Kaiserhofes, gilt als die klassische Bankett-Küche Chinas. Mit Vorliebe wird ausländischen Staatsgästen dieser teuerste aller Stile serviert. In der Küche des Nordens fällt Reis nicht ins Gewicht, dafür lieben die hochgewachsenen, recht europäisch wirkenden Nordchinesen weiches Dampfbrot (siehe Seite 42) und eine Art Fladen aus Weizenmehl, Hefe und Wasser, der wie eine Serviette gefaltet wird. An jeder Imbißbude laden fritierter Tofu, eingelegtes Salzgemüse, aufgespießte Fischlein und schwartiges Schweinefleisch zum Verweilen ein. Die kostenlos bereitgestellten Saucen schmecken nach Pflanzenöl und rußiger Pfanne, vor allem aber nach Sojasauce. Eingelegter Knoblauch steht immer bereit, doch nach Ingwer muß man lange suchen. Mancherorts weist die lokale Speisekarte deftige Schmankerl auf. So locken an den Eßständen der Hafenstadt Qingdao winzige Frühlingsrollen à la Kanton neben goldbraunen Schweine-

füßen, die dem Hungrigen den gespreizten Huf entgegenrekken. Wer in der ehemaligen deutschen Kolonie nach Reis als Beilage fragt, erhält wortlos einen Napf voll gefüllter Teigtaschen Baozi hingestellt. Wer genau hinschaut, der wird in den großen Metropolen des Nordens – Peking, Tianjin, Jinan und Qingdao – viel angestaubtes Ausländisches im Stadtbild ausmachen. Vom Abendland lernen die Chinesen also nicht erst seit kurzem. Auch an ihrer traditionsreichen Eßkultur ging der deutsche, französische und englische Einfluß keineswegs spurlos vorbei. Noch heute findet der Besucher in der Stadt Tianjin ein Speiserestaurant mit dem deutschen Namen »Kiesling's«, von Chinesen übrigens Qishilin ausgesprochen. Bäuerlich geschnitzt wie imperial gedrechselt kann man in der Stadt wie auf dem Lande die nordchinesische Küche erleben. Die Heimat dieses Stils erstreckt sich über die Provinzen Shandong, Henan, Shanxi, Shaanxi und Hebei.

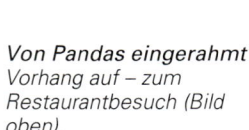

Von Pandas eingerahmt
Vorhang auf – zum Restaurantbesuch (Bild oben).

Der Markt fällt nie ins Wasser
Bottiche mit eingelegtem, salzigem Gemüse (Bild rechts).

*Auf den Massensturm
wartend*
In gewaltigen Bambus-
körben werden Baozi
gedämpft (Bild links oben).

*Knusprig und braun wie
Datteln*
Peking-Enten verlassen den
Holzofen (Bild links Mitte).

Warten auf Kundschaft
Die Rikscha erinnert an eine
Hollywood-Schaukel (Bild
oben).

*Ist der Kopf auch
einwandfrei?*
Auf dem Xidan-
Morgenmarkt in Peking
(Bild links).

Das Geheimnis liegt im Wasser

Die Tsingtao-Brauerei

Dem deutschen Reinheitsgebot von 1904 verdanken die Chinesen zwei Raritäten: eine fette Hartwurst und ein schäumendes Bier. Zugegeben, die Attraktion der deutschen Hartwurst verblaßt, denn der moderne Chinese setzt mehr auf Plastik als auf Natur. Pech für die deutsche Wurst, steckt sie doch in einem Naturdarm. Bleibt immerhin noch das Bier deutscher Braukunst. Im Jahre 1903 gründeten Berliner Braumeister die Germania-Bierbrauerei von Tsingtao. Damals zählte der vom Deutschen Reich besetzte Ort am Gelben Meer zehntausend Einwohner, heute über eine Million. Mit dem Menschenzuwachs kam der Wandel zur quirligen Hafenstadt, doch der betuliche Name »Grüne Insel«, Qingdao, blieb

erhalten. Zwar mußten die preußischen Pickelhauben nach ihrer Niederlage im ersten Weltkrieg Bismarck-Kaserne und Amtsstuben am Moltke-Hügel räumen, doch in der einstigen Prinz-Heinrich-Straße und an der Esplanade grüßt noch heute wilhelminisches Backsteingemäuer, durchsetzt von nachgeäfftem Tudorstil und chinesischen Zweckbauten. Bescheiden und schmächtig wie ein Bahnwärterhaus wirkt dagegen die Residenz der glorreichen Germania-Brauerei, ein schmales Lagergebäude auf dem verbauten Gelände der weltberühmten Tsingtao-Brauerei. Um so gewaltiger bläht sich der Stolz über das deutsche Erbe bei der zweitausendköpfigen chinesischen Belegschaft auf. O nein, dahinter verbirgt

sich kein Verrat am geheiligten Vaterland, sondern nur die praktische Nutzung der deutschen Braukunst, was die Kasse gehörig klingeln läßt.

Wirtschaftlicher Erfolg

In den letzten zehn Jahren stieg der landesweite Bierkonsum von vier auf 65 Millionen Hektoliter (siehe Seite 46). Droht China ein zweites Bayern zu werden, dann geht dieser Trend auf die Qingdaoer Brauer zurück, denn sie waren die Pioniere, die ihren Landsleuten beibrachten, daß Bier den Durst erst richtig schön macht. Auch im Export von mildem Exportbier hatten die Qingdaoer die Nase vorn. Als erste Chinesen belieferten sie die Welt im

Jahre 1954 mit ihrem Tsingtao-Pijiu, das damals noch mit Reis gebraut wurde. Heute scheinen sie ihre Forke umgedreht zu haben: Sie brauen in importierten Gärbottichen und Sudkesseln und verwenden digital gesteuerte Abfüllanlagen. Dank früher Innovationen sind die Germania-Erben nicht nur auf dem deutschen Biermarkt vertreten, sondern können sechzig Prozent ihrer Produktion, Exportbier und Lager, auf dem anspruchsvollen Weltmarkt anbieten. Trotzdem verweist der gewichtige Direktor Liu Zhengde nicht auf High Tech als Schlüssel zum Erfolg, sondern auf das besondere Naß des Tsingtao-Bieres: »Im Wasser liegt unser Erfolg, in der Quelle von Lao Shan liegt unser Geheimnis.« Östlich der Stadt

entspringt am Berg Lao Shan eine reine Quelle mit vielen Mineralien und einer beachtlichen Dosis natürlicher Kohlensäure. Über eine fünfunddreißig Kilometer lange, unterirdische Pipeline sprudelt das spritzige Wasser in die Brauerei. Wer die deutsche Gründlichkeit an der Dengzhou Straße sucht, wird eine ganz besondere Form von chinesischer Emsigkeit auf dem Fabrikgelände finden. Als der große Steuermann, Mao Tsetung, einmal sagte: »Die Frauen tragen die Hälfte des Himmels auf Schultern«, hatte er da die Tsingtao-Brauerei vor Augen? Wohl kaum, denn Mao hielt nichts von Bier, er liebte Schnaps, und seine gewichtigen Worte bezogen sich auf die Lage der Nation.

Der König unter den chinesischen Bieren
Das Tsingtao hat deutsche Brautradition.

Die Sonne begrüßend
Ein Taiji-Sportler übt an der Uferpromenade der Qingdao-Bucht. Im Hintergrund der Zhanqiao-Pavillon, das Wahrzeichen des berühmten Bieres (Bild links).

Befremdend in der Fremde
Die Zwillingstürme der katholischen Kathedrale überragen weit sichtbar die Hafenstadt (Bild rechts).

Ohne jene Emsigkeit der Chinesin würde der Himmel über der Tsingtao-Brauerei in Sekundenschnelle einstürzen, denn die Frauen tragen die Hauptlast beim Einweichen der Gerste, beim Malzschroten, beim Kühlen und in der Abfüllung sowie der Flaschenverpackung. Die naheliegende Frage, ob sie den gleichen Lohn wie ihre Kollegen am Maischbottich und an der Würzpfanne bekommen, wird wie ein Staatsgeheimnis umgangen.

»China & Germany Cooperate«

Brave Leute, diese chinesischen Bierbrauer, würde der heilige Arnold unumwunden zugeben. Heute vertraute ihnen der Schutzpatron der Brauer, denn heute experimentieren sie nicht mehr mit Reis als Hopfenersatz. Sie mußten einsehen, daß die seit dem Jahre 768 verwendete europäische Kletterpflanze den Gerstensaft so haltbar, bitter und schäumig macht und klärt, wie das kein Reis der Welt vermag. Die Zeiten des hemdsärmeligen Experimentierens, sie sind endgültig passé. Jetzt heißt es, im nationalen Konkurrenzkampf seine Hektoliterzahl zu behaupten, besser noch, sie zu erhöhen. Vom kalten Norden bis zum tropischen Süden brauen inzwischen über hundert Mammutfabriken untergäriges Bier, das sie auf einem gewaltigen Binnenmarkt vertreiben. Von außen, von Japan und Hongkong, dringen renommierte Marken ein und fordern zusätzlich zum Wettbewerb heraus. Während »Tsingtao-Bier« in aller Munde ist, reagieren die meisten beim Namen »K Brand Beer«, als serviere man ihnen ein No-name-Gebräu. In der Tat ist dieser junge Gerstensaft aus der Hafenstadt Ningpo noch weitgehend ein Fremdling. Doch sein Etikett mit der Aufschrift: »China & Germany Cooperate« macht erst mal durstig, dann nachdenklich: Hat nicht auch Germania einmal klein angefangen?

Die Temperatur muß stimmen
Computergesteuerte Brauanlage (Bild oben).

Mit Luchsaugen Schwebeteilchen aufspüren
Bevor die Flaschen in alle Welt exportiert werden, müssen sie eine Qualitätskontrolle durchlaufen (Bild Mitte).

Vertrauter Backstein
Aus dem Jahr 1903 stammt die Werkshalle der einstigen Germania-Brauerei, des Vorläufers der heutigen Tsingtao-Brauerei (Bild links).

Rezeptübersicht

Chinesische Ravioli

Jiaozi

Zutaten für 4–6 Portionen:

500 g Mehl + Mehl zum
    Ausrollen
350 g mageres
    Schweinefleisch
1 walnußgroßes Stück
    Ingwerwurzel
1 dünne Lauchstange
Salz
1 EL Sojasauce
1 EL Reiswein (eventuell
    weglassen)
1 TL Sesamöl
2 EL schwarzer Reisessig
    (Zhejiang-Essig; ersatzweise
    italienischer Aceto
    Balsamico)

Zubereitungszeit:
etwa 2 Std.

Bei 6 Portionen pro Portion:
    1590 kJ/ 380 kcal

Dieses Gericht gehört zu den traditionellen nordchinesischen Spezialitäten. Die Ravioli serviert man sowohl zu Hause als auch bei offiziellen Festessen (dann als Einzelgericht im Rahmen eines Menüs). Solch ein Familienessen findet unter anderem immer am Vorabend des Frühlingsfestes (chunjie) statt, dem Beginn des chinesischen Mondjahres (zwischen dem 22. Januar und dem 19. Februar). Um aus dem Abend ein spaßiges Vergnügen zu machen, wird manchmal in einer Teigtasche ein Glücksbringer wie eine Münze für Geldsegen oder eine Erdnuß für ein langes Leben versteckt. Wer sie findet, hat Glück.

Varianten

Statt der Schweinefleischfüllung schmeckt auch eine Masse aus Rind- oder Lammfleisch sowie eine Drei-Leckerbissen-Farce aus Fleisch, Garnelen und Eiern. Sehr häufig wird die Fleischfüllung mit Chinakohl, grünen Bohnen oder anderem Gemüse ergänzt. Natürlich gibt es auch rein vegetarische Jiaozi, zum Beispiel mit einer Füllung aus Glasnudeln, Pilzen und Bambussprossen.

Die typische Sauce ist aus schwarzem Essig, etwas gepreßtem Knoblauch und nach Belieben Chiliöl. Knoblauch kann auch durch groben Senf ersetzt werden. Falls die Füllung nach dem Garen nicht salzig genug ist, den Dip mit Sojasauce stärker würzen.

Tip

Sollten Ravioli übrig bleiben, kann man sie später in der Pfanne knusprig braten und mit der gleichen Sauce servieren.

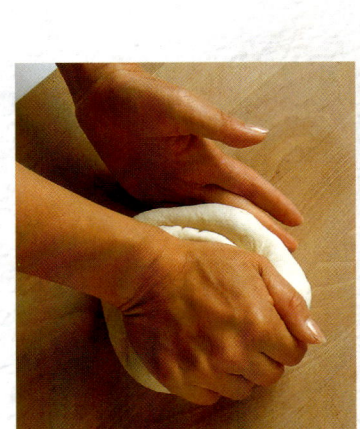

1 Das Mehl in einer Schüssel mit etwa ¼ l lauwarmem Wasser vermischen, so daß ein glatter, fester Teig entsteht. Auf der Arbeitsfläche kräftig kneten, bis er eine Konsistenz wie Nudelteig hat. Den Teig zu einer Kugel formen, mit einem feuchten Tuch abdecken und 1 Std. ruhen lassen.

2 Das Schweinefleisch entweder sehr fein hacken oder durch den Fleischwolf drehen.

3 Den Ingwer wie eine Kartoffel schälen, den Lauch putzen und gründlich waschen. Beides sehr fein hacken. Das Schweinefleisch mit 1 Prise Salz, der Sojasauce, dem Reiswein, dem Sesamöl, dem Lauch und dem Ingwer sowie 50 ml kaltem Wasser gründlich mischen.

4 Den Teig in Portionen teilen und auf der bemehlten Arbeitsfläche jeweils zu einer Rolle von etwa 2,5 cm Durchmesser formen. Die Rollen in gleichmäßig kleine Stücke (etwa 50 Stück) schneiden.

5 Die Stücke mit einem kleinen Rollholz zu runden Teigplättchen ausrollen. Dabei das Teigstück immer wieder etwas drehen und möglichst rund ausrollen.

6 In die Mitte der Teigplättchen jeweils etwa 1 TL Füllung geben. Die Teigplättchen zusammenklappen und die Ränder gründlich zusammendrücken. In einem großen Topf reichlich Wasser zum Kochen bringen. Ravioli hineingeben, aufkochen lassen.

7 Dann 50 ml kaltes Wasser zugießen. Wenn das Wasser wieder kocht, noch zweimal kaltes Wasser zugeben. Die Ravioli sind gar, wenn sie nach dem dritten Aufkochen an die Oberfläche steigen. Mit einem Schaumlöffel aus dem Wasser heben, abtropfen lassen. Zum Essen in den Essig stippen.

Feuertopf

Shi Jin Huo Guo

Zutaten für 4–5 Portionen:

1500 g Lammkeule ohne
   Knochen
30 g getrocknete Tongku-Pilze
   (Shiitake)
100 g Glasnudeln
etwa 2 l selbstgekochte
   Hühnerbrühe
250 g Chinakohlblätter, ersatzweise Eisbergsalat oder
   Spinat
8–10 Garnelen
100 g eingelegte Knoblauchzehen (in Essig und Zucker
   mariniert)
2 EL Sesampaste
1 EL Reiswein
1 EL Sojasauce
1 TL Chiliöl
1 EL Shrimpspaste
1 EL Sesamöl
1 Bund Petersilie

Zubereitungszeit:
etwa 1 Std. (+ einige Std.
   Kühlzeit)

Bei 5 Portionen pro Portion:
   3395 kJ/ 810 kcal

1 Das Lammfleisch in Klar-
sichtfolie wickeln und ein-
frieren. Etwa 1 Std. vor dem
Zubereiten herausnehmen und
antauen lassen. So läßt sich
das Fleisch besonders dünn
schneiden.

2 Die Pilze mit kochendem
Wasser überbrühen und
etwa 10 Min. einweichen. Die
Glasnudeln getrennt ebenfalls
mit warmem Wasser bedecken
und etwa 10 Min. einweichen.

3 Das Lammfleisch mit einem
scharfen Messer in etwa
5 cm lange, 2 cm breite hauchdünne Scheiben schneiden. Die
Scheiben auf Tellern anrichten.

4 Die Chinakohlblätter putzen,
waschen und trocken-
tupfen, dann ebenfalls auf Tellern anrichten. Die Garnelen
daneben verteilen. Den eingelegten Knoblauch in ein Schälchen geben.

5 Den Feuertopf vorbereiten.
Die Brühe zum Kochen
bringen und hineinfüllen. Den
Feuertopf anheizen.

6 Die eingeweichten Pilze
abtropfen lassen, halbieren
und in die Brühe im Feuertopf
geben.

7 Die Sesampaste mit dem
Reiswein, der Sojasauce,
dem Chiliöl, der Shrimpspaste
und dem Sesamöl verrühren.
Die Sauce in Portionsschälchen
verteilen. Die Petersilie waschen und sehr fein hacken.
Ebenfalls in Schälchen verteilen.

8 Beim Essen die Zutaten in
die heiße Brühe geben und
kurz darin garen. Dann herausnehmen und mit der Sauce und
der Petersilie essen. Dazu
schmecken außerdem Sesam-
brötchen oder Fladenbrot. Zum
Schluß wird die Brühe getrunken, die durch die verschiedenen Zutaten sehr aromatisch
schmeckt.

Tip

Im Originalrezept wird die
Sauce mit fermentiertem
Bohnenkäse und eingesalzenen
Schnittlauchblüten vermischt.
Da es diese Zutaten bei uns
nicht zu kaufen gibt, haben wir
die Sauce ohne diese Beigaben
versucht; sie schmeckt auch
gut.
Unter dem Namen „Hoisin-
Sauce" bieten Asien-Läden
eine passende Sauce an.

Feuertopf

Der Mongolische Feuertopf
wird mit Holzkohle beheizt. Es
ist also empfehlenswert, den
Topf bei geöffnetem Fenster
oder im Freien zu benutzen.
Bevor Sie die Holzkohle anzünden, muß unbedingt die Brühe
in den Topf gefüllt werden.
Es gibt inzwischen auch Feuertöpfe, die elektrisch beheizt
werden.
Falls Sie keinen Feuertopf haben, nehmen Sie einen Fonduetopf.

Geschichte

Bereits vor 1400 Jahren garten
die Mongolen ihr Fleisch im
Feuertopf. Im 17. Jahrhundert
wurde ihre Erfindung zum berühmtesten Wintergericht in
Nordchina. Im Jahre 1796 veranstaltete der Qing-Kaiserhof
ein Bankett mit 1550 Feuertöpfen für über tausend Gäste.
Der Qianlong-Kaiser (reg. 1735–
1796) sorgte für die Verbreitung
des Feuertopfes bis in die Provinz Sichuan.

Huhn mit Sesamsauce

Bai Zhan Ji

Zutaten für 4–5 Portionen:

*½ Huhn von etwa 750 g
   (ersatzweise 750 g
   Hühnerstücke wie Keulen,
   Flügel und Brust)
20 g Lauch
20 g Ingwerwurzel
1 EL Reiswein
1 EL Sojasauce
1 EL Sesamöl
Salz, Pfeffer*

Zubereitungszeit:
etwa 1½ Std.

Bei 5 Portionen pro Portion:
660 kJ/ 155 kcal

1 Das Huhn oder die Hühnerstücke kalt abspülen und trockentupfen. Lauch und Ingwer putzen, waschen und in feine Scheiben schneiden.

2 1¼ l Wasser in einem Topf zum Kochen bringen. Das Huhn hineingeben und einmal aufkochen. Den Schaum immer wieder abschöpfen.

3 Lauch, Ingwer und 1 EL Reiswein zum Huhn geben. Huhn zugedeckt bei schwacher Hitze etwa 30 Min. leise köcheln lassen, bis es durchgegart ist.

4 Huhn aus der Brühe nehmen und erkalten lassen. Dann von den Knochen befreien und in dünne Scheiben schneiden. Das Huhn auf einem Teller anrichten.

5 1 EL Sojasauce mit 1 EL Sesamöl und je 1 Prise Salz und Pfeffer verrühren und in ein Schälchen füllen. Das Hähnchenfleisch beim Essen in die Sauce tunken.

Tip

Dieses Gericht ist eine beliebte Vorspeise. Das Hähnchenfleisch schmeckt zart und aromatisch. Es sollte vor dem Servieren wirklich gründlich erkaltet sein.

Kristall-Eisbein

Shui Jing Zhou Zi

Zutaten für 4–5 Portionen:

*400 g Eisbeinfleisch ohne
   Knochen (Schweinshaxe)
20 g Lauch
20 g Ingwerwurzel
Salz, Pfeffer
1 EL Reiswein
einige schöne Petersilienblätter
1 Möhre (etwa 25 g geputzt)
1 Stück grüne Paprikaschote
7,5 g Agar-Agar (1 Päckchen)
etwas chinesischer heller
   Reisessig*

Zubereitungszeit:
etwa 1 Std. (+ 2 Std. Kühlzeit)

Bei 5 Portionen pro Portion:
675 kJ/ 160 kcal

1 Eisbeinfleisch kalt abspülen. Lauch und Ingwer putzen, waschen und in grobe Scheiben schneiden.

2 1¼ l Wasser mit dem Eisbeinfleisch in einem Topf zum Kochen bringen. Den Schaum abschöpfen. Den

Lauch, den Ingwer, Salz, Pfeffer und den Reiswein hinzufügen. Fleisch zugedeckt bei mittlerer Hitze etwa 40 Min. garen.

3 Petersilienblätter waschen und trockentupfen. Möhre schälen und in etwa 1 cm große, dünne Rauten schneiden. Die Möhre während der letzten 10 Min. mit dem Eisbeinfleisch garen. Paprikaschote waschen und ebenfalls in Rauten schneiden.

4 Eine Form von etwa 2 cm Höhe oder eine Schüssel, in der später das Eisbein und die Geliermasse Platz haben sollen, mit den Petersilienblättern belegen. Möhren aus der Brühe fischen, kalt abschrecken und abtropfen lassen. Mit den Paprikarauten in die Form legen.

5 Das gekochte Eisbein aus der Brühe nehmen und erkalten lassen. Dann in mund-

Fleischröllchen mit Knoblauchsauce

Suan Rong Bai Rou Juan

gerechte Stücke schneiden und in die Form geben.

6 Brühe durchsieben und etwa ½ l abmessen. Agar-Agar mit wenig Brühe verrühren. Unter die übrige Brühe mischen und zum Kochen bringen. Die Brühe 1 Min. kochen, mit Reisessig abschmecken und über die Zutaten in der Form gießen.

7 Die Brühe etwas erkalten lassen, dann die Form in den Kühlschrank stellen, bis das Gelee fest ist. Das dauert etwa 2 Std.

8 Gelee aus dem Kühlschrank nehmen, in Scheiben schneiden und servieren.

Tip

Dieses kristallklare Gericht ist eine erfrischende Delikatesse an heißen Tagen.

Zutaten für 4–5 Portionen:

400 g Schweinebauchfleisch
  mit Schwarte ohne Knochen
20 g Lauch
20 g Ingwerwurzel
1 EL Reiswein
50 g Stangensellerie (geputzt
  gewogen)
50 g Knoblauch
1 EL Sojasauce
1 EL Sesamöl
Salz

Zubereitungszeit:
etwa 1 ¼ Std.

Bei 5 Portionen pro Portion:
  1360 kJ/ 325 kcal

1 Das Schweinebauchfleisch kalt abspülen und trockentupfen. Den Lauch und die Ingwerwurzel putzen, waschen und in grobe Scheiben schneiden.

2 1½ l Wasser in einem Topf zum Kochen bringen. Das Fleisch, den Lauch, den Ingwer und den Reiswein dazugeben und einmal aufkochen.

3 Fleisch zugedeckt bei schwacher Hitze etwa 30 Min. garen. Es ist fertig, wenn kein Blut mehr ausquillt.

4 Fleisch herausnehmen und etwa 3 Min. abkühlen lassen. Dann mit einem scharfen Küchenmesser in etwa 5 cm lange und 4 cm breite, sehr dünne Scheiben schneiden.

5 Sellerie waschen und entsprechend der Länge der Fleischscheiben in Stücke schneiden. Sellerie in kochendem Wasser ½ Min. blanchieren, herausnehmen und in Eiswasser abkühlen lassen.

6 Die Fleischscheiben je mit 1 Stück Sellerie belegen, ordentlich aufrollen und auf einem Teller anrichten.

7 Knoblauch schälen und fein hacken. Mit der Sojasauce, dem Sesamöl, Salz und 1 Eßlöffel heißer Brühe vom Fleisch verrühren. Die Sauce über das Fleisch gießen.

Tips

Die stark nach Knoblauch duftenden Fleischröllchen sind gut bekömmlich und eine ausgezeichnete kalte Vorspeise. Das Fleisch sollte nicht zu lange gekocht werden, sonst läßt es sich nur schwer in Scheiben schneiden.
Wenn die Scheiben nicht so dünn werden, daß sie sich aufrollen lassen, legen Sie sie auf einen Teller und richten die Stangensellerie darauf an. Die Sauce darüber verteilen.

Rindfleisch mit Sellerie

Qin Cai Niu Rou Si

Zutaten für 2 Portionen:

150 g Rinderfilet
Salz
1 TL Maisstärke, in ½ EL
Wasser angerührt
1 EL Reiswein
50 g Stangensellerie (geputzt gewogen)
1 Stück grüne Paprikaschote
25 g Ingwerwurzel
½ EL Sojasauce
2–3 EL Pflanzenöl

Zubereitungszeit:
etwa 20 Min.

Pro Portion: 1180 kJ/ 285 kcal

1 Rindfleisch in 5 cm lange, dünne Streifen schneiden und mit Salz, der angerührten Maisstärke und etwas Reiswein mischen.

2 Die Selleriestangen waschen und putzen, dann in 3 cm lange Stücke schneiden. Wenn die Stücke dick sind, der Länge nach noch ein- oder zweimal durchschneiden. Paprika waschen und in dünne Streifen schneiden. Ingwer schälen und in 2 cm lange, feine Streifen schneiden.

3 ½ EL Sojasauce und den übrigen Reiswein mit etwas Salz verrühren.

4 Einen Wok oder eine Pfanne erhitzen. 2–3 EL Öl angießen und heiß werden lassen. Fleischstreifen hineingeben und unter Rühren etwa 1 Min. braten. Sellerie dazugeben und alles noch 1 Min. braten.

5 Fleisch und Sellerie aus der Pfanne nehmen und in eine Schüssel geben. Ingwer in den Wok oder die Pfanne geben und etwa ½ Min. braten. Vermengte Sauce dazugeben und noch ½ Min. braten. Mit dem Fleisch mischen und servieren.

Rindfleisch mit Pilzen

Ping Gu Hui Niu Rou

Zutaten für 2 Portionen:

200 g Rinderfilet
1 EL Reiswein
Salz, Pfeffer
2 TL Maisstärke, in 1 EL
Wasser angerührt
300 g Austernpilze
4–5 EL Pflanzenöl
2–3 TL Sojasauce

Zubereitungszeit:
etwa 30 Min.

Pro Portion: 1470 kJ/ 350 kcal

1 Rindfleisch in 4 cm lange und 2 cm breite, dünne Scheiben schneiden. Fleisch mit etwas Reiswein, Salz und 1 TL angerührter Maisstärke mischen.

2 Austernpilze waschen, von den zähen Stielen befreien und in ebenso große Stücke schneiden wie das Fleisch. Die Pilze in kochendem Wasser ½ Min. blanchieren, dann abtropfen lassen.

3 In einem Wok oder einem Topf ¾ l Wasser zum Kochen bringen. Fleisch Scheibe für Scheibe in das heiße Wasser geben und sofort wieder herausnehmen. Von der so entstandenen Brühe ¼ l abmessen. Restliche Brühe aus dem Wok gießen und für ein anderes Gericht verwenden.

4 Wok säubern und erhitzen. 4–5 EL Öl darin heiß werden lassen. Austernpilze hineingeben und unter Rühren bei starker Hitze etwa 1 Min. braten. Pilze herausnehmen und auf einem Teller anrichten. Übrigen Reiswein und 2–3 TL Sojasauce in die Pfanne geben und die Brühe angießen.

5 Rindfleisch untermischen, mit Salz und Pfeffer würzen und aufkochen. Die übrige angerührte Maisstärke untermischen und kurz unter Rühren garen. Das Rindfleisch auf die Pilze geben und servieren.

Rindfleisch mit getrockneten Mandarinenschalen

Chen Pi Niu Rou

Zutaten für 4 Portionen:

30 g getrocknete
 Mandarinenschalen (ersatzweise 15 g frische, unbehan-
 delte Orangenschalen)
500 g Rinderfilet
7 getrocknete Chilischoten
30 g Lauch
20 g Ingwerwurzel
250 g Pflanzenöl
20 Sichuan-Pfefferkörner
2 EL Reiswein
1 EL Sojasauce
½ l Hühnerbrühe
Salz
1 EL Zucker

Zubereitungszeit:
etwa 50 Min.

Pro Portion: 1225 kJ/ 295 kcal

1 Mandarinenschalen nach
Wunsch in kleinere Stücke
brechen, in einer Schüssel mit
lauwarmem Wasser bedecken
und quellen lassen, bis die
übrigen Zutaten vorbereitet
sind.

2 Rindfleisch in 3 cm lange
und 2 cm breite, feine
Scheiben schneiden. Chilischoten in 2 cm lange Stücke
schneiden. Lauch und Ingwer
putzen bzw. schälen und in
dünne Scheiben schneiden.

3 Öl in einen Wok oder eine
Pfanne mit höherem Rand
geben und erhitzen. Es ist heiß
genug, wenn an einem hölzernen Kochlöffelstiel, den Sie in
das Fett tauchen, kleine Bläschen aufsteigen.

4 Fleisch Stück für Stück (es
klebt sonst zusammen) in
3 Portionen in das Fett geben
und jeweils 3 Min. fritieren, bis
es schön braun ist. Fritiertes
Fleisch jeweils herausnehmen
und abtropfen lassen.

5 Das Öl bis auf einen dünnen
Film aus dem Wok oder der
Pfanne gießen und die Tempe-
ratur herunterschalten. Die
Mandarinenschalen abtropfen

lassen und mit den Chilistücken
und den Pfefferkörnern ins Öl
geben. Bei schwacher Hitze
unter Rühren braten, bis die
Zutaten würzig duften.

6 Lauch und Ingwer hinzufügen. 2 EL Reiswein, 1 EL
Sojasauce und ½ l Brühe angießen. Rindfleisch, Salz und
1 EL Zucker hinzufügen und die
Flüssigkeit zum Kochen bringen.

7 Das Rindfleisch zugedeckt
bei schwacher Hitze etwa
5 Min. schmoren, bis es weich
ist.

8 Rindfleisch und Mandarinenschalen aus der Brühe
nehmen und auf einem Teller
anrichten.

9 Die Brühe durch ein Sieb
gießen und zum Fleisch
servieren.

Tips

Dieses Gericht wird in China
sowohl warm als auch kalt
gegessen. Es ist würzig und
scharf. Wenn Sie es milder
mögen, nehmen Sie nur 2 oder
3 Chilischoten.
So sparen Sie Fett: Braten Sie
das Fleisch in 3–4 EL Öl statt
es zu fritieren.
Chilischoten, Lauch, Ingwer
und Pfefferkörner können Sie
auch in ein Baumwollsäckchen
geben und in die Brühe legen.
So brauchen Sie die Brühe
nicht durchzusieben, und es
haftet nichts am Fleisch oder
an den Mandarinenschalen.

Ochsenschwänze mit Eiweiß-Blüten

Fu Rong Niu Wei

Zutaten für 6 Portionen:

1 kg Ochsenschwanzstücke
   (möglichst gleich groß)
250 g Hühnerflügel
30 g Lauch
20 g Ingwerwurzel
40 g Pflanzenöl
1 EL Zucker
50 ml Reiswein
1 l Hühnerbrühe
Salz, Pfeffer
12 große, schöne Petersilienblätter
4 Eiweiß
100 g Friséesalat

Zubereitungszeit:
etwa 2 Std.

Pro Portion: 1380 kJ/ 330 kcal

Eiweiß-Blüten

Die Eiweißblüten sind eine besonders hübsche, eßbare Dekoration. Nehmen Sie zum Garen der Eiweiß-Blüten keine Silberlöffel. Am besten eignen sich die chinesischen Porzellanlöffel, sie stehen fest und waagerecht.

Tips

Statt Ochsenschwanzfleisch schmeckt auch Krebsfleisch sehr gut – in Hühnerbrühe kurz gegart.
In China werden zum Schmoren keine Hühnerflügel, sondern Hühnerknochen verwendet. Da es die bei uns nicht zu kaufen gibt, weichen wir auf Hühnerflügel aus. Wenn Sie jedoch gerade zufällig Hühnerknochen übrig haben, können Sie sie statt der Hühnerflügel verwenden.

1 Die Ochsenschwanzstücke waschen und trockentupfen. Die Hühnerflügel etwas flachklopfen. Den Ochsenschwanz und die Hühnerflügel in kochendem Wasser etwa 3 Min. garen, dann herausnehmen und waschen.

2 Die Hühnerflügel auf den Boden eines Topfes legen. Die Ochsenschwanzstücke darauf verteilen. Den Lauch und den Ingwer putzen bzw. schälen und in grobe Scheiben schneiden.

3 Den Wok oder eine Pfanne erhitzen. Das Öl angießen. Den Zucker zugeben und bei mittlerer Hitze unter Rühren garen, bis er sich auflöst und karamelfarben wird. 50 ml Wasser hinzufügen und den Zucker darin schmelzen.

1 Die Ochsenschwänze mit dem Reiswein und so viel ühnerbrühe begießen, daß sie avon bedeckt sind. Zucker, alz, Pfeffer, Lauch und Ingwer nzufügen und die Flüssigkeit um Kochen bringen. Alles bei chwacher Hitze zugedeckt twa 1½ Std. schmoren.

5 Die Petersilie waschen und trockentupfen. Die Eiweiße mit Salz, Pfeffer und 1 EL kaltem Wasser verrühren. Dann in 12 Löffel füllen. Falls Sie nicht so viele haben, müssen Sie die Eiweißblüten nacheinander zubereiten. Auf die Eiweißmasse je 1 Petersilienblatt legen.

6 Die Löffel vorsichtig in einen Dämpfeinsatz geben und über heißem Wasser bei schwacher Hitze zugedeckt etwa 3 Min. dämpfen. Die Hitze darf nicht zu hoch sein, sonst platzt die Masse auf. Die Eiweißblüten in heißes Wasser tauchen und mit einem Messer vorsichtig vom Rand lösen.

7 Die geschmorten Ochsenschwänze aus der Brühe nehmen und auf dem gewaschenen Salat anrichten. Von der Brühe beliebig viel abnehmen und leicht dickflüssig einkochen lassen. Auf die Ochsenschwänze gießen. Die Eiweißblüten am Rand des Tellers verteilen. Dazu paßt Reis.

Zweimal gegartes Fleisch

Hui Guo Rou

Zutaten für 2–3 Portionen:

250 g Schweinebauch mit
    Schwarte ohne Knochen
Salz
½ grüne Paprikaschote (etwa
    50 g)
1 walnußgroßes Stück Ingwer-
    wurzel
1–2 EL Pflanzenöl
30 g scharfe Bohnenpaste
1 TL süße fermentierte
    Bohnenpaste
1 EL Reiswein

Zubereitungszeit:
etwa 40 Min.

Bei 3 Portionen pro Portion:
    1680 kJ/ 405 kcal

1 Fleisch waschen. In einem
    Topf Wasser mit Salz zum
Kochen bringen. Das Fleisch
darin bei mittlerer Hitze etwa
20 Min. köcheln lassen.

2 Fleisch herausnehmen,
    abkühlen lassen und in
4 cm lange, 2 cm breite und

dünne Scheiben schneiden.
Paprikaschote waschen, putzen
und in etwa 2 x 2 cm große
Rauten schneiden. Ingwer
schälen und in Scheiben
schneiden.

3 Einen Wok oder eine Pfan-
    ne erhitzen. 1–2 EL Öl hin-
zufügen. Die Fleischscheiben
im Öl unter Rühren etwa 4 Min.
braten, bis sie leicht krumm
werden.

4 Die scharfe und die süße
    Bohnenpaste und 1 EL
Reiswein dazugeben und kurz
mitbraten, bis es würzig duftet.
Die Paprikarauten untermischen und etwa 1½ Min. mitbraten. Das Gericht servieren.

Tip

Das Fleisch schmeckt fein und
leicht scharf. Dazu schmeckt
Bier besonders gut. Das Fleisch
sollten Sie nicht länger kochen,
sonst läßt es sich nur noch
schwer in Scheiben schneiden.

Vier Glücks-Klöße

Si Xi Wan Zi

Zutaten für 4 Portionen:

300 g mittelfettes Schweine-
    fleisch (Halsgrat, Kamm)
40 g Lauch
10 g Ingwerwurzel
50 g Glasnudeln aus grünen
    Mungobohnen
1 Ei
Salz, Pfeffer
1 EL Maisstärke, in ½ EL
    Wasser angerührt
1 EL Reiswein
1 EL Sojasauce
250 g Pflanzenöl
400 ml Hühnerbrühe
250 g zarte Chinakohlblätter

Zubereitungszeit:
etwa 1 Std.

Pro Portion: 1585 kJ/ 380 kcal

1 Schweinefleisch fein hak-
    ken oder durch den Fleisch-
wolf drehen. Lauch und Ingwer
putzen bzw. schälen und fein
hacken. Glasnudeln in warmem
Wasser einweichen. Das Ei
verquirlen.

2 Fleisch mit Ei, der Hälfte
    von Lauch und Ingwer,
etwas Salz, der Maisstärke und
je ½ EL Reiswein und Sojasauce mischen. Aus dem
Fleischteig 4 Klöße formen.

3 250 g Öl in einem Wok oder
    in einem Topf erhitzen. Die
Klöße darin nacheinander je
2 Min. fritieren, dann herausnehmen und abtropfen lassen.

4 Das Öl bis auf einen dünnen
    Film aus dem Wok oder
dem Topf gießen. Den restlichen Ingwer und Lauch darin
kurz braten, mit je ½ EL Reiswein und Sojasauce sowie der
Brühe aufgießen. Mit Salz und
Pfeffer würzen und zum Kochen bringen.

5 Chinakohlblätter in kochen-
    dem Wasser 1 Min.
blanchieren, kalt abschrecken
und abtropfen lassen.

Schweinefleisch mit Kastanien

Ban Li Hong Shao Rou

6 Eine große Schüssel, die in einen Dämpftopf passen muß, mit den Chinakohlblättern auslegen. Die abgetropften Glasnudeln und die fritierten Klöße darauf geben. Die Brühe angießen.

7 Die Klöße im Dämpftopf über dem heißen Wasserdampf zugedeckt etwa 20 Min. garen. Dazu schmeckt Reis.

Zutaten für 4–5 Portionen:

500 g Schweinebauch mit
    Schwarte ohne Knochen
2 EL Reiswein
30 g Lauch
10 g Ingwerwurzel
50 g Pflanzenöl + 1 EL
    Pflanzenöl
1 EL Zucker
etwa ³/₈ l Hühnerbrühe
Salz, Pfeffer
5 Sternanis
200 g Eßkastanien (Maronen)
500 g zarte Chinakohlblätter

Zubereitungszeit:
etwa 2 Std.

Bei 5 Portionen pro Portion:
    2425 kJ/ 580 kcal

1 Schweinefleisch trockentupfen, in 3 cm lange und 2 cm breite Stücke schneiden. Mit 1 EL Reiswein mischen.

2 Lauch und Ingwer putzen bzw. schälen und in grobe Scheiben schneiden.

3 Einen Wok erhitzen. 50 g Öl darin heiß werden lassen. Die Fleischstücke portionsweise je etwa 1 Min. bei starker Hitze unter Rühren braten, bis die Schwarten knusprig sind. Dann herausnehmen und beiseite stellen.

4 1 EL Zucker in das verbliebene Bratfett geben und unter Rühren auflösen. 50 ml Wasser dazugeben und gründlich untermischen. Zuckermischung beiseite stellen.

5 Fleischstücke in einen anderen Wok oder Topf geben. So viel Fleischbrühe dazugeben, daß das Fleisch davon bedeckt ist. Die Zuckermischung durch ein Sieb zum Fleisch gießen. Lauch, Ingwer, 1 EL Reiswein, Salz und Pfeffer sowie den Anis hinzufügen. Das Ganze zum Kochen bringen und abschäumen. Fleisch dann zugedeckt bei schwacher Hitze etwa 1½ Std. schmoren.

7 Inzwischen die Kastanien mit einem scharfen Messer an der Spitze kreuzweise einschneiden. Dann in Wasser etwa 5 Min. kochen, abschrecken und schälen. Die Kastanien nach 1 Std. zum Fleisch geben und mitschmoren.

8 Die Chinakohlblätter waschen. 1 EL Öl in einer Pfanne erhitzen und die Blätter darin bei mittlerer Hitze etwa 5 Min. braten, bis sie bißfest sind. Blätter mit den Blattenden nach innen auf einen runden Teller legen.

9 Fleisch herausnehmen und mit der Schwartenseite nach außen auf die Chinakohlblätter legen. Kastanien um das Fleisch herum legen. Etwa die Hälfte der Sauce über das Fleisch gießen.

Tip

Statt Chinakohl schmeckt auch blanchierter Broccoli gut dazu.

Sautierte Hühnerschnitzel

Qing Jiao Liu Ji Si

Zutaten für 2 Portionen:

200 g Hühnerbrust ohne Haut
    und Knochen
Salz, Pfeffer
1 EL Reiswein
1 Eiweiß
10 g Maisstärke + 1 TL Mais-
    stärke, in 1 TL Wasser
    angerührt
je ½ grüne und rote Paprika-
    schote
1 EL Hühnerbrühe oder Wasser
4–5 EL Pflanzenöl

Zubereitungszeit:
etwa 30 Min.

Pro Portion: 1520 kJ/ 365 kcal

1 Das Hühnerfleisch in dünne,
etwa 5 cm lange Streifen
schneiden. Je 1 kräftige Prise
Salz und Pfeffer mit ½ EL Reiswein mischen und unter die
Fleischstreifen mengen. Das
Eiweiß und die Maisstärke
mischen und ebenfalls unterrühren.

2 Paprikaschoten waschen,
putzen und in etwa 4 cm
lange, feine Streifen schneiden.
Je 1 kräftige Prise Salz und
Pfeffer mit ½ EL Reiswein, der
aufgelösten Maisstärke und
1 EL Brühe oder Wasser vermischen.

3 Den Wok oder eine Pfanne
erhitzen. Das Öl hinein-
geben und heiß werden lassen.
Die Hühnerstreifen dazugeben
und unter Rühren kurz an-
braten. Die Paprikastreifen
hinzufügen und ebenfalls kurz
braten.

4 Die Sauce untermischen
und alles unter Rühren etwa
1 Min. braten.

Tip

Das Öl sollte beim Braten nicht
zu heiß werden, sonst bleibt
das Hähnchenfleisch nicht zart.

Gewürztes knuspriges Huh

Xiang Su Ji

Zutaten für 6 Portionen:

1 Hähnchen von etwa 1,5 kg
30 g Lauch
20 g Ingwerwurzel
5 Sternanis
1 TL Sichuan-Pfefferkörner
1 Stück Zimtstange (30 g)
1 TL Reisschnaps
1 EL Reiswein
je 1 TL Salz und Pfeffer
40 g Pflanzenöl
250 g Blattsalat oder
    Broccoliröschen

Zubereitungszeit:
etwa 1¼ Std.

Pro Portion: 1080 kJ/ 260 kcal

1 Hähnchen innen und außen
kalt abspülen und trockentupfen. Lauch und Ingwer putzen bzw. schälen und in Scheiben schneiden. Anis, Pfefferkörner und Zimt grob zerkleinern. Alle diese Zutaten mit
1 TL Schnaps, 1 EL Reiswein,
je 1 TL Salz und Pfeffer mischen und das Hähnchen innen

und außen damit einreiben. Das
Hähnchen etwa 15 Min. ziehen
lassen.

2 Dann in einem Dämpftopf
Wasser oder Hühnerbrühe
erhitzen. Das Hähnchen in den
Siebeinsatz geben und zugedeckt in etwa 45 Min. gar
dämpfen.

3 Das Öl in einem Wok oder
einer Pfanne erhitzen. Das
gedämpfte, heiße Hähnchen
in dem Öl rundherum in etwa
2 Min. knusprig braten.

4 Das Hähnchenfleisch von
den Knochen lösen und in
Stücke schneiden.

5 Den Salat waschen oder
die Broccoliröschen 3 Min.
blanchieren und auf eine
Servierplatte geben. Das Hähnchen daneben anrichten.

Hühnerfleischröllchen im Schweinenetz

Wang You Ji Juan

Zutaten für 2–3 Portionen:

5 getrocknete Tongku-Pilze (Shiitake)
100 g Hühnerbrust ohne Haut und Knochen
2 Eiweiß
20 g Maisstärke + Maisstärke zum Wälzen
30 g Bambussprossen
50 g gekochter Schinken
Salz, Pfeffer
1 TL Reiswein
100 g Schweinenetz (rechtzeitig vorbestellen!)
4 EL Pflanzenöl.

Zubereitungszeit:
etwa 40 Min.

Bei 3 Portionen pro Portion:
1575 kJ/ 375 kcal

1 Die Pilze in einer Schüssel mit lauwarmem Wasser übergießen und etwa 10 Min. quellen lassen. Die Hühnerbrust in etwa 3 cm lange, feine Streifen schneiden.

2 Die Eiweiße mit 20 g Maisstärke gründlich verrühren. Die eingeweichten Pilze waschen, abtropfen lassen und mit den Bambussprossen und dem Schinken ebenfalls in etwa 3 cm lange, feine Streifen schneiden. Diese Zutaten mit den Hühnerstreifen, Salz, Pfeffer und dem Reiswein mischen.

3 Das Schweinenetz waschen und etwa 5 Min. in warmem Wasser einweichen. Dann vorsichtig abtropfen lassen und auf einem feuchten Küchentuch ausbreiten. Aus dem Netz 4 Stücke von 5 cm Breite und 20 cm Länge schneiden.

4 Die Hühnerfleischmischung gleichmäßig auf den Schweinenetzstücken verteilen, dabei rundherum etwa 1 cm Rand frei lassen, damit die Füllung beim Aufrollen nicht ausquillt.

5 Ränder mit Eiweißmischung bestreichen und an den kurzen Seiten über der Füllung etwas nach innen klappen. Rechtecke aufrollen. Die Rollen sollen lang und dünn sein. Die Rollen in Maisstärke wälzen.

6 Einen Wok oder eine Pfanne erhitzen. Das Öl hineingeben. Die Hühnerfleischröllchen im Öl bei mittlerer Hitze etwa 8 Min. braten, bis sie knusprig und schön goldgelb sind. Die Röllchen dabei ein- bis zweimal wenden.

7 Die Hühnerröllchen in Stücke schneiden und auf einer Platte anrichten.

Tip

Das Gericht ist knusprig und aromatisch. Es paßt gut zu Bier. Dazu schmeckt eine süß-saure Sauce.

Peking-Ente

Bei Jing Kao Ya

Zutaten für 4–5 Portionen:

1 Ente (etwa 2 kg)
2–3 EL flüssiger Malzzucker
(Asien-Laden; ersatzweise
flüssiger Honig)

Für die Mandarin-Pfannkuchen:
200 g Mehl
Sesamöl

Zum Servieren:
2 Bund Frühlingszwiebeln
Hoisin-Sauce, Pflaumensauce
und süße Bohnensauce

Zubereitungszeit:
etwa 1 ½ Std. (+ 8 Std.
Trockenzeit)

Bei 5 Portionen pro Portion:
2800 kJ/ 670 kcal

Ente

Für dieses Gericht brauchen Sie
eine wirklich frische, artgerecht
aufgezogene Ente. Kaufen Sie
also am besten auf dem Markt
eine Bauern-Ente oder nehmen
Sie eine französische Barbarie-
Ente.

Original-Rezept

Dieses Rezept ist eine etwas
abgewandelte, vereinfachte
Form des Originalrezeptes. In
China wird diese Ente in einem
speziellen Ofen zubereitet und
vor dem Garen in vielen Schritten vorbereitet. Chinesische
Köche, die auf die Zubereitung
von Peking-Ente spezialisiert
sind, kaufen nur Tiere mit Kopf
und Innereien, deren Haut an
keiner Stelle verletzt sein darf.
Die Ente wird durch eine kleine
Öffnung unter dem Flügel aus-
genommen und kräftig mas-
siert, damit sich die Haut etwas
vom Fleisch löst. Dann bläst
man zwischen Haut und Fleisch
Luft (eventuell mit einer Fahr-
radpumpe), damit die Haut
beim Garen ganz knusprig, das
Fleisch aber zart wird. Doch
auch die einfache Variante
schmeckt ausgezeichnet, vor
allem in der klassischen Verbindung mit Pfannkuchen,
Frühlingszwiebeln und Sauce.

1 In einem großen Topf reichlich Wasser zum Kochen
bringen. Die Ente hineingeben
und etwa 5 Min. kochen lassen.
Dann herausnehmen und
gründlich abtrocknen.

2 Die Ente rundherum mit
Malzzucker bestreichen und
an einem Fleischerhaken 1 Std.
an einem kühlen Ort (Speise-
kammer) zum Trocknen aufhängen. Dann wieder mit Malzzucker einstreichen und noch
einmal etwa 7 Std. zum Trocknen aufhängen.

3 Den Backofen auf 200°
vorheizen. Die Ente mit der
Brust nach oben auf den Rost
über die Fettpfanne legen und
in den Backofen (Mitte) geben.
Ente etwa 45 Min. braten, dann
wenden und noch einmal
45 Min. braten.

4 Inzwischen für die Pfannkuchen Mehl mit etwa
100 ml lauwarmem Wasser in
einer Schüssel mischen und zu
einem glatten, geschmeidigen
Teig verkneten. Er soll glänzen
und nicht mehr an den Fingern
kleben. Teigkloß mit einem
feuchten Tuch bedecken und
10 Min. ruhen lassen.

5 Teig dann auf einem bemehlten Küchenbrett zu einer Rolle von etwa 2,5 cm Durchmesser formen und in 16 Stücke schneiden. Jeweils 2 Teigstücke mit Öl bestreichen, zusammendrücken und zu runden, dünnen Teigfladen ausrollen.

6 Teigfladen in einer Pfanne, die mit wenig Sesamöl bestrichen wird, bei schwacher Hitze pro Seite etwa 2 Min. braten. Pfannkuchen warm halten. Frühlingszwiebeln putzen, waschen und in Stücke schneiden. Stücke in Streifen teilen.

7 Gebratene Ente herausnehmen. Zuerst die knusprige Haut ablösen und in Stücke schneiden. Dann das Fleisch von den Knochen lösen und in mundgerechte Stücke schneiden. Warm halten.

8 Zum Essen die Pfannkuchen wieder voneinander lösen. Je 1 Mandarin-Pfannkuchen auf den Teller legen. Mit Entenhaut und Entenfleisch, Frühlingszwiebeln und einer Sauce nach Wahl belegen, zusammenklappen oder -rollen und mit den Fingern essen.

Fritierte Hühnerflügel

Sheng Cai Ji Chi

Zutaten für 2 Portionen:

10 Hühnerflügel
20 g Lauch
20 g Ingwerwurzel
1 TL Sojasauce
1 EL Reiswein
1 TL Zucker
Salz, Pfeffer
5 Sternanis
20 Sichuan-Pfefferkörner
400 g Pflanzenöl
1 Tomate
300 g zarter Blattsalat

Zubereitungszeit:
etwa 30 Min.

Pro Portion: 1600 kJ/ 380 kcal

1 Hühnerflügel kalt waschen.
Die Spitzen abschneiden, so
daß die Flügel die Form von
einem V haben. Lauch und
Ingwer putzen bzw. schälen, in
grobe Scheiben schneiden.

2 Die Hühnerflügel in eine
Schüssel geben. Lauch und
Ingwer mit 1 TL Sojasauce,

1 EL Reiswein, 1 TL Zucker, je
1 kräftige Prise Salz und Pfeffer, dem Anis und den Pfefferkörnern mischen und auf die
Hühnerflügel geben. Etwa
10 Min. marinieren.

3 Das Öl in einem Wok erhitzen. Es ist heiß genug,
wenn an einem Holzstiel, den
Sie hineintauchen, kleine Bläschen aufsteigen.

4 Die Hühnerflügel in das Öl
geben und etwa 10 Min.
fritieren, bis sie knusprig sind.

5 Die Tomate waschen und
die Schale mit einem spitzen Messer von oben nach
unten einschneiden. Die Stücke
nach unten biegen. Salat putzen, waschen, trockenschleudern. Beides auf einer großen
Platte anrichten.

6 Die Hühnerflügel abtropfen
lassen, auf die Platte geben
und servieren.

Hühnerhack in Spinathülle

Bo Cai Ji Rong Juan

Zutaten für 2 Portionen:

200 g Hühnerbrust ohne Haut
und Knochen
Salz, Pfeffer
2 kleine Eiweiß
1 TL Reiswein
2 TL Maisstärke, in 2 TL
Wasser angerührt
20 größere, feste Spinatblätter
(Wurzelspinat)
1 EL Pflanzenöl
200 ml Hühnerbrühe

Zubereitungszeit:
etwa 1¼ Std.

Pro Portion: 845 kJ/ 205 kcal

1 Das Hühnerfleisch auf
einem Küchenbrett mit ei-
nem großen, schweren Messer
oder einem Küchenbeil möglichst fein hacken. Das Fleisch
in einer Schüssel mit 2 EL Wasser, Salz, Pfeffer, 2 Eiweiß, 1 TL
Reiswein und 1 TL angerührter
Maisstärke so lange verrühren,
bis die Masse bindet.

2 Spinatblätter gründlich
waschen. Dann in kochen-
dem Salzwasser ½ Min.
blanchieren. Die Blätter in Eiswasser abschrecken, dann
abtropfen lassen und auf der
Arbeitsfläche flach ausbreiten.

3 Hühnermasse auf den
Spinatblättern verteilen. Die
Blätter zusammenklappen, so
daß keine Hühnermasse mehr
zu sehen ist.

4 Einen tiefen Teller mit 1 EL
Öl ausstreichen. Die Spinatpäckchen nebeneinander hineinlegen.

5 Eine umgedrehte Tasse in
einen großen Topf (der tiefe
Teller soll darin Platz haben)
stellen und etwa 2 cm hoch
Wasser einfüllen. Das Wasser
zum Kochen bringen. Die
Spinatröllchen dann zugedeckt
bei schwacher Hitze etwa
15 Min. dämpfen.

Knusprige Hühnerquadrate mit Walnüssen

Tao Ren Ji Fang

6 Kurz vor Ende der Garzeit die Hühnerbrühe in einem Topf zum Kochen bringen. 1 TL angerührte Maisstärke untermischen und die Brühe damit binden. Mit Salz und Pfeffer abschmecken.

7 Die Flüssigkeit, die sich beim Garen im Teller gesammelt hat, vorsichtig abgießen. Einen anderen Teller umgedreht auf den tiefen Teller legen. Die Spinatröllchen darauf stürzen. Die Päckchen mit der Sauce übergießen und servieren.

Tips

Die leuchtend grünen Spinatpäckchen schmecken zart und erfrischend. Dazu paßt Reis. Den Spinat sollten Sie keinesfalls länger blanchieren, sonst wird er später beim Dämpfen zu weich.

Zutaten für 3 Portionen:

1 kleines Hähnchen (etwa 1 kg)
30 g Lauch
10 g Ingwerwurzel
Salz, Pfeffer
100 g Hühnerbrust ohne Haut und Knochen
1 Eiweiß
1 EL Reiswein
1 TL Maisstärke, in 1 TL Wasser angerührt
40 g Walnußkerne
6 Wasserkastanien (aus der Dose)
100 g Pflanzenöl
100 g Blattsalat

Zubereitungszeit:
etwa 2 Std.

Pro Portion: 2265 kJ/ 540 kcal

1 Hähnchen kalt abspülen und trockentupfen. Lauch und Ingwer putzen bzw. schälen und in grobe Stücke schneiden. Hähnchen mit Lauch, Ingwer, Salz und Pfeffer würzen und in den Bambusdämpfer oder in

---

einen anderen Dämpfeinsatz geben.

2 Hähnchen über dem heißen Wasserdampf zugedeckt etwa 25 Min. dämpfen. Dann abkühlen lassen, das Fleisch vorsichtig von den Knochen lösen und ohne Haut in möglichst große, dünne Scheiben schneiden. Die Fleischscheiben auf einen Teller legen.

3 Die Hühnerbrust fein hakken oder durch den Fleischwolf drehen. Mit dem Eiweiß, Salz, Pfeffer, 1 EL Reiswein und der angerührten Maisstärke mischen und rühren, bis die Masse dick wird. Die Masse dünn auf die Hühnerfleischscheiben streichen.

4 Die Walnußkerne in Hälften oder Viertel schneiden. Die Wasserkastanien abtropfen lassen und halbieren oder vierteln. Beides auf der Hühnermasse verteilen und andrücken.

---

5 Den Teller in einen Topf auf eine umgedrehte Tasse stellen und die Fleischscheiben über dem heißen Wasserdampf etwa 10 Min. zugedeckt dämpfen. Dabei ein Küchentuch um den Deckel wickeln, damit kein Wasser auf das Hähnchenfleisch tropft. Danach auf einem Küchentuch abtropfen und abkühlen lassen.

6 Das Öl in einem Wok oder einer Pfanne erhitzen. Die Hühnerfleischmasse trockentupfen, in das Öl geben und etwa 2 Min. fritieren. Herausnehmen, abtropfen lassen und in Quadrate schneiden. Mit der belegten Seite nach oben auf einen Teller legen.

7 Den Salat waschen, trockenschleudern und um die Hühnerquadrate herum anrichten.

Lampion-Huhn im Schweinenetz

Wang You Deng Long Ji

Zutaten für 3–4 Portionen:

1 Hähnchen (etwa 1,5 kg)
Salz
2 EL Reiswein
etwa 125 g Hühnerflügel
20 g Lauch
10 g Ingwerwurzel
2 Eiweiß
10 g Maisstärke + Maisstärke
    zum Wenden des
    Hähnchens
1 EL Pflanzenöl + 500 g Öl zum
    Fritieren
30 g scharfe Bohnenpaste
2 TL Sojasauce
1 l Hühnerbrühe
Salz
200 g Schweinenetz
    (rechtzeitig vorbestellen!)
150 g Blattsalat (Friséesalat)

Zubereitungszeit:
etwa 1 Std.

Bei 4 Portionen pro Portion:
3350 kJ/ 800 kcal

1 Hähnchen innen und außen
gründlich kalt abspülen und

trockentupfen. Mit Salz und
1 EL Reiswein einreiben. Hühnerflügel waschen und einmal
durchschneiden. Lauch und
Ingwer putzen bzw. schälen
und in grobe Scheiben schneiden. Die Eiweiße mit 10 g
Maisstärke gründlich verrühren.

2 1 EL Öl in einem Wok oder
Schmortopf erhitzen. Das
Hähnchen darin rundherum in
etwa 5 Min. anbraten, bis es
leicht gebräunt ist. Dann herausnehmen.

3 Die Hühnerflügel in einen
anderen Wok oder Topf
legen und das Hähnchen darauf
setzen.

4 Die Bohnenpaste im verbliebenen Fett unter Rühren
kurz anbraten. 1 EL Reiswein,
2 TL Sojasauce und 1 l Hühnerbrühe hinzufügen und einmal
aufkochen. Die Flüssigkeit
2 Min. kochen lassen, dann die
festen Teile der Bohnenpaste

mit einem Schaumlöffel herauslösen.

5 Die Flüssigkeit über das
Hähnchen gießen. Es soll
davon bedeckt sein. Gegebenenfalls also noch etwas Brühe
angießen. Die Flüssigkeit zum
Kochen bringen und abschäumen. Salz, Lauch und Ingwer
hinzufügen. Hähnchen zugedeckt bei schwacher bis mittlerer Hitze etwa 35 Min. garen.

6 Das Hähnchen herausnehmen, abkühlen lassen. Dann
vorsichtig von den Knochen
befreien, ohne seine Form zu
zerstören. Dazu das Hähnchen
mit der Brust nach unten auf
ein Brett legen. Das Fleisch
entlang des Rückgrats durchtrennen. Das Gabelbein herausschneiden. Das Fleisch und die
Haut vorsichtig vom Knochengerüst abziehen und mit kleinen
Schnitten ablösen. Das Fleisch
vom säbelförmigen Knochen
nahe des Flügels ablösen, den

Knochen entfernen. Wenn die
Kugelgelenke der Flügel und
Oberschenkel erreicht sind,
diese durchtrennen, so daß
Flügel und Schenkel vom Körper gelöst sind, die Haut aber
möglichst ganz bleibt. Das
Hähnchen wenden und das
Brustfleisch vom Knochen
abschneiden. Dann das Fleisch
vorsichtig von den Flügel- und
den Schenkelknochen schneiden. Das entbeinte Geflügel
wieder in der ursprünglichen
Form zuammensetzen. Die
Hühnerflügel für ein anderes
Gericht, zum Beispiel eine Suppe, verwenden.

7 Das Schweinenetz etwa
5 Min. in lauwarmem Wasser einweichen, dann vorsichtig
herausnehmen und auf einem
feuchten Küchentuch ausbreiten. Die Oberfläche mit Eiweißmischung bestreichen. Das
Hähnchen auf das Netz legen
und darin einwickeln. Die Enden mit Eiweißmischung fest

In Reiswein geschmorte Ente

Huang Jiu Wei Ya

kleben. Das eingewickelte Hähnchen in Maisstärke wenden. Es soll davon überzogen sein.

8 500 g Öl in einem Topf oder einem Wok erhitzen. Das Hähnchen hineingeben und bei mittlerer Hitze etwa 10 Min. fritieren, bis es schön gebräunt ist.

9 Das Hähnchen herausnehmen und auf Küchenkrepp abtropfen lassen. Das Schweinenetz ablösen und in Stücke schneiden. Das Hähnchen ebenfalls in Stücke schneiden. Beides auf einer Platte anrichten. Den Salat waschen und daneben anordnen.

Tips

Das Hähnchen schmeckt knusprig, zart und etwas scharf. Dazu paßt Bier besonders gut. Das Öl sollte beim Fritieren nicht zu heiß werden, damit die Stärke nicht verbrennt.

Zutaten für 6–8 Portionen:

1 Ente (etwa 2 kg)
750 ml Reiswein aus Shaoxing
250 g Hühnerflügel
30 g Lauch
20 g Ingwerwurzel
2 EL Pflanzenöl
1½ l Hühnerbrühe
40 g getrocknete Krabben
Salz
1 EL Zucker
je 50 g Gurken und Möhren
1 TL Maisstärke, in 1 TL
    Wasser angerührt
Zum Garnieren: 1 Tomate
1 Stück Gurkenschale

Zubereitungszeit:
etwa 2¾ Std.

Bei 8 Portionen pro Portion:
    1920 kJ/460 kcal

1 Die Ente kalt abspülen und trockentupfen. Mit 100 ml Reiswein bestreichen. Hühnerflügel waschen und in Stücke schneiden. Lauch und Ingwer in Scheiben schneiden.

2 1 EL Öl in einem großen Schmortopf erhitzen. Die Ente bei starker bis mittlerer Hitze anbraten, bis sie gebräunt ist. Das dauert 10–15 Min. Herausnehmen und die Hühnerflügel im Fett anbraten, ebenfalls herausnehmen, das ausgebratene Fett abgießen.

3 Die Hühnerflügel wieder in den Schmortopf geben, die Ente darauf setzen. Mit 650 ml Reiswein und 1½ l Hühnerbrühe begießen. Die Krabben kalt waschen und mit dem Lauch, dem Ingwer und etwa 1 TL Salz zu der Ente geben.

4 1 EL Öl in einem Topf erhitzen. 1 EL Zucker dazugeben und unter Rühren schmelzen und karamelfarben werden lassen. 50 ml Wasser hinzugeben, den Zucker darin auflösen und zur Ente geben.

5 Die Flüssigkeit aufkochen und die Ente darin zuge-

deckt bei schwacher Hitze etwa 1 Std. 40 Min. schmoren. Dabei den Deckel möglichst nicht abheben, damit das Aroma gut erhalten bleibt.

6 Kurz vor Ende der Garzeit Gurke waschen, Möhren putzen und schälen. Gurke längs halbieren und entkernen, dann beides in etwa 2 x 2 cm große Rhomben schneiden.

7 Die gegarte Ente aus der Flüssigkeit nehmen, auf einen Teller legen und im Backofen bei 50° warm halten.

8 Von der Garflüssigkeit ¼ l bis ½ l in einen Topf geben und zum Kochen bringen. Gemüse hinzufügen und einmal aufkochen. Maisstärke untermischen und die Sauce damit binden. Die Sauce über die Ente gießen. Tomate vierteln, entkernen, die Gurkenschale in Rauten schneiden. Die Ente damit dekorieren.

Geschmorte Haifischflossen

Huang Shao Yu Chi

Zutaten für 5 Portionen:

100 g getrocknete zerkleinerte
   Haifischflossen
30 g Lauch
20 g Ingwerwurzel
1 kleines Hähnchen (etwa 1 kg)
250 g Schweinerippchen
50 ml Reiswein
Salz, Pfeffer
500 g Wurzelspinat

Zubereitungszeit:
etwa 5 Std.

Pro Portion: 610 kJ/ 150 kcal

Tips

Haifischflossen sind in China
eine ganz besondere und auch
kostspielige Spezialität, die
inzwischen auch bei uns viele
Freunde hat.
Es sind die vitamin- und nähr-
stoffreichen Flossen des
Katzenhais und anderer ost-
asiatischer Haifischarten. Sie
werden getrocknet und sehen
wie gräuliche, harte Tafeln aus.
Da das Putzen sehr aufwendig
ist, werden Haifischflossen
inzwischen bereits gesäubert
und nudelig geschnitten angeboten.
Sie sollten sie im Asien-Laden
vorbestellen, da sie nicht immer vorrätig sind.

1 Die Haifischflossen in eine
Schüssel geben, mit hei-
ßem Wasser bedecken und
etwa 4 Stunden quellen lassen.
Die Haifischflossen danach
mehrmals gründlich waschen.

2 Die Haifischflossen dann in
reichlich kochendem Was-
ser 5 Min. kochen. Dann abtropfen lassen und in ein Tuch
wickeln.

3 Den Lauch und den Ingwer
putzen bzw. schälen und in
grobe Scheiben schneiden.

4 Das Hähnchen innen und
außen gründlich kalt abspülen. Dann in 10 Stücke zerteilen. Die Schweinerippchen
ebenfalls zerteilen. Die Häh-
chen- und die Schweineripp-
chenstücke 5 Min. in sprudeln-
dem Wasser kochen, dann kalt
abspülen.

5 Die Hälfte des Hühnerfleisches in einen Wok oder einen Topf geben. Mit den Haifischflossen, den übrigen Hühnerstücken und den Schweinerippchen belegen. So viel Wasser angießen, daß die Zutaten davon bedeckt sind. Aufkochen und abschäumen.

6 Reiswein, Salz, Pfeffer, Lauch und Ingwer hinzufügen und alles bei schwacher Hitze zugedeckt etwa 4 Std. schmoren.

7 Den Spinat mehrmals gründlich in stehendem kaltem Wasser waschen. Dann in kochendem Wasser etwa 1 Min. blanchieren, kalt abschrecken und am Rand eines Tellers ausbreiten.

8 Die geschmorten Haifischflossen aus dem Sud nehmen und ordentlich auf dem Spinat anrichten. Einen Teil der Garflüssigkeit in einen anderen Wok sieben, etwas einkochen lassen und über die Haifischflossen gießen.

Gedünstete Scampi

You Men Dui Xia

Zutaten für 2–3 Portionen:

10 getrocknete Tongku-Pilze
    (Shiitake)
20 g Lauch
20 g Ingwerwurzel
10 Scampi mit Kopf
50 g Pflanzenöl
1 EL Tomatenketchup
1 EL Reiswein
Salz, Pfeffer
50 ml Hühnerbrühe

Zubereitungszeit:
etwa 30 Min.

Bei 3 Portionen pro Portion:
    1305 kJ/ 310 kcal

1 Die Pilze in einer Schüssel
   mit warmem Wasser
bedecken und 10 Min. einweichen. Dann waschen und
abtropfen lassen. Die dicken
Stiele gegebenenfalls entfernen. Lauch und Ingwer putzen
bzw. schälen und in Scheiben
schneiden.

2 Scampi waschen, Fühler
   abschneiden. Scampi am
Schwanz aufschneiden und den
Darm entlang des Rückens
entfernen.

3 Den Wok oder eine Pfanne
   erhitzen. 50 g Öl hineingeben. Die Scampi hinzufügen
und bei mittlerer Hitze auf beiden Seiten insgesamt etwa
4 Min. braten, bis die Panzer
schön rot werden.

4 1 EL Tomatenketchup, Pilze,
   1 EL Reiswein, Salz, Pfeffer,
Lauch und Ingwer hinzufügen
und kurz anbraten. Dann Hühnerbrühe angießen und alles
etwa 2 Min. garen, bis die Brühe dickflüssig wird.

5 Scampi herausnehmen und
   mit den Köpfen nach innen
zeigend auf einen großen runden Teller legen. Pilze in die
Mitte geben. Lauch und Ingwer
aus der Sauce fischen. Sauce
eventuell noch etwas einko-

chen lassen, dann über die
Scampi gießen.

Tip

Das Gericht hat eine leuchtend
rote Farbe und riecht köstlich.
Es ist eine Delikatesse für ein
Festessen. Die Scampi sollten
Sie nicht länger garen, sonst
bleiben sie nicht zart.

Jade-Scampi

Fei Cui Xia Ren

Zutaten für 2–3 Portionen:

100 g Erbsen (frisch enthülst
    oder tiefgefroren)
200 g Scampi (geschält
    gewogen)
Salz, Pfeffer
1 EL Reiswein
2 Eiweiß
1 TL Maisstärke + 1 TL
    Maisstärke, in 1 EL Wasser
    angerührt
1 EL Hühnerbrühe oder Wasser
250 g Pflanzenöl

Zubereitungszeit:
etwa 30 Min.

Pro Portion: 1465 kJ/ 350 kcal

1 Die Erbsen in sprudelnd
   kochendem Wasser etwa
2 Min. kochen, dann kalt abschrecken und abtropfen lassen.

2 Die Scampi der Länge nach
   halbieren und in etwa
1½ cm lange Stücke schneiden. Das Scampifleisch mit je

Schneeflocken-Fischmus

Xue Hua Yu Nao

1 Prise Salz und Pfeffer sowie ½ EL Reiswein mischen und 10 Min. marinieren.

3 Die Eiweiße mit 1 TL Maisstärke verrühren. Die Masse soll nicht zuviel Stärke enthalten, damit sie das Scampifleisch nur so leicht überzieht, daß man es noch sieht. Das Scampifleisch untermischen.

4 Salz, Pfeffer, ½ EL Reiswein, die aufgelöste Maisstärke und 1 EL Hühnerbrühe vermischen.

5 Den Wok oder eine Pfanne erhitzen. Das Öl hineingeben und heiß werden lassen. Es ist heiß genug, wenn an einem Kochlöffelstiel, den Sie in das Fett tauchen, kleine Bläschen aufsteigen.

6 Die Scampistücke aus der Eimasse fischen und ins Öl geben. Die Scampi etwa 1 Min. braten, dann herausnehmen.

Die Erbsen ins Öl geben, etwa ½ Min. fritieren und ebenfalls wieder herausnehmen.

7 Das Öl bis auf einen dünnen Film aus dem Wok oder der Pfanne gießen. Die Scampi, die Erbsen und die Sauce hineingeben und noch einmal etwa ½ Min. braten. Dann sofort servieren.

Zutaten für 2–3 Portionen:
150 g beliebiges Fischfilet
Salz, Pfeffer
1 EL Reiswein
½ EL Maisstärke, in ½ EL Wasser angerührt
5 Eiweiß
30 g gekochter Schinken
3 EL Pflanzenöl

Zubereitungszeit:
etwa 20 Min.

Bei 3 Portionen pro Portion:
1025 kJ/ 245 kcal

1 Fischfilet mit einer Pinzette von allen Gräten befreien, dann auf einem Brett mit dem Hackmesser oder einem großen schweren Messer sehr fein hacken.

2 Das gehackte Fischfleisch in eine Schüssel geben, mit 50 ml Wasser, Salz, Pfeffer, 1 EL Reiswein und der angerührten Maisstärke verrühren.

3 Eiweiße in eine andere Schüssel geben und mit eisernen Eßstäbchen oder dem Schneebesen verrühren, bis sich Schaum bildet. Nicht länger rühren, denn das Eiweiß soll nicht steif werden. Die Fischmasse unterrühren. Schinken klein würfeln.

4 Den Wok oder eine Pfanne erhitzen. Erst mit Öl ausstreichen, dann das restliche Öl angießen. Fischmasse hineingeben und bei mittlerer Hitze unter ständigem Rühren etwa 2 Min. braten, bis die Masse schneeweiß ist. Das Fischmus in einen Teller geben, mit dem Schinken bestreut servieren.

Tips

Die Hitze beim Garen sollte nicht zu stark sein, damit das Fischmus nicht verbrennt. Als eßbare Garnitur eignen sich hauchfein geschnittene Möhren und Paprikaschoten.

Geschmorte Fischstücke mit Lauch

Cong Shao Wa Kuai Yu

Zutaten für 4 Portionen:

*1 Fisch von etwa 750 g
(Seebarsch, Flußbarsch oder
Brasse)
100 g Lauch
5–6 EL Pflanzenöl
1 EL Sojasauce
1 EL Reiswein
200 ml Hühnerbrühe
Salz, Pfeffer
1 TL Maisstärke, mit 1 TL
Wasser angerührt*

*Zubereitungszeit:
etwa 35 Min.*

Pro Portion: 490 kJ/ 120 kcal

1 Den Fisch waschen, von
Kopf und Schwanz befreien
und quer in etwa 3 cm breite
Stücke schneiden. Nach
Wunsch das Rückgrat entfernen. Lauch putzen, waschen
und längs in Streifen schneiden. Die Streifen in etwa 4 cm
lange Stücke schneiden.

2 Einen Wok oder eine Pfanne erhitzen, Öl hineingeben.
Fischstücke hinzufügen und
von allen Seiten anbraten. Dann
wieder herausnehmen und
warm halten.

3 Lauch im verbliebenen Fett
unter Rühren braten, bis er
würzig duftet. 1 EL Sojasauce,
1 EL Reiswein und die Hühnerbrühe angießen. Sauce mit Salz
und Pfeffer würzen und zugedeckt bei schwacher Hitze
etwa 10 Min. garen.

4 Sauce mit der angerührten
Maisstärke mischen und
noch einmal aufkochen. Wenn
die Sauce leicht gebunden ist,
die Fischstücke hineingeben
und kurz darin ziehen lassen.

Geschmorte Fischstreifen

Hui Yu Si

Zutaten für 2 Portionen:

200 g beliebiges Fischfilet
Salz
1 Eiweiß
30 g Maisstärke
100 g Gurken und Möhren
    zusammen
2–3 EL Pflanzenöl
200 ml Hühnerbrühe
1 EL Reiswein
Salz, Pfeffer

Zubereitungszeit:
etwa 30 Min.

Pro Portion: 1100 kJ/ 260 kcal

1 Fischfilet kalt abspülen und trockentupfen. Dann in etwa 3 cm lange, sehr dünne Streifen schneiden und mit Salz würzen.

2 Eiweiß mit der Maisstärke verquirlen und unter die Fischstreifen rühren.

3 Gurken und Möhren waschen bzw. schälen und wie den Fisch in 3 cm lange und sehr feine Streifen schneiden.

4 Einen Wok oder eine Pfanne erhitzen. Öl hineingeben. Fischstreifen darin unter Rühren etwa 1 Min. braten. Gurken und Möhren dazugeben und alles unter Rühren noch einmal etwa 1 Min. garen.

5 Hühnerbrühe, 1 EL Reiswein, Salz und Pfeffer dazugeben und zum Kochen bringen. Die Sauce soll leicht dickflüssig werden. Das Gericht servieren.

Gewürze

Bei einigen Gerichten mag es auffallen, daß sie wenig Gewürze enthalten. Das liegt daran, daß in der chinesischen Küche das Eigenaroma der Zutaten vorherrschen soll.
Dennoch fehlen in China selten verschiedene Saucen auf dem Tisch, mit denen man die Gerichte beliebig nachwürzen kann. In Nordchina bevorzugt man Reisessig und Sojasauce, in anderen Regionen auch Chiliöl und Chilisauce. Trauen Sie sich also, mit den verschiedensten Saucen zu experimentieren. Alle Saucen und Öle können Sie in Asien-Läden, teilweise auch in gut sortierten Supermärkten, kaufen. Die Zubereitungsarten einiger Saucen finden Sie auch auf Seite 48 bei den Grundrezepten.

Gebratene Fischschnitzel

Xian Liu Yu Si

Zutaten für 2 Portionen:

200 g Fischfilet (z.B. Kabeljau,
  Scholle oder Barsch)
Salz, Pfeffer
2–3 EL Reiswein
2 Eiweiß
10 g Maisstärke + 1 TL Maisstärke, in 1 EL Wasser
  angerührt
je ½ grüne und rote Paprika
250 g Pflanzenöl

Zubereitungszeit:
etwa 30 Min.

Pro Portion: 1480 kJ/ 355 kcal

1 Fischfilets eventuell mit
einer Pinzette von den Gräten befreien, dann in 5 cm
lange, feine Streifen schneiden.
Streifen mit Salz, Pfeffer und
etwas Reiswein mischen.

2 Eiweiße mit einer Gabel
verquirlen, dann 10 g Maisstärke gründlich unterschlagen.

3 Paprika putzen, waschen
und in sehr feine Streifen
schneiden.

4 Restlichen Reiswein mit der
aufgelösten Maisstärke,
Salz und Pfeffer verrühren.

5 Öl im Wok oder in einer
Pfanne erhitzen. Fisch-
streifen hineingeben und unter
leichtem Rühren etwa 2 Min.
braten. Paprikastreifen hinzufügen und 1 Min. mitgaren. Fisch
und Gemüse herausnehmen
und gründlich abtropfen lassen.

6 Fett bis auf einen dünnen
Film ausgießen. Fischfleisch
wieder hineingeben. Marinade
dazugeben und unter Rühren
etwa 1 Min. braten. Gemüse
untermischen und das Gericht
servieren.

Tip
Das Öl sollte beim Garen nicht
zu heiß werden, damit die
Fischstreifen saftig bleiben.

Geschmorter Mandarinfisc

Gan Shao Gui Yu

Zutaten für 3–4 Portionen:

1 Fluß- oder Seebarsch von
  etwa 600 g
100 g durchwachsener Speck
20 g Ingwerwurzel
4 Knoblauchzehen
20 g Lauch
3–4 EL Pflanzenöl
30 g scharfe Bohnenpaste
1 EL Reiswein
1 TL Sojasauce
350 ml Hühnerbrühe
1 TL Zucker, Salz
1 TL heller chinesischer
  Reisessig

Zubereitungszeit:
etwa 30 Min.

Bei 4 Portionen pro Portion:
  1505 kJ/ 360 kcal

1 Fisch waschen und abtrocknen. Fischfleisch auf beiden
Seiten mit einem scharfen
Messer bis zu den Gräten hin
kreuzweise einschneiden.
Speck eventuell von den Knor-
peln befreien, dann in ½ cm

große Würfel schneiden. Ingwer und Knoblauch schälen und
kleinwürfeln. Lauch putzen,
waschen und in 1 cm lange
Streifen schneiden.

2 Einen Wok oder eine Pfanne erhitzen. Öl hineingeben.
Fisch darin auf beiden Seiten je
1 Min. anbraten. Dann wieder
herausnehmen.

3 Speck ins Bratfett geben
und unter Rühren braten,
bis er knusprig ist. Bohnenpaste, Ingwer und Knoblauch
untermischen und braten, bis
ein würziger Duft ausströmt.

4 1 EL Reiswein und 1 TL
Sojasauce untermischen.
Brühe, 1 TL Zucker und Salz
zugeben. Fisch in die Brühe
legen und zum Kochen bringen.
Dann zugedeckt bei schwacher
Hitze etwa 8 Min. garen. Dabei
nach der Hälfte der Zeit den
Fisch vorsichtig wenden.

Fischkuchen mit Jakobsmuscheln

Yao Zhu Yu Gao

5 Den Fisch aus der Garflüssigkeit nehmen und auf einen Teller geben. Den Lauch in die Brühe legen. Die Brühe bei starker Hitze etwas einkochen lassen, bis sie leicht dickflüssig wird. Die Sauce mit Essig abschmecken und über den Fisch gießen.

Tip

Das Fischfleisch ist zart und die Sauce aromatisch. Dazu paßt Reis und Bier.

Zutaten für 2–3 Portionen:

4 ausgelöste Jakobsmuscheln
200 g weißfleischige Fischfilets
* (z.B. Scholle)*
Salz, Pfeffer
2 Eiweiß
1 EL Pflanzenöl + Öl zum
* Bestreichen einer Platte*
1 TL Reiswein
1 EL Maisstärke, in 2 EL
* Wasser angerührt*
1/8 l Hühnerbrühe

Zubereitungszeit:
etwa 1 Std.

Bei 3 Portionen pro Portion:
* 600 kJ/ 145 kcal*

1 Die Jakobsmuscheln gegebenenfalls putzen, dann waschen und trockentupfen.

2 Fischfilets mit einer Pinzette von allen Gräten befreien, kalt abspülen und trockentupfen. Dann mit einem großen, schweren Messer oder einem Hackmesser sehr fein hacken.

3 Fischmasse mit 20 ml kaltem Wasser und Salz in einer Richtung rühren, bis die Masse leicht dicklich wird. Eiweiße, Öl, Reiswein, Pfeffer und 1 EL aufgelöste Maisstärke untermischen. Nochmals in einer Richtung rühren, bis die Masse dicklich ist.

4 Fischmasse etwa 1 1/2 cm dick auf eine feuerfeste, mit Öl bestrichene Platte geben. Platte in den Dämpfeinsatz oder auf eine umgedrehte Tasse in den Topf stellen. Einige Eßlöffel Wasser angießen und erhitzen. Die Fischmasse zugedeckt etwa 10 Min. dämpfen.

5 Fischmasse dann herausnehmen und in 2 cm große, rhombenförmige Stücke schneiden. Stücke ordentlich auf einem Teller anrichten.

Dabei zwischen den Stücken Platz lassen.

6 Hühnerbrühe in einem Wok oder einem Topf zum Kochen bringen. Mit Salz und Pfeffer abschmecken und mit der restlichen angerührten Maisstärke binden. Die Jakobsmuscheln in die Brühe geben und 1/2 Min. darin ziehen lassen. Herausnehmen und auf dem Teller anrichten. Die Sauce über die Fischstücke und die Jakobsmuscheln gießen.

Tips

Eine erfrischendes, leicht bekömmliches Gericht. Dazu paßt Reis.
Das Fischfleisch sollten Sie nicht länger als 10 Min. dämpfen, damit es saftig bleibt.

Gedämpfte Hefeteigbrötchen mit vegetarischer Füllung

Su Shi Jin Zheng Bao

Zutaten für 5 Portionen:

250 g Mehl + 50 g Mehl für die
Arbeitsfläche
½ Päckchen Trockenhefe
50 g getrocknete Glasnudeln
5 getrocknete Tongku-Pilze
(Shiitake)
50 g Bambussprossen
1 Ei
1 EL Pflanzenöl
30 g Lauch
1 EL Sesamöl
1 TL Reiswein
Salz, Pfeffer

Zubereitungszeit:
etwa 1 Std.

Pro Portion: 1100 kJ/ 260 kcal

1 Das Mehl in eine Schüssel
geben. Hefe in 125 ml lauwarmem Wasser anrühren,
dann unter das Mehl mischen.
Den Teig kneten, bis er glatt
und elastisch ist und nicht mehr
an den Fingern klebt. Teig mit
einem feuchten Tuch bedecken
und ruhen lassen.

2 Glasnudeln und Pilze getrennt mit heißem Wasser
übergießen und etwa 10 Min.
quellen lassen. Dann abtropfen
und kleinschneiden. Die
Bambussprossen ebenfalls fein
zerkleinern.

3 Ei verquirlen. Pflanzenöl im
Wok oder in einer Pfanne
erhitzen. Ei darin unter Rühren
nur so lange braten, bis es
gestockt ist. Dann herausnehmen und in eine Schüssel geben.

4 Lauch putzen, waschen und
fein hacken. Mit zerkleinerten Glasnudeln, Pilzen und
Bambussprossen zum Ei ge-
ben. Alles mit 1 EL Sesamöl,
1 TL Reiswein, Salz und Pfeffer
würzen.

5 Den Teig noch einmal
durchkneten, dann auf ei-
nem mit 50 g Mehl bestäubten
Brett zu einer Rolle von etwa
2 cm Durchmesser formen. Die

Rolle in 10 gleich große Stücke
schneiden.

6 Die Teigstücke zu runden
Teigplättchen von etwa
8 cm Durchmesser ausrollen.
Die Plättchen in eine Hand
nehmen und etwas Füllung in
der Mitte verteilen. Den Teigrand hochziehen und über der
Füllung zusammendrehen. Die
Ränder zusammendrücken.

7 Einen Bambusdämpfer oder
einen Siebeinsatz mit einem
feuchten Tuch auslegen. Die
Teigtäschen darauf geben und
in einen Wok oder einen Topf
stellen. Etwa 2 cm hoch Wasser angießen und die Hefebrötchen zugedeckt bei starker
Hitze etwa 10 Min. dämpfen.

Tip

Dazu schmeckt eine süßsaure
Sauce oder Chilisauce.

Gedämpfte Hefeteigbrötchen mit Bohnenpaste

Dou Sha Xiao Long Zheng Bao

Zutaten für 5 Portionen:

250 g Mehl + 50 g Mehl für die
    Arbeitsfläche
½ Päckchen Trockenhefe
200 g süße Bohnenpaste

Zubereitungszeit:
etwa 35 Min.

Pro Portion: 1200 kJ/ 290 kcal

1 Das Mehl in eine Schüssel
geben. Hefe in 125 ml lauwarmem Wasser anrühren,
dann unter das Mehl mischen.
Den Teig kneten, bis er glatt
und elastisch ist und nicht mehr
an den Fingern klebt. Teig mit
einem feuchten Tuch bedecken
und etwa 15 Min. ruhen lassen.

2 Den Teig noch einmal
durchkneten, dann auf ei-
nem mit 50 g Mehl bestäubten
Brett zu einer Rolle von etwa
2 cm Durchmesser formen. Die
Rolle in 10 gleich große Stücke
schneiden.

3 Die Teigstücke zu runden
Teigplättchen von etwa
8 cm Durchmesser ausrollen.
Die Plättchen in eine Hand
nehmen und etwas Bohnen-
paste in der Mitte verteilen.
Den Teigrand hochziehen und
über der Füllung zusammendrehen. Die Ränder oben gut
zusammendrücken.

4 Einen Bambusdämpfer oder
einen Siebeinsatz mit einem
feuchten Tuch auslegen. Die
Teigtaschen darauf geben und
in einen Wok oder einen Topf
stellen. Etwa 2 cm hoch Wasser in den Topf gießen und die
Hefebrötchen etwa 10 Min.
dämpfen.

Tip

Diese Hefeteigbrötchen ißt
man in China zu allen Gelegen-
heiten: zum Frühstück, als
kleinen Imbiß oder auch als
Nachtisch bei einem Bankett.

Süße Bohnenpaste

können Sie auch selbst herstellen. Dazu 200 g kleine rote
Bohnen über Nacht in Wasser
einweichen. Dann mit ⅛ l frischem Wasser und 50 g Zucker
in einem Topf zum Kochen
bringen und bei schwacher
Hitze zugedeckt garen, bis sie
sehr weich sind. Dabei, falls
nötig, noch Wasser angießen.
Die gegarten Bohnen abtropfen
lassen und durch ein Sieb streichen.

Deftige Pfannkuchen

Jia Chang Bing

Zutaten für 5 Portionen:

500 g Weizenmehl
50 g Pflanzenöl
1 TL Salz
2 EL Sesamsamen

Zubereitungszeit:
etwa 50 Min.

Pro Portion: 1890 kJ/ 450 kcal

1 450 g Mehl mit 200 ml lauwarmem Wasser verkneten, bis der Teig glatt und glänzend ist und nicht mehr an den Fingern klebt. Mit einem feuchten Tuch abdecken und 30 Min. ruhen lassen.

2 50 g Mehl auf die Arbeitsfläche streuen. Teig noch einmal gut durchkneten, dann auf dem Mehl zu einer großen, dünnen Platte ausrollen.

3 Die Platte mit etwas Öl bepinseln und mit 1 TL Salz und 2 EL Sesamsamen bestreuen. Die Teigplatte auf-rollen. Die Rolle in 5 Stücke schneiden. Die Stücke in je 20 cm lange Streifen rollen.

4 Den Streifen jeweils an einem Ende gut festhalten. Vom anderen Ende her zu einer Spirale winden. Die Teigspirale vorsichtig zusammendrücken und zu runden Teigschnecken von etwa 25 mm Dicke aus-rollen.

5 Eine Pfanne bei schwacher Hitze erwärmen. Die Teig-kuchen darin nacheinander in dem restlichen Öl bei mittlerer Hitze etwa 2 Min. backen, bis sie goldgelb sind. Dann wen-den und weitere 2 Min. backen. Die gebackenen Teigkuchen immer im Backofen bei 50° warm halten. Beim Essen nimmt man den Pfannkuchen und schüttelt ihn leicht. Da-durch werden die einzelnen Schichten voneinandergelöst und der Kuchen strömt einen feinen Duft aus.

Pekinger Teigtaschen

Bei Jing Rou Bing

Zutaten für 5 Portionen:

500 g Weizenmehl
200 g Schweinefilet
100 g Rinderfilet
20 g Ingwerwurzel
1 EL Reiswein
1 TL Sojasauce
Salz
1 EL Sesamöl
100 g Lauch
50 g Pflanzenöl

Zubereitungszeit:
etwa 1 1/4 Std.

Pro Portion: 2300 kJ/ 550 kcal

1 450 g Mehl mit 200 ml lauwarmem Wasser ver-kneten, bis der Teig glatt und glänzend ist und nicht mehr an den Fingern klebt. Teig mit einem feuchten Tuch bedecken und etwa 30 Min. ruhen lassen.

2 Schweine- und Rinderfilet fein hacken oder durch den Fleischwolf drehen. Ingwer schälen und fein hacken.

3 Fleisch mit Ingwer, 2 EL Wasser, 1 EL Reiswein, 1 TL Sojasauce, Salz und 1 EL Sesamöl in eine Schüssel ge-ben und durchrühren, bis eine homogene Masse entstanden ist. Den Lauch putzen, wa-schen und fein hacken, dann unter die Fleischmasse mi-schen.

4 50 g Mehl auf die Arbeits-fläche streuen. Den Teig zu einer etwa 30 cm langen Rolle formen und in 10 Stücke schneiden. Jedes Stück mit einem kleinen Rollholz mög-lichst rund ausrollen.

5 Hackfleischmasse auf die Teigplättchen verteilen. Die Teigscheibe mit einer zweiten Scheibe abdecken und die Ränder gut zusammendrücken.

6 Etwas Öl in einer Pfanne erhitzen. Die Teigtaschen darin bei mittlerer Hitze 3–4 Min. braten, bis sie gold-

Spinat-Nudeln mit Garnelenfleisch

Xia Ren Qing Bo Mian

gelb sind. Dann wenden und noch einmal 3–4 Min. braten. Die Teigtaschen mit dem übrigen Öl beträufeln und servieren.

Tip

Wenn von dem Teig etwas übrig bleibt, können Sie ihn dünn ausrollen, mit feingehacktem Ingwer und Lauch bestreuen, zusammenklappen und nochmals dünn ausrollen. Dann wie die Pfannkuchen im ersten Rezept in der Pfanne backen.

Zutaten für 5 Portionen:

500 g zarter Spinat
550 g Mehl
150 g rohe geschälte Garnelen
Salz, Pfeffer
1 Eiweiß
10 g Maisstärke
¼ l Hühnerbrühe
1 EL Sesamöl

Zubereitungszeit:
etwa 1½ Std.

Pro Portion: 1695 kJ/ 405 kcal

1 Den Spinat verlesen und gründlich waschen. Dann in kochendem Wasser 1 Min. blanchieren.

2 Den Spinat abgießen, auf ein Küchenbrett geben und fein hacken. Den Spinat in ein Tuch geben und kräftig ausdrücken. Den Spinatsaft dabei auffangen. Das Spinatpüree noch einmal hacken und auspressen.

3 500 g Mehl mit etwa 220 ml Spinatsaft verkneten, bis der Teig glänzend und glatt ist, aber nicht mehr an den Fingern klebt. Wenn der Spinatsaft nicht reicht, noch etwas Wasser unterkneten. Den Teig mit einem Tuch bedeckt 30 Min. ruhen lassen.

4 50 g Mehl auf die Arbeitsfläche streuen. Den Teig noch einmal durchkneten, dann auf dem Mehl mit dem Nudelholz zu einer sehr dünnen, großen Platte ausrollen. Der Teig soll sehr dünn sein, darf aber nicht reißen.

5 Den Teig zur Mitte hin so oft zusammenfalten, bis ein etwa 4 cm breiter Streifen entsteht. Dabei jeweils etwas Mehl zwischen die Schichten streuen. Den Streifen dann mit einem scharfen Messer in sehr dünne Nudeln schneiden.

6 Die Garnelen mit Salz, 1 Eiweiß und 10 g Maisstärke verrühren.

7 Reichlich Wasser zum Kochen bringen und die Nudeln darin 3 Min. kochen. Dann abtropfen lassen und auf 5 Eßschalen verteilen.

8 Erneut ½ l Wasser zum Kochen bringen. Das Garnelenfleisch hineingeben, kurz umrühren und sofort wieder mit einem Schaumlöffel herausfischen und auf die Nudeln geben.

9 Die Hühnerbrühe erhitzen, mit Salz und Pfeffer würzen und neben die Nudeln gießen. Das Sesamöl darüber träufeln und die Nudeln servieren.

Tip

In China werden die Nudeln sowohl zum Frühstück als auch zur Hauptmahlzeit serviert.

Hühnersuppe mit Pilzen

Xiang Gu Qing Dun Ji

Zutaten für 7 Portionen:

1 Hähnchen von etwa 1,5 kg
25 g Lauch
15 g Ingwerwurzel
2 EL Reiswein
30 g getrocknete Tongku-Pilze
 (Shiitake)
Salz, Pfeffer

Zubereitungszeit:
etwa 1 Std.

Pro Portion: 995 kJ/ 240 kcal

1 Das Hähnchen innen und außen kalt abspülen und in einen großen Topf geben. Etwa 2½ l Wasser hinzufügen und zum Kochen bringen. Das Hähnchen soll von Wasser bedeckt sein.

2 Inzwischen Lauch und Ingwer putzen und in Scheiben schneiden. Tongku-Pilze etwa 10 Min. in lauwarmem Wasser einweichen.

3 Brühe abschäumen. Lauch, Ingwer und 2 EL Reiswein in die Brühe geben. Hähnchen bei schwacher Hitze etwa 40 Min. köcheln lassen. Nach 10 Min. die Pilze abtropfen lassen und dazugeben.

4 Das Hähnchen herausnehmen, in Stücke teilen und in eine Schüssel geben. Die Pilze darauf verteilen.

5 Brühe durchsieben und mit Salz und Pfeffer würzen. Einen Teil davon über das Huhn geben und servieren.

Tip
Dieses Gericht ist gut geeignet zur »Ernüchterung« nach zuviel Alkoholgenuß.

Variante
Sie können das Huhn auch als Hauptgericht servieren. Dann weniger Brühe verwenden und Reis dazu reichen.

Rettichsuppe mit Fleisch

Luo Bo Lian Gua Tang

Zutaten für 6 Portionen:

300 g Schweinebauchfleisch
 mit Schwarte, ohne Knochen
200 g Hühnerflügel oder
 Hühnerklein
1½ l Hühnerbrühe
300 g weißer Rettich
20 g Ingwerwurzel
5 Sichuan-Pfefferkörner
1 EL Pflanzenöl
1 EL Reiswein
Salz, Pfeffer

Zubereitungszeit:
etwa 40 Min.

Pro Portion: 1010 kJ/ 240 kcal

1 Das Schweinefleisch und die Hühnerflügel oder das Hühnerklein waschen. Beides mit der Brühe in einen Topf oder den Wok geben und zum Kochen bringen. Die Brühe abschäumen, dann das Fleisch bei schwacher Hitze etwa 20 Min. köcheln lassen. Es ist gar, wenn kein Blut mehr austritt.

2 Schweinefleisch aus der Brühe nehmen, abkühlen lassen, dann in 5 cm lange und 2 cm breite, dünne Scheiben schneiden. Die Brühe durchsieben. Die Hühnerflügel für ein anderes Gericht verwenden.

3 Die Rettiche schälen und in ebenso große Scheiben wie das Fleisch schneiden. Ingwerwurzel schälen und in dünne Scheiben schneiden. Die Pfefferkörner im Mörser zerstoßen.

4 Einen Wok oder einen Topf erhitzen. Öl darin erwärmen. Pfefferkörner und Ingwer hineingeben und kurz anbraten. 1 EL Reiswein, die Brühe und den Rettich dazugeben. Fleischscheiben einlegen und die Brühe zum Kochen bringen. Alles 4 Min. köcheln lassen, dann mit Salz und Pfeffer würzen und servieren.

Hühnersuppe mit Spinat

Ji Meng Shi Cai

Zutaten für 4 Portionen:

100 g entbeinte Hühnerbrust
Salz, Pfeffer
1 Eiweiß
1 TL Maisstärke, in 1 TL
*   Wasser angerührt*
20 Spinatstauden
*   (Wurzelspinat)*
1 l Hühnerbrühe

Zubereitungszeit:
etwa 40 Min.

Pro Portion: 375 kJ/ 90 kcal

1 Das Hähnchenfleisch kalt abspülen, trockentupfen und mit einem schweren Küchenmesser oder einem Hackmesser fein hacken.

2 Hähnchenfleisch in einer Schüssel mit 1 EL Wasser und Salz verrühren, bis die Masse dicklich wird. Das Eiweiß und die aufgelöste Speisestärke untermischen und alles gründlich verrühren, bis die Masse schön dickflüssig ist.

3 Den Spinat mehrmals in stehendem kaltem Wasser waschen. Die Wurzelenden nicht abschneiden.

4 In einem Topf oder Wok 1½ l Wasser zum Kochen bringen.

5 Die Spinatstauden in der Hühnermasse wenden, so daß etwa zwei Drittel davon mit der Hühnermasse bedeckt sind. Die Stauden sollen nicht ganz davon bedeckt sein, damit der Farbkontrast bleibt.

6 Die Spinatstauden in das kochende Wasser gleiten lassen und etwa 2 Min. darin garen.

7 Herausnehmen und in eine Schüssel geben. Hühnerbrühe mit Salz und Pfeffer abschmecken, aufkochen und über das Gemüse gießen.

Leberkäse-Suppe

Gan Gao Tang

Zutaten für 4 Portionen:

300 g frische Schweineleber
3 Eiweiß
Salz, Pfeffer
1 TL Maisstärke, in 1 TL
    Wasser angerührt
¾ l Hühnerbrühe
einige Petersilienblätter

Zubereitungszeit:
etwa 40 Min.

Pro Portion: 275 kJ/ 65 kcal

1 Schweineleber auf ein
Brett geben und mit dem
Küchenbeil oder einem scharfen Messer sehr fein hacken.

2 Die gehackte Leber in einer
Schüssel mit 200 ml Wasser verrühren. Dann in 2 Portionen durch ein Gazetuch gießen.
Die Flüssigkeit auffangen. Die
zurückbehaltene Lebermasse
für ein anderes Gericht verwenden.

3 Die Eiweiße mit je 1 kräftigen Prise Salz und Pfeffer
sowie der aufgelösten Maisstärke in einer größeren, flachen Schüssel gründlich verrühren, dann unter die Leberflüssigkeit mengen.

4 Die Schüssel mit Papier
oder Alufolie verschließen.
Die Schüssel über den heißen
Wasserdampf geben und die
Leberflüssigkeit zugedeckt
etwa 5 Min. dämpfen, bis sie
gestockt ist.

5 Den Leberkäse in der
Schüssel mit einem sauberen, kleinen Obstmesser in
Scheiben schneiden. Die Hühnerbrühe zum Kochen bringen,
mit Salz und Pfeffer würzen.

6 Die heiße Suppe vorsichtig
am Rand entlang zu den
Leberscheiben gießen. Mit den
Petersilienblättern garnieren.

Eierstichsuppe mit Tomaten

Fan Qie Dan Hua Tang

Zutaten für 4 Portionen:

3 Eier
150 g Tomaten
1 l Hühnerbrühe
Salz, Pfeffer
2 EL Maisstärke, in 2 EL
    Wasser angerührt
1 TL Sesamöl

Zubereitungszeit:
etwa 20 Min.

Pro Portion: 430 kJ/ 105 kcal

1 Eier in einer Schüssel aufschlagen und verquirlen.
Tomaten waschen, vierteln und
in dünne Scheiben schneiden.

2 Hühnerbrühe in einen Topf
oder den Wok geben und
zum Kochen bringen. Mit Salz
und Pfeffer würzen.

3 Die angerührte Maisstärke
hinzufügen und die Brühe
etwa 2 Min. köcheln lassen, bis
sie dickflüssig wird. Tomaten
untermischen.

4 Die verquirlten Eier in die
Brühe geben. Den Topf oder
Wok sofort vom Herd nehmen.
Das Sesamöl in die Suppe tropfen lassen und die Suppe in
einer Schüssel servieren.

Tips

Die Suppe hat eine leuchtende
Farbe, riecht köstlich und
schmeckt erfrischend. Sie zählt
zu den bekanntesten chinesischen Suppen.
Die Brühe sollte so dickflüssig
sein, daß die Eierflocken darin
schwimmen und nicht absinken.
Gut schmeckt es auch, wenn
Sie vor dem Servieren einige
gehackte frische Korianderblätter über die Suppe streuen.

Sauer-scharfe Eierstichsuppe mit Garnelenfleisch

Suan La Xia Geng Tang

Zutaten für 5 Portionen:

50 g rohe geschälte Garnelen
Salz, Pfeffer
2 Eier
15 g Maisstärke
3 getrocknete Tongku-Pilze
(Shiitake)
50 g Bambussprossen
30 g Lauch
50 g Pflanzenöl
1 TL Sojasauce
1 l Hühnerbrühe
2 EL Maisstärke, in 2 EL
Wasser angerührt
1 EL heller chinesischer
Reisessig
1 EL Sesamöl

Zubereitungszeit:
etwa 40 Min.

Pro Portion: 820 kJ/ 195 kcal

1 Garnelen kalt abspülen, mit 1 kräftigen Prise Salz mischen. 1 Ei in einer Schüssel mit der Maisstärke verrühren. Garnelen untermischen.

2 Pilze mit warmem Wasser bedecken und etwa 10 Min. einweichen. Dann mit den Bambussprossen in 1 cm lange, rhombenförmige Stücke schneiden. Lauch putzen, waschen und fein hacken.

3 50 g Öl in einem Wok oder einer Pfanne erhitzen. Die Garnelen hineingeben und etwa 1 Min. braten. Dann herausnehmen und das Öl wieder heiß werden lassen. Garnelen noch einmal hineingeben und 1 weitere Min. braten, bis sie schön knusprig sind. Die Garnelen dann herausnehmen und in feine Scheiben schneiden.

4 Das Öl bis auf einen dünnen Film ausgießen. Pilze und Bambussprossen kurz im verbliebenen Fett anbraten. 1 TL Sojasauce dazugeben.

5 Hühnerbrühe angießen, mit Salz abschmecken und zum Kochen bringen. Die angerührte

Maisstärke in die Brühe mischen und alles etwa 2 Min. köcheln lassen, bis die Brühe dickflüssig ist.

6 1 EL Essig mit ½ TL Pfeffer, 1 EL Sesamöl und Lauch in eine Schüssel geben. Das zweite Ei dazugeben und alles gründlich verquirlen.

7 Das verquirlte Ei mit dem Lauch unter die Suppe rühren, sofort vom Herd nehmen. Die Suppe in eine Schüssel füllen und die Garnelenscheiben untermischen. Die Suppe sofort servieren.

Tip

Diese sauer-scharfe, erfrischende Suppe ist gut gegen Kater. Die Garnelenscheiben werden in China auch als Nagelscheiben bezeichnet, weil sie genauso dünn sein sollen. Die Garnelenscheiben wirklich erst vor dem Servieren unter die heiße Suppe mischen, sonst bleiben sie nicht schön knusprig.

Erbsenkuchen

Wan Dou Huang

Zutaten für 5 Portionen:
300 g getrocknete gelbe
    Erbsen
10 g Agar-Agar
150 g Zucker

Zubereitungszeit:
etwa 1 Std.

Pro Portion: 1375 kJ/ 330 kcal

1 Erbsen mit 400 ml Wasser in einen Topf geben und aufkochen. Erbsen zugedeckt bei schwacher bis mittlerer Hitze etwa 80 Min. garen, bis sie schön weich sind. Dabei immer wieder Wasser dazugießen, damit die Erbsen nicht anbrennen.

2 Erbsen dann herausnehmen und durch ein feinmaschiges Sieb streichen, um die Schalen zu entfernen.

3 Agar-Agar mit etwa 40 ml Wasser in einem kleinen Topf etwa 1 Min. kochen.

4 Erbsenmus mit dem Zucker in einem Topf mischen und bei schwacher Hitze etwa 5 Min. garen, bis der Brei schön dick ist. Agar-Agar unterrühren.

5 Die Erbsenmasse etwa 2 cm dick auf eine Platte streichen und etwa 10 Min. abkühlen lassen. Dann im Kühlschrank etwa 1 Std. fest werden lassen.

6 Erbsenmasse in Stücke schneiden, ordentlich auf einem Teller anrichten und servieren.

Tip

Der Erbsenkuchen wird in China sowohl zum Frühstück wie auch bei Festbanketts serviert.

Geschichte

Dieses Gericht war ein Dessert der kaiserlichen Küche in der Qing-Dynastie.

Zierliche Maisbrötchen

Xiao Wo Tou

Zutaten für 5 Portionen:
200 g fein gemahlenes
    Maismehl
50 g Sojamehl
100 g Zucker

Zubereitungszeit:
etwa 30 Min.

Pro Portion: 1080 kJ/ 260 kcal

1 Das Mais- und das Sojabohnenmehl mit dem Zucker in einer Schüssel mischen. Etwa 100 ml lauwarmes Wasser dazugeben. Alles verkneten, bis ein elastischer, glatter Teig entsteht, der nicht an den Fingern kleben darf.

2 Den Teig zu einer etwa 2 cm dicken Rolle formen, dann in 30 gleich große Stücke schneiden.

3 Den Teig jeweils in eine Hand nehmen. Die andere Hand kurz in kaltes Wasser tauchen, den Teig damit einige

Male kneten und zu runden Kugeln formen. Den Zeigefinger noch einmal in kaltes Wasser tauchen. In die Mitte der Kugel ein rundes Loch drücken. Die Kugel am oberen Ende spitz formen. Auf diese Art alle Teigstücke formen.

4 Einen Dämpfkorb mit einem feuchten Dämpftuch belegen und die Maisbrötchen darauf anrichten. Den Dämpfkorb in einen Topf setzen, einige Eßlöffel Wasser angießen und erwärmen. Die Brötchen etwa 10 Min. dämpfen, dann herausnehmen und servieren.

Tip

Die Maisbrötchen haben eine hübsche Form, sind angenehm in der Farbe und schmecken aromatisch.
In China werden sie sowohl zum Frühstück wie auch als Nachtisch bei Banketts serviert.

Wassermelonenschale mit Früchten

Shi Jin Gua Zhong

Geschichte

Einer alten Überlieferung nach sollen diese Maisbrötchen der Kaiserin-Witwe Cixi von einem Bauern angeboten worden sein, als sie aus Beijing (Peking) fliehen mußte. Sie soll sich so über dieses Essen gefreut haben, daß sie ihren kaiserlichen Köchen befahl, diese Brötchen nachzuahmen, und zwar nicht aus Maismehl, sondern aus Kastanienmehl.

Variante

Sie können den Zucker weglassen und die Maisbrötchen pikant zubereiten. Den Teig leicht salzen und wie beschrieben garen. Sie schmecken warm besonders gut.

Zutaten für 4 Portionen:

1 hübsch geformte Wassermelone von etwa 2 kg
200 g Mandarinenfrüchte
200 g frische Ananas
200 g Pfirsichfleisch
150 g Kandiszucker

Zubereitungszeit:
etwa 45 Min.

Pro Portion: 685 kJ/ 165 kcal

1 Etwa 1 l Wasser in einem Kochtopf zum Kochen bringen. Kandiszucker zufügen und darin schmelzen lassen. Zuckerwasser in eine Schüssel geben und abkühlen lassen.

2 Die Melone gründlich waschen und abtrocknen. Die Schale der Melone in einem beliebigen Muster einschnitzen und verzieren (siehe Seite 59). Die Melone etwa 3 cm unterhalb des Stielansatzes kappen. Die Melone am unteren Ende etwas flachschneiden, damit sie gut steht.

3 Das Melonenfleisch herauslösen, von den Kernen befreien. Dabei die Melonenschale nicht verletzen. 100 g Melonenfleisch abwiegen und mit den übrigen Früchten in kleine Stücke schneiden.

4 Früchte in die Melonenschale füllen und etwa 10 Min. in den Kühlschrank stellen.

5 Von dem Zuckerwasser so viel wie gewünscht in die Melone gießen. Den Melonendeckel wieder auflegen und die Melone servieren.

Tip

Dieses erfrischende Dessert schmeckt besonders gut an heißen Tagen. Sie sollten es kühl servieren.

Mandelmilchgelee

Xing Ren Dou Fu

Zutaten für 5 Portionen:

50 ml Milch
10 g Agar-Agar
6–8 Tropfen Bittermandelaroma
100 g Zucker

Zubereitungszeit:
etwa 40 Min.

Pro Portion: 360 kJ/ 85 kcal

1 Die Milch in einen Topf geben. ¼ l Wasser und das Agar-Agar dazugeben. Alles zum Kochen bringen, dann bei schwacher Hitze etwa 3 Min. köcheln lassen.

2 Den Topf von der Kochstelle nehmen. 6–8 Tropfen Mandelaroma unter die Milch mischen. Die Masse etwa 2 cm hoch in eine flache Form gießen. Die Mandelmasse abkühlen lassen.

3 Den Topf reinigen. Wieder ¼ l Wasser hineingeben und 100 g Zucker unter-

mischen. Das Wasser zum Kochen bringen. So lange rühren, bis sich der Zucker gelöst hat.

4 Das Zuckerwasser in eine Schüssel geben und abkühlen lassen.

5 Die Mandelmasse und das Zuckerwasser etwa 15 Min. in den Kühlschrank stellen.

6 Die Mandelmasse dann in Stücke schneiden und in Schälchen verteilen. Das Zuckerwasser darüber gießen und die Mandelmasse servieren.

Tips

Das Gericht hat eine hübsche Farbe und schmeckt süßlich und erfrischend. Es ist ein feines Dessert für heiße Tage. Das Zuckerwasser können Sie je nach Geschmack auch mit mehr oder weniger Zucker zubereiten.
Gut schmeckt das Gelee auch mit frischen Früchten serviert.

Walnußmus

He Tao Ni

Zutaten für 5 Portionen:

100 g Toastbrot
1 Eigelb
50 g Pflanzenöl
30 g Walnußkerne
50 g kandierter Kürbis und kandierte Datteln zusammen
40 g Zucker
50 g Mandarinenschnitze

Zubereitungszeit:
etwa 20 Min.

Pro Portion: 1065 kJ/ 255 kcal

1 Die Toastbrote in mundgerechte Stücke schneiden und in eine Schüssel geben. ¼ l warmes Wasser darüber gießen und die Brote kurz einweichen. Die Brotwürfel dann gründlich ausquetschen und mit dem Eigelb in einer Schüssel verrühren.

2 Das Öl in einem kleinen Topf erhitzen. Die Walnußkerne darin ½ Min. fritieren, dann herausnehmen, etwas

Süße Silbermorchel-Suppe

Bo Ju Yin Er Geng

abkühlen lassen und fein hakken. Die kandierten Kürbis- und Dattelstücke ebenfalls fein hacken.

3 Den Wok oder eine Pfanne erhitzen. Das Öl (mit dem schon die Walnüsse fritiert wurden) angießen und erhitzen. Die Brote dazugeben und bei mittlerer Hitze unter Rühren etwa 3 Min. braten.

4 40 g Zucker und die kandierten Früchte dazugeben und alles weitere 2 Min. unter Rühren braten. Die Walnüsse hinzufügen und alles noch einmal ½ Min. braten.

5 Die Walnußmasse auf einen Teller geben. Die Mandarinen darum herum anrichten und das Gericht servieren.

Tips

Das Walnußmus ist fein und zart und schmeckt angenehm süßlich. Es gilt als Delikatesse bei Festessen, schmeckt aber sicher auch bei einem einfacheren Mahl zu Hause.
Das Einweichen der Brote in Wasser ist besonders wichtig. Kandierten Kürbis können Sie nicht überall kaufen. Statt dessen schmeckt am besten kandierte Melone. Hübsch sieht das Walnußmus aus, wenn Sie vor dem Servieren einige gehackte Nüsse darüberstreuen.

Zutaten für 5 Portionen:

30 g getrocknete Silbermorcheln
100 g Kandiszucker
50 g frisches Ananasfleisch
50 g Mandarinen

Zubereitungszeit:
etwa 40 Min.

Pro Portion: 470 kJ/ 110 kcal

1 Die Silbermorcheln in einer Schüssel mit warmem Wasser bedecken und etwa 10 Min. quellen lassen.

2 Die Morcheln dann putzen und gründlich waschen. Mit 100 ml Wasser in einem Topf 15 Min. köcheln lassen, bis sie weich sind.

3 In einem anderen Topf 1 l Wasser mit dem Kandiszukker zum Kochen bringen. Alles etwa 1 Min. kochen, bis der Zucker sich aufgelöst hat.

4 Die Ananas und die Mandarinen in Stücke schneiden und mit den Silbermorcheln in das Zuckerwasser geben. Alles noch einmal aufkochen, dann servieren.

Tip

Die Suppe wird sowohl heiß als auch kalt gegessen. Wenn Sie sie kalt essen, sollten Sie die Silbermorcheln in das Zuckerwasser geben und zusammen abkühlen lassen, erst dann die Früchte dazugeben.

Opulent

Die Küche des Ostens

Derart gesegnet erscheint der
Osten, daß ihn die alten Chinesen »Paradies auf Erden« nannten. Dieses irdische Eden verdankt seine göttliche Stellung
dem Wasser des Yangtse, der
wie kein zweiter Grenzen zu
überwinden vermag. Neben
Erfindungen machte er auch die
Küche des Ostens populär. Vor
über tausend Jahren trafen im
Yangtse-Delta die süße Kost
des Südens, die scharfe des
Westens und die salzige des
Nordens aufeinander, denn hier
verschlangen sich die Wasser-
adern des Reiches.

Die Huai Yang Küche

In der Gegend der Städte
Yangzhou und Zhenjiang stand
die Wiege der sogenannten
Huai Yang-Küche, die jene
geschmacklichen Gegensätze
harmonisch vereinte. 605 erhielt der Yangtse Gesellschaft,
denn in jenem Jahr wurde der
Kaiserkanal, der den wasser-
reichen Süden mit dem wasserarmen Norden verband, eröffnet. Der Schiffshandel blühte
auf und mit ihm eine Küche, die
sich an den kulinarischen
Gelüsten reicher Kaufleute,
bestechlicher Beamter und
bohèmehafter Literaten orien-
tierte. Landesweit gefeiert
wurde die Huai Yang-Küche
aber erst, als sie der Kangxi-
Kaiser (reg.1661–1722) auf
einer Inspektionsreise nach
Süden kennenlernte und ihre
feinen Rezepte nach Peking
mitbrachte. Die Küche des
Osten erweist sich als eine
Melange aus der Huai Yang-
Küche von Jiangsu und den
Stilen von Zhejiang, Jiangxi,
Hubei, Anhui und der Welt-
metropole Shanghai. Derart
komplex droht ihr Raffinement
leicht ins Artifizielle umzuschla-
gen. Ihre Speisen zeigen sich
immer noch farbig, obwohl sie
weitaus länger gebraten, gegart
oder gekocht werden als in der
Kanton-Küche. Typisch für den
Osten ist, daß nach dem Anbraten in siedend heißem Öl –
die Huai Yang-Köche benutzten
bis vor wenigen Jahren nur

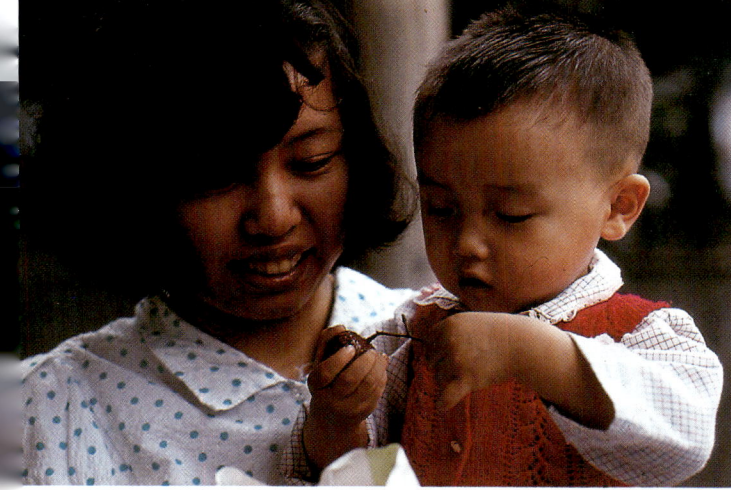

Vorhergehende
Doppelseite:
Viel Verkehr auf der
Wasserstraße des Zhou-
Dorfes im Kunshan in der
Provinz Jiangsu.

In Chinas heimlicher
Hauptstadt
Der Bund von Shanghai mit
Bauten im Tudor-Stil (Bild
links).

Unterwegs in die Stadt
Ein Bauer bringt einen
Bonsai zum Markt (Bild
oben).

Geliebt und verwöhnt
Einzelkinder sind das
Juwel der Familie (Bild
links unten).

Herzhaftes Lachen
Danke für das
Kompliment (Bild
rechts unten).

Schmalz – kaltes Wasser in die Pfanne gekippt wird. Flüchtig gekostet, könnte man ihre Gerichte als süß, auf keinen Fall als scharf bezeichnen. Mit Sojasauce jongliert sie sachte. Hingegen schöpft sie beim Essig, dem schwarzen Reisessig aus Zhenjiang, aus dem vollen. Zum Essen gibt es traditionell eine Kanne grünen Tee, niedliche Dips, geröstete Erdnüsse, getrocknete Datteln – und gewöhnlich polierten Reis. Das »tägliche Brot« des Südens scheint als eine Art Trösterchen zu dienen, denn aus der Hafenstadt Ningpo stammt das Sprichwort: »Mundet keine der Speisen, dann hilft der Reis, um satt zu werden.«

»Himmel im Himmel«

Verwirrend! In der benachbarten Gartenstadt Hangzhou sieht alles schon wieder ganz anders aus. Hier sucht man Trost beim Fisch, hier bleibt der Reis meist achtlos liegen. An diesem Ort, wo das berühmteste Restaurant wohlweislich »Himmel im Himmel« heißt, munden der Essig-Fisch oder der süß-saure Karpfen auch solo. Wer den Köchen aus dem Osten respektlos in die Töpfe guckt, entdeckt schon bald, daß sie sich aus den örtlichen Spezialitäten die besten Happen herausgepickt haben.

In Suzhou, dem Venedig Chinas, komponierte einst ein Meisterkoch eine Sinfonie von Gericht aus Hühner- und Schweinefleisch, Krabben, Entenfüßen, Tongku-Pilzen, Bambussprossen, Haifischflossen sowie Schweinekutteln mit gekochtem Schinken und Fischfilet.

Aus dem Ort Tongli, ebenfalls westlich von Shanghai gelegen, stammt Ming Bing, der Kuchen einer gewissen Familie Ming. Sein dünner Mantel besteht aus Reismehl und jadegrünen, eßbaren Blättern, während sein pralles Inneres von einem Mus aus süßen roten Bohnen und feingehackten Erdnüssen

strotzt. Jeder Chinese kennt Ming Bing, denn bereits vor vierhundert Jahren wurde die süße Spezialität Ostchinas als Steuertribut an den Pekinger Hof geliefert. Verdankt die Küche des Nordens ihren hohen Status dem Kaiserhof, so schöpft die Küche des Ostens ihre Potenz aus dem Status Shanghais als heimlicher Hauptstadt Chinas.

Die Metropole Shanghai

Unübertroffen nannte Aldous Huxley (1894-1963) die Metropole Shanghai einmal »das Leben selbst.« Erklärend fügte er hinzu, er könne sich nichts Lebendigeres vorstellen. Weder im Osten noch im Westen habe er das Leben so dicht, ja so verklumpt angetroffen. Shanghai pulsiert auf das Äußerste gespannt, doch kulinarisch wirkt die Zwölfmillionenstadt eher schlaff. Natürlich lassen sich Abertausende Restaurants, Gaststätten und Imbisse der verschiedensten Couleur ausmachen, doch der Stadt »Über dem Meer« fehlt traditionell die eigene Küche. Erst ab dem Jahr 1877, als sich Franzosen, Engländer, Deutsche, Russen und Amerikaner niederließen, setzte eine kulinarische Orientierung ein. Westliche Küchen vermischten sich mit den chinesischen Kochrichtungen des Yangtse-Deltas. Boshafte Zungen vergleichen deshalb den Shanghai-Stil mit einem großen Schmelztiegel, in dem sich einfach ein schönes Allerlei wiederfinde. Als Beweis führen sie an, daß in keiner anderen Stadt die Restaurants so oft die Speisekarte wechselten wie in Shanghai. Mag auf den gewöhnlichen Chinesen der Spruch zutreffen »Man ist, was man ißt«, so nicht auf den Shanghaier, denn er ist und bleibt weltmännisch, auch wenn sein Gaumen heute die Sichuan-Küche und morgen die Kanton-Küche feiert.

Warten auf Kundschaft
Vogelbauer-Händler in Chengdu (Bild oben).

Gekachelt wie ein Badezimmer
Restaurantküche im Freien (Bild Mitte).

Tofu mit Gemüse
Eine Aalfischerin gönnt sich ihr Mittagessen (Bild unten).

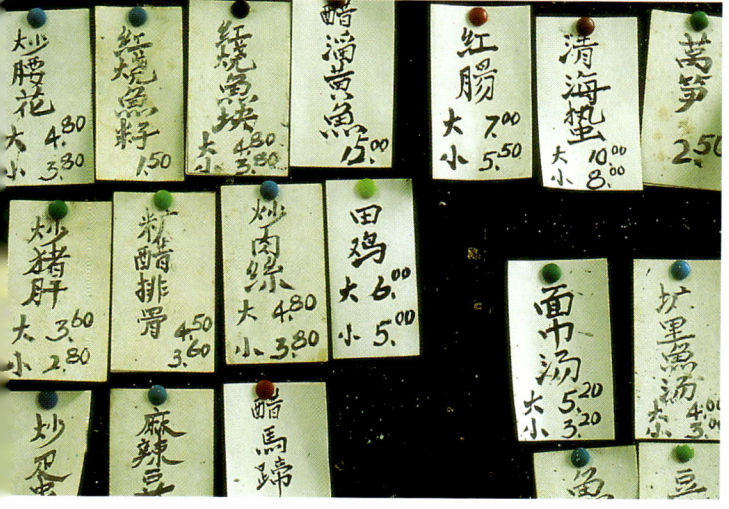

Einfach und geschmackvoll
Baozi-Imbiß in der Shanghaier Altstadt.

Preiswerte Auswahl
Speisekarte eines ländlichen Restaurants.

Zum Reiswein fritierten Tofu
Arbeiter im Weinhaus von Shaoxing.

Auf die Kameradschaft

Der Reiswein aus Shaoxing

»Wärm zwei Schalen Wein, und gib mir einen Teller gewürzte Bohnen«, bettelte der Krüppel, den die Zechenden nur unter dem Spitznamen Kong Yiji kannten. Ein menschliches Wrack war in einem verdreckten Binsenkorb an die Theke herangerobbt und verlangte bettelnd nach einem warmen Trunk. Der Bursche hinter dem abgescheuerten Tresen schüttelte unwirsch den Kopf und zeigte geradezu drohend auf eine schwarze Tafel an der Wand. Dort stand, mit Kreide gekritzelt: »Kong Yiji schuldet der Weinschänke Xian Heng neunzehn Käsch Silber.« So schob der Krüppel seinen gebrochenen Unterleib über den Boden zum Ausgang, vorbei an hänselnden Gästen, die ihn aus glasigen Augen anstarrten. Keiner zeigte Pietät, niemand warf dem Armen eine Kupfermünze hin. Wohl deshalb, weil die meisten der Stammgäste von »Glück und Erfolg«, Xian Heng, den Krüppel Kong von früher kannten. Er trug die Nase damals recht hoch, wenn er aufrecht in einer knöchellangen Robe in die Schänke trat. Damals wagte man ihn nur hinter vorgehaltener Hand zu hänseln, denn anders als die meisten Zecher war er ein Mann von Bildung. Herr Kong arbeitete als Kalligraph und kopierte alte Bücher. Der Reiswein seiner Heimatstadt Shaoxing (Shao Hsing) wurde ihm wie vielen Männern am Ort zum Verhängnis, Kong versackte für immer. Als er dann auch noch bei der ersten Staatsprüfung durchfiel, suchte er seine tägliche Zeche mit Geld aus Gelegenheitsdiebstählen zu begleichen. Eines Tages wurde er bei einem Einbruch erwischt, worauf sie ihm aus Wut beide Beine brachen. Noch als Krüppel, inzwischen ziemlich in der Kreide, quälte er sich am Boden fortschleppend zu seiner geliebten Schänke.

Mahnende Geschichte

Kong Yiji lebte – und lebt. Er lebte im zwanzigsten Jahrzehnt als ständiger Gast im Weinhaus eines gewissen Herrn Zhou Zhongxiang, Onkel des berühmtesten Essayisten Chinas. Der Schriftsteller Lu Xun, alias Zhou Shuren, war 1881 neben jener Schänke zur Welt gekommen und hatte das weinselige Treiben aus nächster Nähe beobachten können. Kong Yiji lebte – und lebt in Lu Xuns gleichnamigem Essay. Dieser erschöpft sich nur scheinbar in der Darbietung eines erschütternden Einzelschicksals, tatsächlich geißelt er die chinesische Gesellschaft als eine menschenfressende. Die originale Weinschänke zwischen hutzligen und morschen Holzhäusern wurde in den fünfziger Jahren abgerissen, um die Du Changfangkou-Straße in eine Platanenallee zu verwandeln. Seit 1981 sitzen in der neueröffneten, scheunenartigen Kneipe mit dem grauen Ziegeldach wieder Kong Yijis »Brüder«, spindeldürr, mit roten Augen und brandroter Haut. Diese Weinteufel können sich höchstens eine Schale Nudeln mit kaltem Tofu als tägliche »Beilage« gönnen. In Shaoxing grassiert der Suff viel offenkundiger als irgendwo sonst in China. Er zerrüttet nicht nur, sondern macht auch augenfällig. Er läßt aus Masken von Gesichtern Offenbarungen von Gesichtern werden, bringt die Genußsucht und Gier an den Tag und holt die stierende Blödheit hervor. Wer bei »Glück und Erfolg« einmal festsitzt, kommt selten mit fünf Liang (200 g) Reiswein in einer Schale aus. Bekanntlich braucht einer, der viel trinkt, immer mehr. Mit einer langstieligen, verzinkten Schöpfkelle wird der chinesische Sherry direkt aus seinem einjährigen Reifungsdepot, einem gekalkten Tonkrug, in die porzellanweiße Trinkschale geschüttet. Zur kalten Jahreszeit erhitzt der Ausschank die volle Schale noch im Chuantong, einem Keramiktopf mit wärmedurchlässigem Boden.

Diesem sinnfälligen Ritual, das an Essen erinnert, frönen die Menschen von alters her in einer Stadt von Grau, von schwarzgrauen Holzhäusern mit steingrauen Dächern, durch die sich schwer ein bleigrauer Fluß schleppt.

Örtliche Berühmtheiten

Hören Herr Li oder Herr Lo »Shaoxing«, dann denken sie an Wein, Wein und nochmals Wein. Nur wenige Auswärtige wissen, daß hier im Jahre 321 Chinas größter Kalligraph geboren wurde. Wang Xizhi gilt als unübertroffener Vertreter der rhythmischen Ligatur, die senkrechte Zeichen so ineinander fließen läßt, als bestünden sie aus einem Guß. Außer dem Essayisten Lu Xun (1881-1936) stammt auch die Familie von Zhou Enlai (1898-1976), dem großen Diplomaten des neuen

Vor dem großen Regen
Eine Flußdschunke legt ab.

China, aus dem Weinort. Ein Menschenleben erschöpft sich in sieben bis acht Jahrzehnten, doch in Shaoxing keltert man bernsteinfarbenen Reiswein seit über zweitausend Jahren. Von alters her nach der großen, verderbenden Hitze zwischen Oktober und April. Die geübten Shaoxinger benutzen etwas Weizen und viel, viel klebrigen Reis, den sie »Flußreis«, Jiang Mi, nennen. Für das herbsüße

Zünglein des Weins fehlt nur noch das lokale Flavour, würziges Quellwasser aus dem nahegelegenen Himmelsee-Kreis. Vier Wochen vor Herstellungsbeginn liefern die Pachtbauern Wagenladungen von reifem Rundkornreis in der Weingenossenschaft an.
Im berühmten Wasser nehmen die runden Körner erst mal ein aufweichendes Bad, das von zwei bis achtzehn Stunden

dauern kann. Je besser die Reisqualität, desto länger müssen sie einweichen, desto schwerer dringt nämlich das Wasser durch die Deckspelzen ein. Die vollgesogenen Körner werden anschließend dreißig Minuten in Bambuskörben gedämpft, so daß sie eßbar weich werden. Für Momente des Abkühlens darf der Reis zur Ruhe kommen, doch schon bald sorgt der Zusatz von Hefe für gärende Turbulenz. Einen Monat lang machen sich gutartige Bakterien in luftdicht verschlossenen Tonkrügen über die Stärke im Reis her und »melken« aus fünfzig Kilogramm Reis immerhin hundert Liter Wein heraus. Sind die vier Wochen um, werden junger Wein und Maische mit einer Art Monumentalstaubsauger grob getrennt. Die Feintrennung erfolgt durch eine Zentrifuge, die einen nahezu reinen Wein in ein großes Sammelbecken entläßt. Im nächsten Gang wird der dickflüssige, mittlerweile achtzehnprozentige Wein schockartig auf neunzig Grad Celsius erhitzt, um den letzten Rest Unreinheit abzutöten. Dann füllt man ihn in weiße, bauchige Tonkrüge. Endlich darf er luftig reifen. Für die Herren Li und Lo mindestens ein Jahr, für einen zahlungskräftigen Kenner mindestens fünf Jahre. Ist ein Krug einmal geöffnet, muß man seinen edlen, aber anfälligen Inhalt möglichst zügig aufbrauchen, sonst wird er sauer. Gereift schmeckt der erste, aber nur der erste Schluck wie eine Zungenprobe Jerez, ein Medium Sherry. Beim zweiten Probieren kommt des Reisweins wahrer Charakter, sein erdiges, fruchtiges, aber auch medizinisch angehauchtes Bukett zum Vorschein. Und trotzdem ist er weit entfernt von einem Medizinwein, den der Chinese ent-

larvend »ekelhaften Wein« nennt, weil er mit Ameiseneiern, Tigerknochen, Bambusblüten oder Früchten der Betelnußpalme angesetzt sein kann. Wer seinen eigenen Reiswein keltert, benutzt einen bauchigen Tonkrug, dessen Innenwände er mit einer gehörigen Schicht von gedämpftem Reis auskleidet, so daß die Krugmitte und der Krugboden in der Mitte freibleiben. Die freie Stelle am Boden füllt sich schon bald mit jungem Wein, denn in den vollgesogenen Reiskörnern arbeitet Hefe.

Wein als Aussteuer

Auch im alten, feudalen Shaoxing wünschten sich die Väter nichts sehnlicher als die Geburt eines Stammhalters. Erblickte eine Tochter das Licht der Welt, tröstete man sich mit einem landesweit bewunderten Kunstgriff. Die Väter setzten noch am Tag der Geburt des Mädchens einen stattlichen Krug Reiswein an, damit das zweitklassige Wesen wenigstens einen erstklassigen Reiswein als Mitgift in die Ehe einbringen könne. Nach dem Blumenmuster auf den Krügen erhielt der Mitgiftwein den Namen Huatiao, »Mit Blumen verziert«, was immerhin die Schönheit des Weibes versinnbildlichen sollte.
Wein gilt als Getränk der Kameradschaft, während Tee als Getränk des stillen, tugendhaften Mannes gewertet wird. Wer unbedingt ausgiebig zum Weinbecher greifen will, sollte dies nicht besinnungslos tun, sondern folgenden Spruch beherzigen:
»Tags soll man sich in Gegenwart von Blumen betrinken, damit man ihr Licht und ihre Farbe in sich aufnimmt. Nachts soll man sich im Schnee betrinken, damit man klare Gedanken bekommt. Wer sich aus Freude über einen Erfolg betrinkt, soll singen, damit sein Geist mit in seine Freude einstimmt. Auch wer auf einem Instrument zum Abschied spielt, darf sich betrinken.«

Reiswein in der Reklame
Straßenbild im Herzen von Shaoxing.

Hier gärt es
Luftdicht bleiben die
Tonkrüge einen Monat
lang verschlossen (Bild
oben).

**Altertümlich wie eine
Dampfmaschine**
Eine Art Staubsauger
trennt den jungen Wein
von der Maische.

Begehrt wie Gold
Neuer Reiswein wird
angeliefert (Bild
oben).

**Zurück zum
Hersteller**
Die leeren Tonkrüge
werden in der Fabrik
erneut gefüllt (Bild
Mitte).

**Blick hinter die
Kulissen**
Der Ausschank im
Weinhaus Xian Heng.

Rezeptübersicht

Fisch in Tomatensauce

Qie Zhi Yu Pian

Zutaten für 2–3 Portionen:

250 g beliebiges Fischfilet
1 TL Maisstärke, in 1 TL
    Wasser angerührt,
    + 1 Messerspitze Mais-
    stärke
1 Prise Salz
3 EL Reiswein
je 1 kleine grüne
    und rote
    Paprikaschote
10 g Lauch
4 Knoblauchzehen
20 g Ingwerwurzel
1 EL Zucker
1 TL heller chinesischer
    Reisessig
1 Spritzer Sojasauce
2 TL Tomatenmark
Salz
70 g Pflanzenöl

Zubereitungszeit:
etwa 30 Min.

Bei 3 Portionen pro Portion:
    935 kJ/ 225 kcal

Tip

Von der Sojasauce sollten Sie
wirklich nur einen Spritzer verwenden, damit der Fisch seine
schöne rote Farbe behält.

Geschichte

Der Fisch genießt große Bedeutung, denn »yu« ist gleich-
lautend mit Überfluß. So be-
greifen ihn die Chinesen als ein
Symbol des Reichtums.
In Zentralchina wurden in der
Antike dem Gott des Reichtums Fischköpfe geopfert. Für
die Buddhisten hat der Fisch
sogar geheiligten Wert, er zählt
zu ihren acht Symbolen.

1 Das Fischfilet in 4 cm lange
und 2 cm breite Scheiben
schneiden. 1 TL Maisstärke in
1 TL Wasser anrühren und mit
Salz und 1 EL Reiswein mischen. Fischwürfel unter-
mengen und zugedeckt beiseite stellen.

2 Die Paprikaschoten wa-
schen und halbieren. Den
Stielansatz sowie die Trennwände mit den Kernen entfernen und die Schotenhälften in
Stücke schneiden.

3 Lauch putzen und waschen
Knoblauch und den Ingwer
schälen. Alle drei Zutaten eben
falls klein schneiden.

 Den Zucker mit dem Essig, der Sojasauce, 2 EL Reiswein, 2 TL Tomatenmark, 1 EL Wasser, Salz und 1 Messerspitze Maisstärke mischen.

5 Den Wok oder eine Pfanne erhitzen. Das Öl hineingeben und erhitzen. Die Fischstücke hinzufügen und kurz anbraten. Dann herausnehmen.

6 Das Öl bis auf einen dünnen Film aus dem Wok gießen. Die Paprikastücke, den Lauch, den Ingwer und den Knoblauch in den Wok geben und unter Rühren kurz braten.

7 Die Sauce hinzufügen und alles unter Rühren bei mittlerer bis schwacher Hitze weiterbraten, bis die Paprikastücke bißfest sind. Die Fischstücke hinzufügen und noch einmal heiß werden lassen. Dazu schmeckt Reis.

Jakobsmuscheln mit Drachenbrunnen-Tee

Long Jing Bei Pian

Zutaten für 2–3 Portionen:

200 g frische Jakobsmuscheln
1 Eiweiß
Salz
1 TL Maisstärke
1 TL Reiswein
3 TL Drachenbrunnen-Tee
  (ersatzweise anderer grüner
  Tee)
je 100 g Gurken und Möhren
200 ml Hühnerbrühe

Zubereitungszeit:
etwa 40 Min.

Bei 3 Portionen pro Portion:
  1045 kJ/ 250 kcal

Tip

Das Glas mit dem Tee in der
Mitte der Platte dient nur als
Dekoration. Deshalb sollten Sie
es beim Essen möglichst nicht
berühren, damit der Tee nicht
ausfließt.

Drachenbrunnen-Tee

ist Chinas berühmtester grüner
Tee. Er wird in einem Tal südlich der Gartenstadt Hangzhou
angebaut (siehe Reportage auf
Seite 162).
Der erste Aufguß von grünem
Tee, der nur kurz ziehen darf,
wird sofort abgegossen. Er
dient nur dazu, die Teeblätter zu
waschen und bewirkt, daß sie
ihren Geschmack gut entfalten.

1 Die Jakobsmuscheln gegebenenfalls putzen, das
heißt, vom grauen Rand und
den dunklen Teilen befreien.
Die Muscheln dann quer in
1/2 cm dünne Scheiben schneiden.

2 Das Eiweiß mit 1 Prise
Salz, der Maisstärke und
dem Reiswein verquirlen. Die
Muschelscheiben damit mi-
schen und zugedeckt beiseite
stellen.

3 Etwa 1/2 l Wasser zum
Kochen bringen. Die Tee-
blätter damit übergießen und
etwa 3 Min. ziehen lassen. Den
Tee abgießen. Die Blätter noch
einmal mit kochendem Wasser
übergießen und erneut etwa
3 Min. ziehen lassen.

4 Die Teeblätter mit einem
Teil des Tees in 2–3 Gläser
füllen. Das Glas mit einer Hand
halten, mit der anderen Hand
einen umgedrehten Teller darauf setzen.

5 Das Glas mit dem Teller rasch umdrehen, so daß kein Tee ausfließt. Das Glas ist die Dekoration für den Teller.

6 Die Gurken waschen, die Möhren schälen. Beides in 2 cm lange und breite, rautenförmige Scheiben mit gezacktem Rand schneiden.

7 Den Wok oder eine Pfanne erhitzen. Die Hühnerbrühe angießen und zum Kochen bringen. Die Muscheln hinzufügen und kurz unter Rühren braten.

8 Die Gurken, die Möhren und Salz hinzufügen und unter Rühren garen, bis die Möhren bißfest sind. Das Gericht mit Teewasser nach Geschmack abschmecken und um das Glas herum auf den Tellern anrichten.

Pikante Hühnerflügel

Jiao Ma Feng Chi

Zutaten für 4 Portionen:

10 Hühnerflügel
Salz
1 TL Sichuan-Pfefferkörner
25 g Lauchblätter
1 EL Sesamöl

Zubereitungszeit:
etwa 1 Std.

Pro Portion: 645 kJ/ 155 kcal

1 Hühnerflügel gründlich waschen. Hühnerflügel mit 1 l Wasser und 1 Prise Salz in einem Topf zum Kochen bringen. Brühe abschäumen, dann die Flügel bei schwacher Hitze etwa 25 Min. zugedeckt köcheln lassen.

2 Flügel herausnehmen, etwas abkühlen lassen und von den Knochen und nach Wunsch auch der Haut befreien. Fleisch auf einen Teller legen und kurz in den Kühlschrank stellen.

3 Pfefferkörner und gewaschene Lauchblätter auf ein Brett geben und mit einem Küchenbeil oder einem großen schweren Messer sehr fein hacken. Je feiner die Zutaten sind, desto besser schmeckt das Gericht.

4 Gehackte Masse in einer Schüssel mit 3 EL Garflüssigkeit von den Hühnerflügeln mischen. Kurz warten, dann 1 EL Sesamöl und Salz hinzufügen und alles gut verrühren. Die Sauce über die Hühnerflügel gießen und diese servieren.

Tip

Die Pfefferkörner müssen Sie wirklich fein hacken, sonst sind sie zu hart.

Garnelen mit Stangenseller

Shui Jing Xia Pian

Zutaten für 3–4 Portionen:

150 g zarter Stangensellerie
1 TL Sesamöl
Salz, Pfeffer
300 g rohe geschälte Garnelen
20 g Lauch
30 g Ingwerwurzel
400 ml Hühnerbrühe
1 TL Reiswein

Zubereitungszeit:
etwa 30 Min.

Bei 4 Portionen pro Portion:
380 kJ/ 90 kcal

1 Sellerie putzen, waschen und in etwa 4 cm lange Stücke schneiden. Wenn die Stangen dick sind, noch einmal der Länge nach halbieren. Sellerie in kochendem Wasser 1 Min. blanchieren, herausnehmen und in eine Schüssel geben. Sellerie mit 1 TL Sesamöl, Salz und Pfeffer mischen und ordentlich auf einen Teller legen.

2 Garnelen kalt abspülen und trockentupfen. Dann in 5 cm lange und 1 cm breite Scheiben schneiden. Lauch und Ingwer putzen bzw. schälen und in Scheiben schneiden.

3 Hühnerbrühe mit 1 TL Reiswein, Lauch und Ingwer zum Kochen bringen. Brühe abschäumen. Garnelenscheiben hineingeben und ½ Min. garen. Dann sofort herausfischen, abtropfen und gründlich erkalten lassen.

4 Garnelen ordentlich auf dem Sellerie anordnen und servieren.

Kalte Platte »Allerlei« in Form einer Lotosblüte

He Hua Shi Jing Leng Pan

Zutaten für 6–8 Portionen:

250 g frische Tintenfische
Salz, Pfeffer
5 EL Sesamöl
150 g Möhren
500 g Gurken
4 EL Pflanzenöl
5 getrocknete Chilischoten
1 Tomate (100 g)
15–20 Mini-Maiskolben
  (aus der Dose)
Salat zum Anrichten

Zubereitungszeit:
etwa 1¼ Std.

Bei 8 Portionen pro Portion:
  670 kJ/ 160 kcal

1 Die Tintenfische putzen und waschen. Dann von einer Seite mit einem scharfen Messer gitterartig einschneiden, aber nicht durchschneiden, so daß ein Rautenmuster entsteht.

2 Die Tintenfische in 6 cm lange und 2 cm breite Streifen schneiden. Es sollen 6 Scheiben werden.

3 ½ l frisches Wasser zum Kochen bringen. Die Tintenfische hineingeben und 20 Sekunden darin kochen. Nicht länger, sonst werden sie hart. Dann herausnehmen und abtropfen lassen.

4 Tintenfische in eine Schüssel geben und mit Salz und Pfeffer würzen. 3 EL Sesamöl untermischen und erkalten lassen.

5 Möhren putzen und schälen, dann in 12 Scheiben von 6 cm Länge und 2 cm Breite schneiden. Die Scheiben dann zu Rauten schneiden. Die Möhrenrauten in ½ l Wasser ½ Min. kochen, herausnehmen und abtropfen lassen. Dann salzen und mit 2 EL Sesamöl mischen.

6 Die Gurken waschen und in 6 cm lange Stücke schneiden. Die Stücke etwas auf der Arbeitsfläche rollen. Die Stücke dünn schälen. Dabei das Gurkenstück drehen, damit die Schale am Stück abgeschnitten werden kann. Die Schale in 2 cm breite Stücke schneiden und wie die Möhren zuschneiden (ebenfalls 12 Scheiben).

7 Einen Wok erhitzen, 4 EL Pflanzenöl hineingeben. Die Chilischoten in etwa 1 cm breite Ringe schneiden und im Öl unter Rühren braten, bis sie dunkelrot sind. Gurken und Salz hinzufügen und etwa ½ Min. braten. Gurken dann auf einen Teller geben.

8 Tomate kurz mit kochendem Wasser überbrühen und kalt abschrecken. Die Schale von der Spitze der Tomate aus mit einem scharfen Messer erst einstechen, dann bis nach unten einschneiden. Dabei aber nicht ins Fleisch schneiden. Die Tomatenschale so von der Spitze aus in 6 gleich große Teile schneiden. Die Schalenteile dann von oben aus nach außen ziehen, so daß die Tomate wie eine geöffnete Lotosblüte aussieht.

9 Die Tomate in die Mitte eines größeren Tellers legen. Die Tintenfisch-, die Gurken- und die Möhrenscheiben sowie die abgetropften Mini-Maiskölbchen rundherum anordnen. Mit Salat garnieren.

Tip

Diese kalte Platte hat eine lebendige Form mit einem ansprechenden Kontrast der Farben. Alle Zutaten sind knackig gegart und schmecken erfrischend. Diese Platte wird in China sowohl bei Festessen als auch zu Hause serviert.

Gebratene gefüllte Paprika

Jian Rang Qing Jiao

Zutaten für 3 Portionen:

30 g getrocknete Krabben
6 kleine, längliche grüne oder
   gelbe Paprikaschoten
200 g Schweinefilet
50 g Bambussprossen
20 g Lauch
20 g Ingwerwurzel
70 g Pflanzenöl
1 EL Reiswein
1 TL Sojasauce
Salz, Pfeffer

Zubereitungszeit:
etwa 50 Min.

Pro Portion: 1680 kJ/ 400 kcal

1 Krabbenfleisch in einer
Schüssel mit heißem Wasser übergießen und 10 Min.
quellen lassen.

2 Paprikaschoten waschen
und den Deckel etwa 1 cm
von der Spitze aus abschneiden. Die Kerne und die Trennwände vorsichtig herauslösen
und die Schoten waschen.

3 Schweinefleisch, abgetropfte Krabben und Bambussprossen in kleine Würfel
schneiden. Lauch und Ingwer
putzen bzw. schälen und fein
hacken.

4 Einen Wok oder eine Pfanne erhitzen. 4 EL Öl hineingeben und heiß werden lassen.
Fleischwürfel hineingeben und
braten, bis die Flüssigkeit, die
sich dabei bildet, wieder verdunstet ist. 1 EL Reiswein, 1 TL
Sojasauce, die Krabben, die
Bambussprossen, den Lauch
und den Ingwer hinzufügen.
Alles unter Rühren etwa 1 Min.
braten, mit Salz und Pfeffer
abschmecken.

5 Die Paprikaschoten mit
der Fleischmasse füllen.
Paprikaschoten in einen
Bambusdämpfer oder einen
Dämpfeinsatz legen. In einen
Topf eine umgedrehte Tasse
stellen und etwa 4 cm hoch
Wasser angießen. Die Paprikaschoten auf die Tasse stellen
und über dem heißen Wasserdampf etwa 7 Min. zugedeckt
dämpfen.

6 Schoten dann herausnehmen und mit Küchenkrepp
trockentupfen, damit sie beim
Braten nicht spritzen.

7 Restliches Öl im Wok oder
der Pfanne erhitzen. Paprikaschoten hineingeben und bei
mittlerer Hitze etwa 2 Min.
braten. Dabei einmal wenden.

Tip

Die Paprikaschoten sollten Sie
nur kurz dämpfen, damit sie
ihre Farbe behalten.
Wenn Sie keine kleinen Schoten bekommen, schneiden Sie
sie in Stücke und bestreichen
sie mit der Füllung.

Paprikaschoten

sind botanisch gesehen keine
Schoten, sondern Beeren. Die
Früchte wachsen an krautigen
Büschen und brauchen viel
Sonne. Paprikaschoten gibt es
in den unterschiedlichsten
Formen, von klein und kugelig
bis zu spitz und länglich. Grüne
Paprika werden geerntet, bevor
sie ganz ausgereift sind. Auch
beim späteren Nachreifen werden sie nicht mehr so gleichmäßig rot wie die Früchte, die am
Busch ausreifen können.
Für dieses Gericht sollten Sie
möglichst kleine, längliche
Paprikaschoten nehmen, eventuell auch die hellgrünen bis
gelblichen ungarischen Paprikaschoten, wenn Sie keine kleinen grünen bekommen.

Knackig fritierte »Wassernüsse«

Cui Zha »Xiang Ling«

Zutaten für 3 Portionen:

150 g Schweinefilet
1 EL Reiswein
1 TL Sojasauce
Salz, Pfeffer
30 g Lauch
10 g Ingwerwurzel
etwa 30 Wan-Tan-Teighüllen
(fertig gekauft)
500 g Pflanzenöl
150 g Blattsalat

Zubereitungszeit:
etwa 45 Min.

Pro Portion: 2350 kJ/ 550 kcal

1 Das Schweinefleisch mit einem Küchenbeil oder einem großen, schweren Messer fein hacken.

2 Fleisch in eine Schüssel geben und mit 1 EL Reiswein, 1 TL Sojasauce, Salz, Pfeffer und 2 EL kaltem Wasser mischen.

3 Lauch und Ingwer putzen bzw. schälen und fein hakken. Unter die Fleischmasse rühren.

4 Eine Teighülle auf die Arbeitsfläche legen. Etwas von der Füllung an ein Ende der Teighülle legen. Die Teighülle zusammenrollen. Dabei die Ränder so nach innen schlagen, daß eine runde Teigtasche in Form einer Nuß entsteht. Auf diese Weise alle Teighüllen füllen und aufrollen.

5 Das Öl in einem Wok oder einem Topf erhitzen. Es ist heiß genug, wenn an einem hölzernen Kochlöffel, den Sie in das Fett tauchen, kleine Bläschen aufsteigen.

6 Die »Wassernüsse« in das Öl geben und etwa 1 Min. fritieren. Herausnehmen und abtropfen lassen.

7 Das Öl wieder heiß werden lassen und die Wassernüsse noch einmal 1 Min. fritieren, bis sie goldgelb sind.

8 Eine Platte mit dem gewaschenen Salat auslegen. »Wassernüsse« abtropfen lassen und auf dem Salat anrichten.

Beilage

Die »Wassernüsse« schmekken gut mit einer süß-sauren, pikanten Sauce, die Sie in Asien-Läden und gut sortierten Supermärkten kaufen können. Als Getränk schmeckt am besten Bier.

Tip

In der chinesischen Küche werden viele Gerichte zweimal in heißem Öl gebacken. So werden sie besonders knusprig.

Gedämpftes Schweinefleisch im Bananenblatt

He Ye Fen Zheng Rou

Zutaten für 4 Portionen:

300 g nicht zu fetter
  Schweinebauch ohne
  Schwarte und Knochen
50 g Reisschrot
15 g Lauch
15 g Ingwerwurzel
1 EL Reiswein
1 TL Sojasauce
1 EL Hühnerbrühe
3 EL Pflanzenöl
Salz
1 Bananenblatt

Zubereitungszeit:
etwa 1¼ Std.

Pro Portion: 2295 kJ/ 550 kcal

Reisschrot

sollten Sie möglichst selbst
herstellen. Dazu 500 g Reis mit
5 Stück Sternanis und
20 Sichuan-Pfefferkörnern in
einem Wok oder einer Pfanne
bei mittlerer Hitze unter Rühren
so lange anrösten, bis die Zutaten würzig duften und gelblich
sind. Reis abkühlen lassen,
dann grob schroten.
Wenn Sie keine Möglichkeit
haben, den Reis zu schroten,
kaufen Sie Reisschrot und mischen es mit etwas gemah-
lenem Anis und gemahlenem
Sichuan-Pfeffer. Reisschrot ist
in kleinen Tütchen verpackt.
Fragen Sie im Asien-Laden
danach.

Bananenblätter

sind die Blätter der Bananen-
staude. Sie werden in Asien-
Läden gelegentlich frisch angeboten und dienen vor allem als
Hülle wie in diesem Gericht.
Auch als originelle Tisch-
dekoration sind sie sehr beliebt.
Das Originalrezept wird mit
Lotosblättern zubereitet, die
man bei uns nicht bekommt.
Da wir auf das Rezept nicht
verzichten wollten, haben
wir es – wenn auch aus chinesischer Sicht etwas frag-
würdig, da es im Osten keine
Bananenblätter gibt – damit
zubereitet.

1 Schweinefleisch in etwa
4 cm lange, 2 cm breite und
dünne Scheiben schneiden.

2 Reisschrot mit 6 EL warmem Wasser verrühren.
Lauch und Ingwer putzen bzw.
schälen und fein hacken.

3 Die Paste mit 1 EL Reis-
wein, 1 TL Sojasauce, 1 EL
Hühnerbrühe, 3 EL Öl, Salz,
Lauch und Ingwer verrühren.
Die Fleischscheiben unter-
mengen.

4 In einem Wok oder einem
Topf reichlich Wasser zum
Kochen bringen. Das Bananenblatt halbieren. Eine Hälfte in
15 Stücke schneiden, die andere in das kochende Wasser
geben, ½ Min. blanchieren und
sofort wieder herausnehmen.

5 Das Blatt in Eiswasser abschrecken, damit es seine schöne grüne Farbe behält. Die Blattstücke in das kochende Wasser geben und ebenfalls ½ Min. blanchieren, eiskalt abschrecken.

6 Die Bananenblattstücke auf der Arbeitsfläche ausbreiten. Jeweils 2 Fleischscheiben auf ein Blattstück legen. Das Blatt aufrollen. Alle Fleischscheiben auf diese Weise einwickeln.

7 Die Bananenblattröllchen ordentlich in eine Schüssel legen. Die Schüssel in einen Topf auf eine umgedrehte Tasse oder in einen Bambusdämpfer stellen. Etwa 4 cm hoch Wasser in den Topf gießen. Die Bananenpäckchen über dem heißen Dampf zugedeckt etwa 20 Min. dämpfen.

8 Inzwischen das halbe Blatt am Rand hübsch zurechtschneiden und eine runde Platte damit dekorieren. Die Platte soll ganz damit ausgekleidet sein. Die gegarten Bananenpäckchen auf dem Blatt anrichten. Zum Essen die Päckchen öffnen.

Lammfleischklößchen

Dong Gua Yang Rou Wan Zi

Zutaten für 2 Portionen:

*200 g Lammkeule ohne
    Knochen
1 EL Reiswein
1 TL Maisstärke, in 1 EL
    Wasser angerührt
Salz
20 g Lauch
20 g Ingwerwurzel
250 g Wachskürbis
    (Wintermelone, geschält und
    entkernt gewogen)
³/₄ l Hühnerbrühe
etwas Koriander oder Petersilie
    zum Garnieren*

*Zubereitungszeit:
etwa 40 Min.*

Pro Portion: 1270 kJ/ 305 kcal

1 Lammfleisch durch den
  Fleischwolf drehen oder mit
einem Küchenbeil sehr fein
hacken. Fleisch mit 1 EL Reiswein, 1 EL kaltem Wasser, der
angerührten Maisstärke und
Salz in einer Schüssel verrühren. Lauch und Ingwer putzen
bzw. schälen, fein hacken und
unter die Fleischmasse mischen.

2 Wachskürbis in 5 cm lange,
  2 cm breite und dünne
Scheiben schneiden.

3 Hühnerbrühe in einem Wok
  oder einem Topf zum Kochen bringen. Wachskürbisscheiben hineingeben. Die
Brühe abschäumen.

4 Aus der Lammfleischmasse
  Klößchen von etwa 1¹/₂ cm
Größe formen und in die Brühe
gleiten lassen. Klößchen bei
schwacher Hitze 2–3 Min. garen.

5 Lammklößchen und Kürbisstreifen aus der Brühe nehmen, in eine Schüssel geben
und mit dem Koriander oder der
Petersilie bestreuen. Einen Teil
der Brühe dazugeben und die
Klößchen servieren.

Lammfleisch mit Sesam

Zhi Ma Yang Rou Chuan

Zutaten für 4 Portionen:

*500 g Lammkeule ohne
    Knochen
20 g Lauch
30 g Ingwerwurzel
2 EL Reiswein
1 EL Sojasauce
Salz, 1 TL Zucker
10 Metall- oder Holzspieße
50 g weiße oder schwarze
    Sesamsamen
500 g Pflanzenöl*

*Zubereitungszeit:
etwa 1 Std.*

Pro Portion: 2060 kJ/ 495 kcal

1 Lammfleisch in etwa 3 cm
  lange, 2 cm breite und dünne Scheiben schneiden. Lauch
und Ingwer putzen bzw. schälen und in Scheiben schneiden.

2 Lammfleisch mit 2 EL Reiswein, 1 EL Sojasauce, Salz,
1 TL Zucker, Lauch und Ingwer
verrühren und etwa 20 Min.
marinieren.

3 Lammfleisch mit Lauch und
  Ingwer auf 10 Spieße stekken. Lammfleisch in den
Sesamsamen wälzen.

4 Öl in einem Wok oder einem Topf erhitzen. Es ist
heiß genug, wenn an einem
hölzernen Kochlöffel, den Sie in
das Öl tauchen, kleine Bläschen
aufsteigen.

5 Lammfleischspieße in das
  heiße Öl geben und etwa
4 Min. fritieren. Herausnehmen, abtropfen lassen und
servieren. Wenn Sie Metallspieße nehmen, beim Servieren mit mehrfach gefalteten
Tüchern halten, da sie sehr
heiß sind.

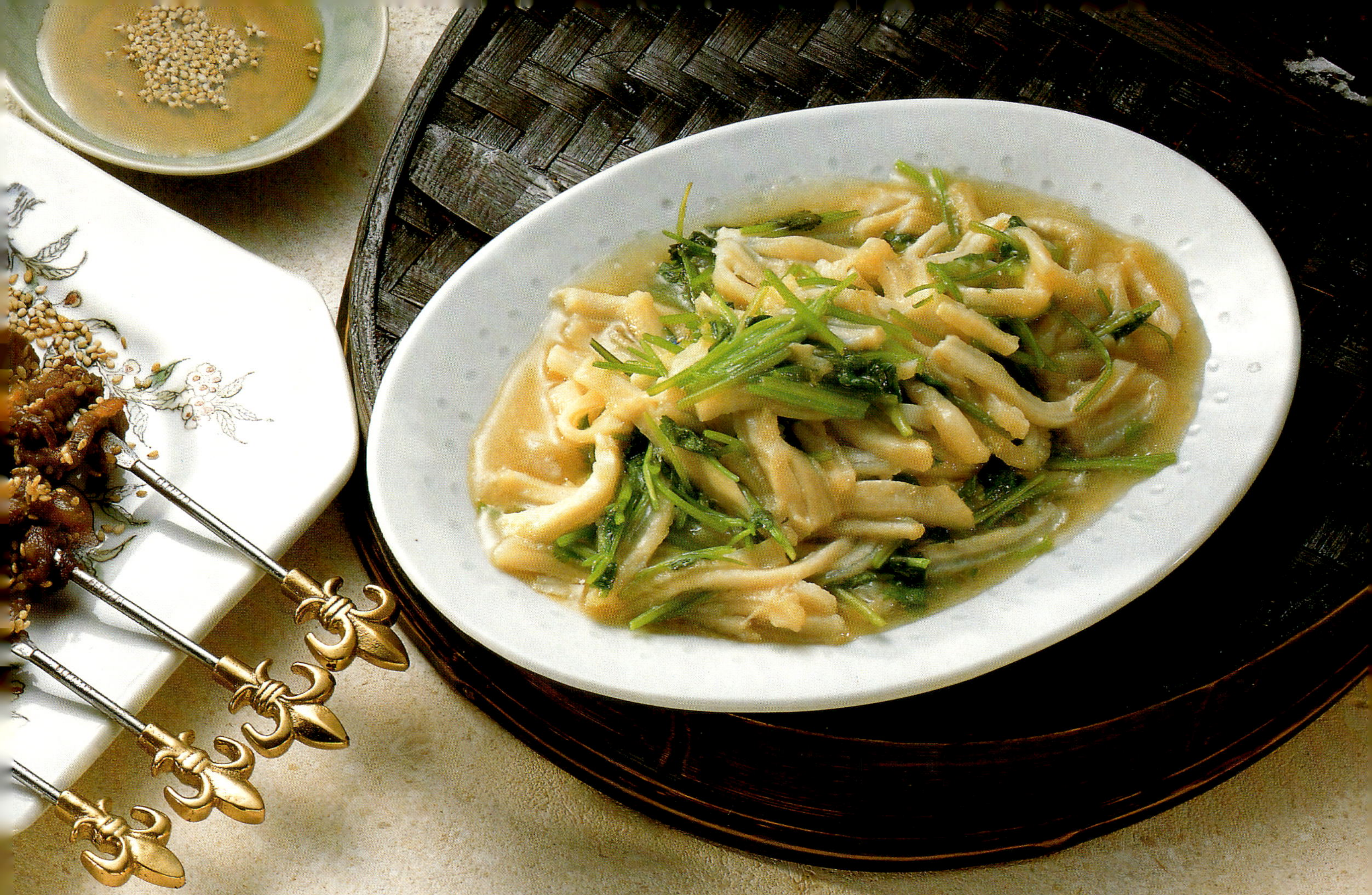

Kutteln mit Petersilie

Xiang Cai Liu Du Si

Tip

Verwenden Sie zum Garen der Spieße Fonduetopf und -gabeln – falls vorhanden. Die Gabeln haben in der Regel Griffe aus Holz oder einem anderen Material, das auch bei hohen Temperaturen nicht heiß wird.

Zutaten für 3 Portionen:

300 g gekochte Kutteln (Kaldaunen)
150 g zarte Petersilienstengel
40 g Lauch
1 EL Reiswein
Salz, Pfeffer
1 TL Maisstärke, in 1 EL Wasser angerührt
1 EL Hühnerbrühe oder Wasser
3 EL Pflanzenöl
1 TL Sesamöl

Zubereitungszeit:
etwa 30 Min.

Pro Portion: 1030 kJ/ 245 kcal

1 Die Rinderkutteln in etwa 4 cm lange, feine Streifen schneiden. Die Petersilienstengel waschen und in 3 cm lange Stücke schneiden. Den Lauch putzen, waschen und in Streifen schneiden.

2 1 EL Reiswein mit Salz, Pfeffer, der angerührten Maisstärke und der Brühe oder dem Wasser mischen.

3 In einem Wok oder einem Topf reichlich Wasser zum Kochen bringen. Die Rinderkutteln hineingeben und kurz erhitzen. Dann herausnehmen und abtropfen lassen.

4 Einen Wok oder eine Pfanne erhitzen. Das Öl darin heiß werden lassen. Petersilie und Lauch hineingeben und unter Rühren anbraten. Sauce und Rinderkutteln dazugeben und alles unter Rühren etwa 1 Min. garen. Kutteln in einen Teller geben, das Sesamöl darüber träufeln und die Kutteln servieren.

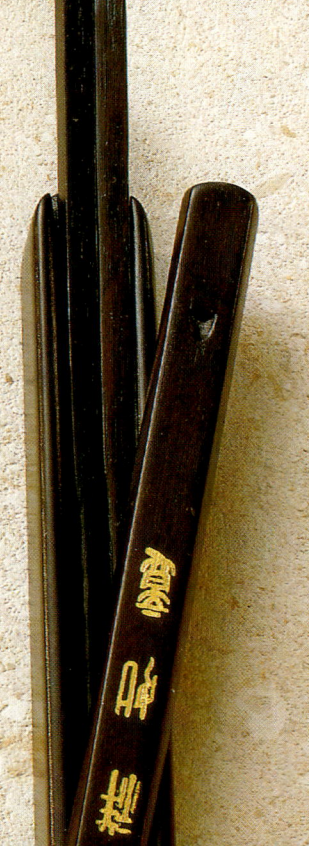

»Duftblüten«-Fleisch

Gui Hua Rou

Zutaten für 2–3 Portionen:

100 g Schweinefilet
Salz, Pfeffer
1 EL Reiswein
1 TL Maisstärke, in 1 EL
 Wasser angerührt
30 g Lauch
30 g gekochter Schinken
3 Eier
2–3 EL Pflanzenöl

Zubereitungszeit:
etwa 20 Min.

Bei 3 Portionen pro Portion:
 995 kJ/ 240 kcal

1 Schweinefilet trockentupfen und in 1 cm große, rhombenförmige, dünne Scheiben schneiden. Mit Salz, Pfeffer, 1 EL Reiswein und ½ EL angerührter Maisstärke mischen.

2 Lauch putzen, waschen und fein hacken. Schinken in kleine Würfel schneiden und beiseite stellen.

3 Eier in einer Schüssel verquirlen. Fleischscheiben, Lauch und die restliche angerührte Maisstärke unterrühren.

4 Einen Wok oder eine Pfanne erhitzen. Öl hineingeben und heiß werden lassen. Eiermasse hineingeben und unter Rühren etwa 1 Min. braten. Auf einen Teller geben, mit dem Schinken bestreuen und servieren.

Tip

Beim Garen sollten Sie ständig rühren, da die Eiermasse leicht anbrennt.

Schweinefilet in Eierteig

Fu Rong Li Ji

Zutaten für 2–3 Portionen:

200 g Schweinefilet
Salz, Pfeffer
1 EL Reiswein
4 Eiweiß
50 g Maisstärke
500 g Pflanzenöl
150 g Blattsalat

Zubereitungszeit:
etwa 50 Min.

Bei 3 Portionen pro Portion:
 1700 kJ/ 405 kcal

1 Das Schweinefleisch in etwa 4 cm lange, ½ cm breite, dünne Scheiben schneiden. Die Streifen der Länge nach noch einmal durchschneiden und in eine Schüssel geben. Mit Salz, Pfeffer und 1 EL Reiswein mischen.

2 Die Eiweiße in eine Schüssel geben und zu steifem Schnee schlagen. Maisstärke mit einem Schneebesen gründlich untermischen.

3 Öl in einem Wok oder einem Topf erhitzen. Es ist heiß genug, wenn an einem hölzernen Kochlöffelstiel, den Sie in das Fett tauchen, kleine Bläschen aufsteigen.

4 Fleischstreifen mit dem Eischnee mischen, so daß sie ganz davon überzogen sind. Fleischstreifen portionsweise im Öl etwa 1 Min. fritieren. Herausnehmen und auf Küchenpapier abtropfen lassen.

5 Wenn alle Fleischstreifen gebraten sind, das Öl noch einmal heiß werden lassen. Fleischstreifen noch einmal hineingeben und 1 Min. fritieren.

6 Salat waschen, trockenschwenken und auf einer Platte anrichten. Fleischstreifen dazugeben und servieren.

Schweinenieren mit Paprika

La Jiao Liu Tiao Hua

Zutaten für 3 Portionen:

2 Schweinenieren (etwa 300 g)
Salz, Pfeffer
2 EL Reiswein
1 TL Maisstärke, in 1 EL
  Wasser angerührt
1 kleine grüne Paprikaschote
20 g Lauch
20 g Ingwerwurzel
2–3 EL Pflanzenöl

Zubereitungszeit:
etwa 50 Min.

Pro Portion: 915 kJ/ 220 kcal

1 Schweinenieren waagerecht durchschneiden. Häutchen und Röhren herausschneiden und die Nieren etwa 30 Min. in kaltes Wasser legen.

2 Nieren auf einer Seite mit einem scharfen Küchenbeil oder Messer kreuzförmig einschneiden, dann in etwa 1 cm breite und 2 cm lange Stücke schneiden. Mit Salz, Pfeffer, 1 EL Reiswein und der angerührten Maisstärke mischen.

3 Paprikaschote waschen, putzen und in etwa 2 cm große, rhombenförmige Stücke schneiden. Lauch und Ingwer putzen bzw. schälen und in Scheiben schneiden. 1 EL Reiswein mit Salz und Pfeffer mischen.

4 Einen Wok oder eine Pfanne erhitzen. Öl hineingeben. Die Nierenstreifen abtropfen lassen, hinzufügen und kurz anbraten. (Flüssigkeit mit dem gewürzten Reiswein mischen.) Paprika dazugeben und ebenfalls kurz anbraten. Lauch und Ingwer dazugeben und alles unter Rühren etwa 1 Min. braten. Vermengte Sauce zugießen und noch einmal ½ Min. braten. In einen Teller füllen und servieren.

Tip

Nierenstreifen nicht länger braten, sonst werden sie hart.

Gedämpftes Huhn mit Erdnüssen

Hua Sheng Zheng Ji

Zutaten für 3–4 Portionen:

*750 g Hühnerfleisch mit
   Knochen (z.B. 4 Hühnerkeulen)
30 g Lauch
20 g Ingwerwurzel
1 EL Reiswein
Salz, Pfeffer
50 g Erdnußkerne
150 g Gurken und Möhren
   zusammen
1 TL Maisstärke, in 1 TL
   Wasser angerührt*

<u>*Zubereitungszeit:*</u>
etwa 1¼ Std.

*Bei 4 Portionen pro Portion:
   935 kJ/ 225 kcal*

1 Die Hühnerstücke kalt abspülen und in einen Topf
oder einen Wok geben. Etwa
1 l Wasser angießen (die
Hühnerstücke sollen davon
bedeckt sein) und zum Kochen
bringen.

2 Inzwischen Lauch und Ingwer putzen bzw. schälen
und in Scheiben schneiden.
Lauch, Ingwer, 1 EL Reiswein,
Salz und Pfeffer zum Huhn
geben und das Huhn zugedeckt
bei mittlerer Hitze etwa 30 Min.
garen.

3 Huhn herausnehmen und
etwas abkühlen lassen.
Hühnerbrühe durch ein Sieb
gießen.

4 Hühnerfleisch von den Knochen befreien und mit der
Haut nach oben ordentlich in
eine Schüssel legen, in der das
Fleisch auch gedämpft werden
kann.

5 Erdnüsse von den braunen
Häuten befreien und auf
das Hühnerfleisch geben.
100 ml Hühnerbrühe dazu-
gießen.

6 In einen Topf eine umgedrehte Tasse stellen und
etwa 4 cm hoch Wasser an-
gießen. Hühnerfleisch auf die
Tasse stellen und zugedeckt bei
mittlerer Hitze etwa 20 Min.
dämpfen.

7 Inzwischen Gurken und
Möhren waschen bzw.
schälen. Gurkenschale ab-
schälen und mit den Möhren in
etwa 1 cm große, rhomben-
förmige Stücke schneiden.

8 Erdnüsse vom Hühnerfleisch nehmen. Hühner-
fleisch auf einen Teller stürzen.
Garflüssigkeit abgießen und mit
Hühnerbrühe auf ¼ l auffüllen.
Erdnüsse, Möhren und Gurken
mit Hühnerbrühe in einen Wok
oder einen Topf geben und
erhitzen. Maisstärke untermischen und die Sauce einmal
aufkochen. Sauce eventuell mit
Salz und Pfeffer nachwürzen,
dann über das Hühnerfleisch
gießen.

Geschmorte Ente mit Eiern und Tongku-Pilzen

Xiang Gu Dan Pu Ya

Zutaten für 4–6 Portionen:

1 Ente, etwa 2 kg
30 g Lauch
20 g Ingwerwurzel
Salz, Pfeffer
2 EL Reiswein
6 getrocknete Tongku-Pilze
(Shiitake)
6 Eier
5 Kirschen (aus der Dose)
1 TL Maisstärke, in 1 TL
Wasser angerührt

Zubereitungszeit:
etwa 1 ¾ Std.

Bei 6 Portionen pro Portion:
1950 kJ/ 465 kcal

1 Ente innen und außen
gründlich kalt abspülen und
in einen großen Topf geben. So
viel Wasser dazugeben, daß die
Ente davon bedeckt ist, und
zum Kochen bringen. Inzwischen Lauch und Ingwer putzen bzw. schälen und in Scheiben schneiden.

2 Brühe abschäumen. Lauch,
Ingwer, Salz, Pfeffer und
2 EL Reiswein zugeben und die
Ente zugedeckt bei schwacher
Hitze etwa 40 Min. köcheln
lassen.

3 Tongku-Pilze mit kochendem Wasser übergießen,
etwa 10 Min. quellen lassen.
Zur Ente geben und 30 Min.
mitgaren.

4 Ente herausnehmen und
etwas abkühlen lassen,
dann das Fleisch von den Knochen lösen und mit der Haut
nach oben ordentlich in eine
Schüssel legen. Entenfleisch in
einem Topf auf einer umgedrehten Tasse 5 Min. dämpfen,
dann auf einen Teller stürzen.

5 Inzwischen die Eier in kaltes Wasser geben und zum
Kochen bringen. Eier 10 Min.
kochen, dann kalt abschrecken
und schälen. Den Deckel abschneiden und die Eier in Form

von Blütenblättern zurechtschneiden.

6 Pilze aus der Garflüssigkeit
nehmen und ordentlich auf
der Ente anrichten. Die Eier um
die Ente herum anordnen. Kirschen abtropfen lassen, einmal
durchschneiden und auf die
Eier legen.

7 Von der Entenbrühe ¼ l
abmessen, mit Salz und
Pfeffer abschmecken und
1 Min. kochen. Maisstärke
untermischen und die Brühe
damit etwas andicken. Über die
Ente gießen und servieren.

Tip

Die Eier werden in kaltem Wasser aufgesetzt, damit die Schale nicht platzt.

Dong-An Huhn

Dong An Ji

Zutaten für 4 Portionen:

1 Hähnchen (etwa 1 kg)
20 g Lauch
20 g Ingwerwurzel
5 kleine getrocknete
    Chilischoten
1 TL Sichuan-Pfefferkörner
2 EL Pflanzenöl
1 EL Reiswein
1 TL Sojasauce
½ – ¾ l Hühnerbrühe
Salz, Pfeffer
50 ml heller chinesischer
    Reisessig
1 TL Maisstärke, in 1 TL
    Wasser angerührt
1 EL Sesamöl

Zubereitungszeit:
etwa 1 Std.

Pro Portion: 1200 kJ/ 285 kcal

1 Das Hähnchen kalt abspülen, dann in einen Topf geben und mit Wasser bedeckt zum Kochen bringen. Zugedeckt bei mittlerer Hitze etwa 30 Min. köcheln lassen.

2 Dann herausnehmen, von den Knochen lösen und in 4 cm lange und 1 cm breite Streifen schneiden. Lauch und Ingwer putzen und in Scheiben schneiden. Chilischoten und Pfefferkörner im Mörser grob zerstoßen.

3 Einen Wok erhitzen. Öl hineingeben. Pfeffer, Chili, Lauch und Ingwer im Öl unter Rühren braten, bis sie würzig duften. 1 EL Reiswein, 1 TL Sojasauce und ½ – ¾ l Hühnerbrühe angießen. Hühnerfleisch, Salz, Pfeffer und 50 ml Essig dazugeben und 2 Min. kochen. Dann die angerührte Maisstärke untermischen. Mit Sesamöl beträufelt servieren.

Variante

Gut schmeckt dieses Gericht auch, wenn Sie vor dem Servieren etwas Gemüse untermischen. Zum Beispiel Tomatenwürfel oder Paprika bzw. Stangensellerie in feinen Scheiben.

Hibiskus-Hühnerscheiben

Fu Rong Ji Pian

Zutaten für 3 Portionen:

200 g Hühnerbrust ohne Haut
    und Knochen
Salz, Pfeffer
1 EL Maisstärke, in 2 EL
    Wasser angerührt
4 Eiweiß
500 g Pflanzenöl
100 g Gurken und Möhren
    zusammen
¼ – ⅜ l Hühnerbrühe

Zubereitungszeit:
etwa 1 Std.

Pro Portion: 1285 kJ/ 305 kcal

1 Hähnchenbrust trockentupfen und durch den Fleischwolf (grobe Scheibe) drehen oder mit einem Küchenbeil sehr fein hacken. Hähnchenhack mit Salz, Pfeffer und 50 ml kaltem Wasser verrühren. Die Hälfte der aufgelösten Maisstärke untermischen.

2 Eiweiße schlagen, bis sie fast steif sind. Mit der Hühnerfleischmasse verrühren.

3 Öl in einem Topf erhitzen. Einen anderen Wok oder eine Pfanne erhitzen und mit Öl auspinseln. Von der Hühnermasse etwa 100 g in den Wok geben. Wenn die Masse fast gar ist, in das heiße Öl in den anderen Wok oder die Pfanne geben und die Hühnermasse schwimmend fritieren. Wenn die Hühnermasse gleichmäßig hell ist, herausnehmen und gründlich abtropfen lassen. Restliche Hühnermasse ebenso garen.

4 Gurke waschen, Möhre schälen und beides in etwa 2 cm große, rhombenförmige Scheiben schneiden.

5 Hühnerbrühe in einem Wok oder einem Topf zum Kochen bringen. Gurken und Möhren hinzufügen, mit Salz und

Zweifarbige Röllchen mit Hühnerfleisch

Shuang Se Ji Juan

Pfeffer würzen und 1 Min. garen. Die restliche aufgelöste Maisstärke dazugeben und die Sauce damit etwas andicken. Dann die Hühnerscheiben dazugeben und noch 1 Min. garen. Hühnerscheiben servieren.

Zutaten für 2–3 Portionen:

5 getrocknete Tongku-Pilze (Shiitake)
40 g Möhren
50 g gekochter Schinken
200 g Hühnerbrust ohne Haut und Knochen
Salz, Pfeffer
2 Eier
2 TL Maisstärke, in 1 EL Wasser angerührt
1 EL Pflanzenöl
10 schöne, große Spinatblätter (Wurzelspinat)
¼ l Hühnerbrühe

Zubereitungszeit:
etwa 1¼ Std.

Bei 3 Portionen pro Portion: 880 kJ/ 210 kcal

1 Die Tongku-Pilze mit kochendem Wasser überbrühen und etwa 10 Min. quellen lassen. Dann abtropfen lassen und in etwa 2 cm lange, feine Streifen schneiden. Die Stiele dabei herausschneiden.

2 Die Möhren schälen, mit dem Schinken und der Hähnchenbrust in feine Streifen schneiden. Die kleingeschnittenen Zutaten mischen und mit Salz und Pfeffer abschmecken. Die Eier in einer Schüssel mit der Hälfte der aufgelösten Maisstärke verquirlen.

3 Einen Wok erhitzen und mit Öl auspinseln. Die Eiermasse hineingeben und durch Schwenken sehr dünn verteilen. Bei schwacher Hitze fest werden lassen. Wenn Sie keine große Pfanne haben, die Masse in Portionen backen. Die Eiermasse dann aus der Pfanne nehmen und in 10 Stücke von je 5 x 3 cm Größe schneiden.

4 Die Spinatblätter waschen, in reichlich kochendem Salzwasser etwa ½ Min. blanchieren. Dann etwa 3 Min. in Eiswasser legen. Den Spinat vorsichtig herausnehmen und mit einem Tuch trockentupfen.

5 Die Hühnermasse in 20 Portionen teilen. Die Spinatblätter und die Eierstücke jeweils mit Hühnermasse belegen und aufrollen. Die Röllchen nach Farben abwechselnd hübsch in einer Schüssel anordnen.

6 In einen Topf oder einen Wok eine umgedrehte Tasse stellen. Etwa 4 cm hoch Wasser angießen. Die Schüssel auf die Tasse stellen und die Röllchen etwa 15 Min. zugedeckt dämpfen.

7 Inzwischen die Hühnerbrühe in einem Topf erhitzen und mit Salz und Pfeffer würzen. Die restliche angerührte Maisstärke untermischen und die Brühe damit etwas andicken.

8 Die Hühnerröllchen vorsichtig auf einen Teller stürzen. Die Sauce darüber gießen und die Röllchen servieren.

Huhn mit Walnüssen

Tao Ren Ji Ding

Zutaten für 2 Portionen:

150 g Hühnerbrust ohne Haut
  und Knochen
1 TL Maisstärke
1½ EL Reiswein
30 g Lauch
10 g Ingwerwurzel
1 EL Sojasauce
Salz, Pfeffer
50 g Walnußkerne
2–3 EL Pflanzenöl

Zubereitungszeit:
etwa 20 Min.

Pro Portion: 1100 kJ/ 260 kcal

1 Das Hühnerfleisch in etwa
½ cm große Stücke schnei-
den und mit 1 TL Maisstärke
und 1 EL Reiswein mischen.

2 Lauch und Ingwer putzen
bzw. schälen und in Scheiben schneiden. 1 EL Sojasauce
mit ½ EL Reiswein, Salz und
Pfeffer zur Sauce vermischen.

3 Walnußkerne nach Belieben
halbieren oder vierteln.
Einen Wok oder eine Pfanne
erhitzen. Öl hineingeben. Walnüsse darin unter Rühren etwa
1 Min. braten. Herausnehmen
und beiseite stellen.

4 Hühnerfleisch ins verbliebene Fett geben und unter
Rühren etwa 1 Min. braten.
Lauch und Ingwer dazugeben
und alles noch einmal 1 Min.
braten. Sauce und Walnüsse
untermischen und noch einmal
1 Min. braten. Sie sollen nicht
zu dunkel werden. Sofort servieren.

Hühnerflügel mit Mini-Ma

Yu Sun Ji Chi

Zutaten für 3 Portionen:

500 g Hühnerflügel
20 g Lauch
30 g Ingwer
250 g Pflanzenöl
1 EL Sojasauce
1 EL Reiswein
Salz, Pfeffer
300 ml Hühnerbrühe
1 Dose Mini-Mais (420 g Inhalt;
  Asienladen)
2 TL Maisstärke, in 2 TL
  Wasser angerührt

Zubereitungszeit:
etwa 45 Min.

Pro Portion: 1400 kJ/ 330 kcal

1 Die Hühnerflügel waschen
und gründlich trocken-
tupfen. Lauch und Ingwer putzen bzw. schälen und in Scheiben schneiden.

2 Das Öl in einem Topf oder
einem Wok erhitzen. Es ist
heiß genug, wenn an einem
hölzernen Kochlöffelstiel, den

Sie ins heiße Fett tauchen,
kleine Bläschen aufsteigen.
Hühnerflügel hineingeben und
2-4 Min. fritieren, bis sie schön
gebräunt sind. Herausnehmen
und abtropfen lassen.

3 Öl bis auf einen dünnen
Film aus dem Wok gießen.
Lauch und Ingwer hineingeben
und kurz anbraten. 1 EL Sojasauce, 1 EL Reiswein, Salz,
Pfeffer und die Hühnerbrühe
angießen. Hühnerflügel dazugeben und zugedeckt bei
schwacher bis mittlerer Hitze
etwa 20 Min. garen.

4 Maiskolben abtropfen lassen, zu den Hühnerflügeln
geben und heiß werden lassen.
Brühe mit der Maisstärke mischen und einmal aufkochen,
bis sie dickflüssig wird. Hühnerflügel in der Sauce servieren.

Huhn mit Senf und Sesamöl

Xiang You Jie Mo Ji

Zutaten für 3–4 Portionen:

1 kleines Hähnchen (etwa 1 kg)
20 g Lauch
30 g Ingwerwurzel
1 EL Reiswein
Salz, Pfeffer
20 g scharfer, grobkörniger
   Senf
3 EL Sesamöl

Zubereitungszeit:
etwa 50 Min.

Bei 4 Portionen pro Portion:
   1000 kJ/ 240 kcal

1 Das Hähnchen innen und
außen gründlich waschen
und in einen Topf oder einen
Wok geben. Das Hähnchen mit
Wasser bedecken und zum
Kochen bringen.

2 Lauch und Ingwer putzen
bzw. schälen und in Scheiben schneiden. Die Brühe abschäumen. Lauch, Ingwer, 1 EL
Reiswein, Salz und Pfeffer
dazugeben und das Hähnchen

zugedeckt bei mittlerer bis
schwacher Hitze etwa 35 Min.
garen.

3 Das Hähnchen dann herausnehmen, in kleine Stücke
schneiden und nach Wunsch
von den Knochen befreien. Auf
einer Platte anrichten.

4 Senf mit Sesamöl und einigen Eßlöffeln Brühe
verrühren und über das Hähnchen gießen. Servieren.

141

Gedämpfte Brassen

He Bao Ji Yu

Zutaten für 3 Portionen:

2 Brassen von je etwa 400 g
Salz, Pfeffer
2 EL Reiswein
5 getrocknete Tongku-Pilze
 (Shiitake)
30 g getrocknete Krabben
50 g Schweinenetz (rechtzeitig
 vorbestellen!)
50 g Bambussprossen
40 g gekochter Schinken
3–4 EL Pflanzenöl
1 TL Sojasauce
2 EL Hühnerbrühe + 200 ml
 Hühnerbrühe
30 g Lauch
20 g Ingwerwurzel
1 TL Maisstärke, in 1 TL
 Wasser angerührt

<u>Zubereitungszeit:</u>
etwa 40 Min.

Pro Portion: 1655 kJ/ 395 kcal

Tip

Im Originalrezept wird dieses
Gericht mit Karauschen zubereitet. Sie werden auch Bauern-
karpfen oder Moorkarpfen genannt und sind hochrückige,
gedrungene Fische.
Karauschen sind sehr an-
spruchslose, genügsame

Fische, die in der Küche außer
in China vor allem in Osteuropa
verwendet werden. Bei uns
sind sie leider nur ganz selten
zu bekommen. Nehmen Sie
deshalb Karpfen, Seebarsch,
Flußbarsch oder wie hier
Brassen.

1 Die Brassen von den Schuppen und den Kiemen befrei-
en. Am Rücken eine etwa 5 cm
große Öffnung einschneiden
und die Eingeweide durch diese Öffnung herausnehmen. Die
Fische ausspülen, dann die
Öffnung vergrößern.

2 Fische jeweils auf einen
länglichen Teller geben, auf
dem sie auch gedämpft werden
können, mit Salz bestreuen und
mit je 1 EL Reiswein
beträufeln.

3 Tongku-Pilze in einer Schüssel mit kochendem Wasser
übergießen und 10 Min. quellen
lassen. Krabben ebenfalls in
kochendem Wasser 10 Min.
einweichen. Schweinenetz
5 Min. in lauwarmem Wasser
einweichen, dann herausnehmen und trockentupfen.

4 Bambussprossen, Schinken, abgetropfte Pilze und
Krabben in sehr kleine Würfel
schneiden.

5 Einen Wok oder eine Pfanne erhitzen. Öl hineingeben. Pilze, Krabben, Schinken und Bambus darin unter Rühren kurz anbraten. 1 EL Reiswein, 1 TL Sojasauce, 1 EL Hühnerbrühe und Pfeffer dazugeben. Garen, bis die Masse dicklich ist.

6 Eingekochte Mischung mit einem Löffel in der Bauchöffnung und in der Öffnung am Rücken der Fische verteilen. Fische mit 1 EL Brühe begießen. Lauch und Ingwer putzen bzw. schälen und in grobe Scheiben schneiden. Auf den Fischen verteilen.

7 Schweinenetz auf die Fische legen. So bleibt das Aroma noch besser erhalten. In zwei großeTöpfe je eine umgedrehte Tasse stellen und etwa 4 cm hoch Wasser angießen. Jeweils 1 Platte daraufstellen und die Fische zugedeckt etwa 20 Min. dämpfen.

8 Schweinenetz herunternehmen, Lauch und Ingwer entfernen. Fische auf einen Teller geben. 200 ml Hühnerbrühe in einem Topf aufkochen und mit Salz und Pfeffer abschmecken. Angerührte Maisstärke dazugeben und die Brühe damit andicken. Über die Fische gießen und servieren.

Fritierte Garnelen

Ruan Zha Da Xia

Zutaten für 2–3 Portionen:

250 g rohe geschälte Garnelen
Salz, Pfeffer
1 TL Reiswein
2 kleine Eier
75 g Maisstärke
500 g Pflanzenöl
125 g Blattsalat (Kopfsalat oder
    junger Chinakohl)

Zubereitungszeit:
etwa 30 Min.

Bei 3 Portionen pro Portion:
    1515 kJ/ 365 kcal

1 Garnelen waschen und
trockentupfen, dann mit
Salz, Pfeffer und 1 TL Reiswein
mischen und beiseite stellen.

2 Die Eier verquirlen. Die
Maisstärke unter Rühren
mit einem Schneebesen gründlich untermischen.

3 500 g Öl in einem Wok oder
einer Pfanne erhitzen. Es ist
heiß genug, wenn an einem

Holzkochlöffel, den Sie ins
heiße Fett tauchen, Bläschen
aufsteigen.

4 Die Garnelen durch den
Eierteig ziehen und im heißen Fett etwa 2 Min. fritieren,
bis sie knusprig und hellgelb
sind. Dabei nach der Hälfte der
Zeit wenden.

5 Die Salatblätter waschen
und am Rand eines großen
Tellers anordnen. Die Garnelen
abtropfen lassen und in die
Mitte des Tellers geben.

Tips

Die Garnelen sind innen zart
und weich, außen knusprig. Mit
Salat zusammen schmecken
sie erfrischend und nicht fett.
Dazu paßt gut eine süß-saure
Sauce. Das Öl sollte beim
Fritieren nicht zu heiß werden,
damit die Garnelen innen
gegärt werden, ohne außen zu
dunkel zu werden.

Garnelen mit Toast

Mian Bao Xia Ren

Zutaten für 2–3 Portionen:

200 g rohe geschälte Garnelen
Salz, Pfeffer
1 TL Reiswein
1 Eiweiß
100 g Toastbrot (4 Scheiben)
1 Stück Gurke + 1 kleine Möhre
    (geputzt zusammen 75 g)
1 TL Maisstärke, in 3 EL
    Wasser angerührt
4–5 EL Pflanzenöl

Zubereitungszeit:
etwa 40 Min.

Bei 3 Portionen pro Portion:
    1250 kJ/ 300 kcal

1 Die Garnelen kalt abspülen,
trockentupfen und in
1–2 cm große Würfel schneiden. Die Würfel mit je 1 kräftigen Prise Salz und Pfeffer sowie 1 TL Reiswein mischen.
Das Eiweiß steif schlagen und
untermischen.

2 Die Toastbrotscheiben in
rhombenförmige Stücke

von 1 x 1 cm Größe schneiden.
Das Gurkenstück waschen und
mit der Hand mehrere Male
kräftig auf der Arbeitsfläche hin
und her rollen. Die Schale dann
dünn abschneiden und in
1 x 1 cm große Rhomben
schneiden. Die Möhre schälen
und in gleich große dünne
Stücke schneiden. Die aufgelöste Maisstärke mit Salz und
Pfeffer mischen.

3 Den Wok oder eine Pfanne
erhitzen. 2–3 EL Öl hineingeben und heiß werden lassen.
Die Toastbrotstücke im Öl von
beiden Seiten braten, bis sie
schön knusprig sind.

4 Die Brotstücke herausnehmen. 2 EL Öl in den Wok
oder die Pfanne geben und die
Gurken, die Möhren und die
Garnelen darin etwa 1 Min.
unter Rühren braten. Die Maisstärke angießen, alles noch
einmal ½ Min. braten. Die
Brotstücke untermischen und

Garnelen in Tomatensauce

Fan Qie Xia Ren

noch einmal heiß werden lassen.

Tip

Das Gericht schmeckt köstlich und erfrischend. Dazu paßt am besten Bier.
Die Toastbrotstücke sollten zum Schluß nur noch kurz erwärmt werden, damit sie schön knusprig bleiben.

Zutaten für 2–3 Portionen:

200 g rohe geschälte Garnelen
Salz, Pfeffer
1 TL Reiswein
1 Stück Gurke und 1 kleine
*   Möhre (geputzt zusammen*
*   75 g)*
1 TL Zucker
1 TL Essig
1 TL Maisstärke, in 1 EL
*   Wasser angerührt + 10 g*
*   Maisstärke*
1 Eiweiß
10 g Maisstärke
2–3 EL Pflanzenöl
1 EL Tomatenketchup

<u>Zubereitungszeit:</u>
etwa 20 Min.

Bei 3 Portionen pro Portion:
*   710 kJ/ 170 kcal*

1 Garnelen kalt abspülen und trockentupfen, dann in Würfel von 1–2 cm Größe schneiden. Die Würfel mit je 1 kräftigen Prise Salz und Pfeffer sowie 1 TL Reiswein mischen.

2 Das Gurkenstück gründlich waschen und mehrere Male kräftig auf der Arbeitsfläche hin und her rollen. Die Schale dann dünn in einem Stück abschneiden und in 1 x 1 cm große rhombenförmige Stücke schneiden. Die Möhre schälen und ebenfalls in Rhomben schneiden.

3 Den Zucker mit dem Essig, der aufgelösten Maisstärke, Salz und Pfeffer zur Sauce verrühren.

4 Das Eiweiß verquirlen, mit der trockenen Maisstärke gründlich verrühren und unter die Garnelenwürfel mischen.

5 Den Wok oder eine Pfanne erhitzen. 2–3 EL Öl hineingeben und heiß werden lassen. Die Garnelen im Öl unter Rühren bei mittlerer Hitze etwa ½ Min. braten. Die Gurken- und die Möhrenrhomben dazugeben und alles noch einmal

etwa ½ Min. unter Rühren braten. Das Tomatenketchup und die angerührte Essigsauce untermischen und noch einmal etwa ½ Min. braten. Das Gericht servieren.

Garnelen in Mandarinen

Jin Ju Xia Pian

Zutaten für 2–3 Portionen:

400 g rohe geschälte Garnelen
1 EL Reiswein
Salz, Pfeffer
40 g Glasnudeln
6 Mandarinen

Zubereitungszeit:
etwa 1 Std.

Bei 3 Portionen pro Portion:
615 kJ/ 145 kcal

1 Garnelen waschen und gegebenenfalls den dunklen Darm entfernen. Garnelen in etwa 3 cm lange und 1 cm breite, dünne Scheiben schneiden. Garnelen mit 1 EL Reiswein, Salz und Pfeffer mischen.

2 Glasnudeln in warmem Wasser etwa 5 Min. quellen lassen. Abtropfen lassen und mit den Garnelen mischen.

3 Garnelen in eine Schüssel füllen und in einen Topf auf eine umgedrehte Tasse stellen.

Etwa 4 cm hoch Wasser angießen und erhitzen. Garnelen zugedeckt etwa 15 Min. dämpfen. Zwischendurch einmal umrühren.

4 Inzwischen Mandarinen waschen und abtrocknen. Den Deckel etwa 1 cm breit abschneiden. Das Mandarinenfleisch vorsichtig herauslösen. Die Schalen dürfen dabei nicht verletzt werden. Die Deckel nicht auslösen, das Mandarinenfleisch gibt den Garnelen ein besonderes Aroma.

5 Gedämpfte Garnelenmasse in die Mandarinenschalen füllen. Deckel wieder auflegen und die Mandarinen noch einmal 5 Min. dämpfen. Mandarinen auf einem Teller anrichten und servieren.

Tip

Die Mandarinen sollten Sie nicht länger dämpfen, damit sie ihre schöne Farbe behalten.

Garnelenhack auf Toast

Xia Rong Mian Bao

Zutaten für 3 Portionen:

150 g rohe geschälte Garnelen
1 TL Maisstärke, in 1 TL
* Wasser angerührt*
1 Eiweiß
1 TL Reiswein
Salz
4 Scheiben Toastbrot
50 g Gurken und Möhren
* zusammen*
500 g Pflanzenöl
etwas Blattsalat zum Anrichten

Zubereitungszeit:
etwa 40 Min.

Pro Portion: 1225 kJ/ 295 kcal

1 Garnelen waschen und trockentupfen. Falls nötig, den dunklen Darm entfernen. Garnelen mit einem Küchenbeil oder einem großen, schweren Messer sehr fein hacken.

2 Garnelenmasse mit der angerührten Maisstärke, dem Eiweiß, 1 TL Reiswein und Salz verrühren.

3 Toastbrote in 24 Stücke von etwa 5 cm Länge und 3 cm Breite schneiden. Die Brotstücke mit der Garnelenmasse bestreichen.

4 Gurke waschen und die Schale dünn abschneiden. Möhre schälen und mit der Gurkenschale in feine Streifen schneiden. Die Streifen in die Garnelenmasse drücken.

5 Öl in einem Wok oder einer Pfanne erhitzen. Toasts hineingeben und etwa 1 Min. fritieren. Dann herausnehmen und abtropfen lassen. Das Öl noch einmal erhitzen und die Toasts ein zweites Mal mit der Garnelenseite nach unten darin fritieren, bis sie knusprig und goldgelb sind.

6 Blattsalat waschen, trockentupfen und einen Teller damit auslegen. Toasts abtropfen lassen und auf dem Salat anrichten.

Jakobsmuscheln mit dicken Bohnen

Can Dou Hui Bei Pian

Getränketip

Bier schmeckt zu den Garnelen-Toasts am besten.

Zutaten für 2–3 Portionen:

200 g ausgelöste
   Jakobsmuscheln
Salz, Pfeffer
1 EL Reiswein
200 g dicke Bohnen (frisch
   enthülst oder tiefgefroren)
1 Eiweiß
1 TL Maisstärke + 1 TL
   Maisstärke, in 1 TL Wasser
   angerührt
250 g Pflanzenöl
300 ml Hühnerbrühe

Zubereitungszeit:
etwa 40 Min.

Bei 3 Portionen pro Portion:
   970 kJ/ 230 kcal

1 Die Jakobsmuscheln vom
Darm befreien und wa-
schen, dann in etwa 2 cm große, dünne Scheiben schneiden.
Mit Salz, Pfeffer und 1 EL Reiswein mischen.

2 Die dicken Bohnen in sprudelnd kochendem Salzwas-
ser 8–10 Min. garen, dann kalt
abschrecken und trocken-
tupfen.

3 Eiweiß mit 1 TL trockener
Maisstärke mischen.
Jakobsmuscheln unterrühren.

4 Öl in einem Wok oder einer
Pfanne erhitzen. Es ist heiß
genug, wenn an einem hölzernen Kochlöffelstiel, den Sie in
das Fett tauchen, kleine Bläschen aufsteigen. Jakobs-
muscheln ins Fett geben und
½ Min. fritieren. Dicke Bohnen
zufügen und ebenfalls ½ Min.
fritieren. Beides mit einem
Schaumlöffel herausnehmen
und abtropfen lassen.

5 Öl aus dem Wok oder der
Pfanne gießen. Jakobs-
muscheln wieder hineingeben,
mit der Brühe begießen. Mit
Salz und Pfeffer würzen und
zum Kochen bringen. Die aufgelöste Maisstärke unter-
mischen und die Brühe damit
binden. Servieren.

Tip

Dicke Bohnen gibt es sowohl
frisch als auch tiefgefroren nur
selten zu kaufen. Wenn Sie
keine bekommen, nehmen Sie
statt dessen Erbsen.
Feiner wird das Gericht, wenn
Sie es mit Fischfond statt mit
Hühnerbrühe zubereiten. Fischfond gibt es in Gläsern in guter
Qualität fertig zu kaufen.

Fächerförmige Garnelen mit Salat

Sheng Cai Xia Shan

<u>Zutaten für 2–3 Portionen:</u>

250 g rohe geschälte Garnelen
   (etwa 15 Stück)
Salz
Pfeffer
1 TL Reiswein
2 Eiweiß
40 g Maisstärke
50 g Gurken und Möhren
   zusammen
500 g Pflanzenöl
100 g Blattsalat

<u>Zubereitungszeit:</u>
etwa 40 Min.

Bei 3 Portionen pro Portion:
  1310 kJ/ 315 kcal

1 Die Garnelen waschen, dann mit einem scharfen Messer der Länge nach mehrere Male wie einen Fächer einschneiden, aber nicht ganz durchtrennen. Die einzelnen Spalten auseinanderklappen, so daß die Garnelen wie Fächer aussehen. Die Zwischenräume mit Salz und Pfeffer würzen

und mit 1 TL Reiswein beträufeln.

2 Die Eiweiße mit der Maisstärke verquirlen. Die Garnelen flach auf einer Platte ausbreiten und gründlich mit der Eiweißmischung bestreichen.

3 Gurkenstück waschen und die Schale dünn abschneiden. Möhren schälen. Beides in feine Streifen schneiden und zwischen die Garnelenstreifen legen.

4 Öl in einem Wok oder einer Pfanne erhitzen. Es ist heiß genug, wenn an einem hölzernen Kochlöffelstiel, den Sie ins Öl tauchen, kleine Bläschen aufsteigen.

5 Garnelenfächer mit einem Bratenwender von der Platte nehmen und vorsichtig ins heiße Öl gleiten lassen. Garnelen etwa 1 Min. fritieren. Dann

herausnehmen und abtropfen lassen. Öl noch einmal heiß werden lassen und die Garnelen wieder hineingeben. Garnelen noch einmal etwa 1 Min. fritieren, bis sie schön knusprig und goldgelb sind.

6 Garnelen mit einem Schaumlöffel aus dem Öl fischen, gründlich abtropfen lassen und am Rand eines Tellers anrichten. Salat waschen, trockenschwenken und in die Mitte des Tellers geben. Die Garnelen servieren.

Fischbällchen in Sauce

Hui Yu Wan

Zutaten für 3 Portionen:

200 g beliebiges
weißfleischiges Fischfilet
1 EL Pflanzenöl
Salz, Pfeffer
1 Eiweiß
1 EL Maisstärke, in 1½ EL
Wasser angerührt
je 150 g Möhren, Rettich und
Gurken
300 ml Hühnerbrühe

Zubereitungszeit:
etwa 1 Std.

Pro Portion: 645 kJ/·155 kcal

1 Fischfilets mit einer Pinzette von allen Gräten befreien, dann mit einem Küchenbeil oder einem großen, schweren Messer sehr fein hacken.

2 Fischfleisch in einer Schüssel mit 1 EL Öl, 2 EL kaltem Wasser und Salz verrühren, bis die Masse glatt ist. Eiweiß und zwei Drittel der angerührten Maisstärke untermischen und

alles verrühren, bis die Masse gut gebunden ist.

3 Möhren, Rettich und Gurken schälen bzw. waschen und in kugelförmige Stücke schneiden.

4 In einem Wok oder einem Topf etwa 2 l Wasser zum Kochen bringen. Vom Herd ziehen. Aus der Fischmasse mit einem Teelöffel Bällchen von etwa 1 cm Durchmesser formen und in das Wasser gleiten lassen. Fischbällchen etwa 3 Min. im Wasser ziehen lassen. Wenn die Klößchen alle an der Oberfläche schwimmen, diese mit einem Schaumlöffel herausfischen.

5 Das Wasser ausgießen. ½ l frisches Wasser zum Kochen bringen. Möhren und Rettich hineingeben und 2 Min. kochen lassen. Gurken hinzufügen und alles noch 1 Min. kochen. Dann herausnehmen.

6 Wasser ausgießen. Die Hühnerbrühe in den Wok oder den Topf geben und mit Salz und Pfeffer abschmecken. Fischbällchen hineingeben und noch einmal etwa 2 Min. kochen. Dann herausfischen und auf einen Teller legen.

7 Gemüse in die Brühe geben und 1 Min. kochen. Herausnehmen und um die Fischbällchen herum anrichten. Brühe mit der übrigen angerührten Maisstärke mischen und aufkochen lassen, bis sie leicht dickflüssig wird. Sauce über die Fischbällchen gießen. Die Bällchen servieren.

Tip

Noch aromatischer schmecken die Fischbällchen, wenn Sie sie nicht kochen, sondern in Öl fritieren.

Gebratener Aal

Zi Long Tuo Pao

Zutaten für 2–3 Portionen:

1 kleiner Aal von etwa 400 g
Salz
2 EL Reiswein
1 Eiweiß
½ TL Maisstärke
je ½ grüne und rote
    Paprikaschote
10 g Lauch
30 g Ingwerwurzel
1 TL Sojasauce
1 EL Pflanzenöl

Zubereitungszeit:
etwa 1 Std.

Pro Portion: 1855 kJ / 445 kcal

1 Den Aal mit einem Tuch am Kopf festhalten. Die Haut direkt hinter dem Kopf einschneiden und etwas vom Fleisch lösen. Die Haut dann mit einem kräftigen Ruck abziehen. Den Aal von allen Eingeweiden befreien und gründlich waschen. Das Aalfleisch ablösen und in etwa 5 cm lange, feine Streifen schneiden. Die Streifen mit Salz und 1 EL Reiswein mischen. Eiweiß mit ½ TL trockener Maisstärke verquirlen und untermischen.

2 Die Paprikastücke von den Trennwänden und den Kernen befreien, waschen und in etwa 4 cm lange, feine Streifen schneiden. Lauch und Ingwer putzen bzw. schälen und ebenfalls in feine Streifen schneiden.

3 1 EL Reiswein mit Salz, 1 TL Sojasauce und Pfeffer mischen.

4 Einen Wok oder eine Pfanne erhitzen. Öl hineingeben. Aalstreifen im Öl unter leichtem Rühren 1 Min. anbraten. Paprika dazugeben und unter Rühren ebenfalls 1 Min. braten. Lauch und Ingwer untermischen, die vermengte Sauce untermischen und alles noch einmal 1 Min. braten. Auf einen Teller geben und servieren.

Tip

Das Öl darf beim Braten nicht zu heiß werden, sonst wird das Aalfleisch zu hart und trocken.

Spinatravioli mit Tintenfisch

Po Jiao You Yu

Zutaten für 3 Portionen:

500 g zarter Spinat
150 g Mehl
75 g Schweinefilet
1 EL Reiswein
Salz, Pfeffer
500 g Tintenfisch
300 ml Hühnerbrühe

Zubereitungszeit:
etwa 50 Min.

Pro Portion: 1505 kJ/ 360 kcal

1 Den Spinat in stehendem kaltem Wasser mehrmals gründlich waschen. Spinat in reichlich kochendem Wasser etwa ½ Min. blanchieren. Dann kalt abschrecken und abtropfen lassen. Den Spinat auf ein Küchenbrett geben und sehr fein hacken. Spinatmasse in ein sauberes Tuch geben und den Saft auspressen.

2 Mehl mit Spinatsaft (man braucht etwa 100 ml), und etwa 1 EL gehacktem Spinat in einer Schüssel zu einem glatten geschmeidigen Teig verkneten. Teig mit einem feuchten Tuch abdecken.

3 Schweinefleisch mit einem Küchenbeil oder einem großen, schweren Messer sehr fein hacken oder durch den Fleischwolf drehen. Fleisch mit ½ EL Reiswein, Salz und Pfeffer mischen.

4 Den Teig auf der bemehlten Arbeitsfläche zuerst zu einer Rolle formen, dann in 15 Stücke schneiden. Die Stücke jeweils zu runden Teigplättchen ausrollen. Die Hackmasse auf die Teigplättchen geben. Den Teig zusammenfalten und die Ränder gut zusammendrücken.

5 Tintenfische putzen und waschen. Die Tintenfische mit einem Küchenbeil oder einem scharfen Messer auf einer Seite kreuzförmig ein-schneiden, so daß ein hübsches Gittermuster entsteht. Den Tintenfisch dann in etwa 5 cm lange, 2 cm breite Stücke schneiden.

6 In einem Topf reichlich Wasser zum Kochen bringen und den Tintenfisch darin knapp 1 Min. blanchieren. Dann herausnehmen. Der Tintenfisch darf nicht länger kochen, sonst wird er hart.

7 Hühnerbrühe in einen Topf geben, mit Salz, Pfeffer und ½ EL Reiswein würzen und zum Kochen bringen. Tintenfische hineingeben und einmal aufkochen. Dann mit einem Schaumlöffel herausfischen und auf einen Teller legen. Sauce über die Tintenfische gießen.

8 Gleichzeitig in einem Topf Wasser zum Kochen bringen. Die Ravioli darin etwa 5 Min. kochen. Dann heraus-fischen und neben dem Tintenfisch anrichten.

Tip

Wenn die Ravioli in dem heißen Wasser an die Oberfläche steigen, sollten sie noch 1 Min. kochen.
In China ist dieses Gericht eine besondere Delikatesse. Es heißt, wenn man Ravioli zusammen mit Tintenfischen ißt, empfindet man eine einmalige Freude.

Fischsuppe mit Schinken

Huo Tui Yu Rong Geng

Zutaten für 4 Portionen:

*150 g beliebiges,
   weißfleischiges Fischfilet
Salz, Pfeffer
1 TL Maisstärke, in 1 TL
   Wasser angerührt
5 Eiweiß
50 g gekochter Schinken
10 g Ingwerwurzel
1 l Hühnerbrühe*

Zubereitungszeit:
etwa 25 Min.

Pro Portion: 670 kJ/ 160 kcal

1 Fischfleisch mit einer Pinzette von allen Gräten befreien, dann mit einem Küchenbeil oder einem großen, schweren Messer fein hacken. Fischmasse mit Salz, Pfeffer und
2 EL kaltem Wasser verrühren.
Aufgelöste Maisstärke gründlich untermischen.

2 Eiweiß halb steif schlagen,
dann gründlich unter das
gehackte Fischfleisch rühren.

Den gekochten Schinken fein
hacken und beiseite stellen.
Ingwer schälen und in Scheiben
schneiden.

3 Hühnerbrühe in einen Topf
oder einen Wok geben und
zum Kochen bringen. Mit Salz
und Pfeffer würzen. Fischfleisch und Ingwer in die Brühe
geben. Brühe rasch zum Kochen bringen. So steigt das
Fischfleisch an die Oberfläche
und die Brühe wird ganz klar.

4 Suppe in eine Schüssel
geben, mit dem Schinken
bestreuen und servieren.

Tip

Diese Suppe gilt in China als
gutes Gericht zur Ernüchterung
nach dem Genuß von zuviel
Alkohol.

Klare Brühe mit Garnelen

Qing Tang Xia Pian

Zutaten für 5 Portionen:

*100 g Hähnchenbrust ohne
   Haut und Knochen
200 g rohe geschälte Garnelen
Salz
1 Eiweiß
1 TL Maisstärke
150 g Spinat
1¼ l Hühnerbrühe*

Zubereitungszeit:
etwa 40 Min.

Pro Portion: 345 kJ/ 82 kcal

1 Die Hähnchenbrust durch
den Fleischwolf drehen
oder mit einem Küchenbeil
oder einem schweren Messer
sehr fein hacken. Hähnchenfleisch mit ¼ l kaltem Wasser
verrühren.

2 Garnelen waschen und
gegebenenfalls vom Darm
befreien. Die Garnelen dann in
4 cm lange und 1 cm breite
Streifen schneiden. Mit Salz
abschmecken. Eiweiß mit der

Maisstärke verquirlen und unter
die Garnelen mischen.

3 Spinat verlesen und in stehendem kaltem Wasser
mehrmals gründlich waschen.

4 Hühnerbrühe in einen Wok
oder einen Topf geben und
zum Kochen bringen. Hühnerhack hineingeben. Kurz bevor
die Brühe wieder kocht, den
Wok oder den Topf so weit von
der Kochstelle ziehen, daß er
nur noch zu einem Drittel darauf steht. So kocht die Brühe
nur auf einer Seite, das Hühnerfleisch bewegt sich im Kreis,
und die Brühe klärt sich gut.
Hühnerfleisch herausfischen.
Brühe mit Salz und Pfeffer
abschmecken.

5 In einem anderen Wok oder
Topf ½ l Wasser zum Ko-
chen bringen. Spinat hineingeben und 1 Min. kochen.
Dann herausnehmen und in
eine große Schüssel geben.

Feuertopf mit Allerlei

Shi Jing Huo Guo

Garnelen in das Wasser geben und 10 Sekunden kochen. Dann ebenfalls herausnehmen und auf dem Blattgemüse anrichten. Heiße Brühe über die Zutaten in der Schüssel gießen und die Suppe servieren.

Zutaten für 3–4 Portionen:

*10 getrocknete Tongku-Pilze
 (Shiitake)
200 g rohe geschälte Garnelen
100 g Gurken
100 g Möhren
100 g Rettich
200 g kleine Pak choi
etwa 2 l Hühnerbrühe
Salz, Pfeffer*

<u>*Zubereitungszeit:*</u>
etwa 35 Min.

*Bei 4 Portionen pro Portion:
 555 kJ/ 135 kcal*

1 Pilze in einer Schüssel mit kochendem Wasser übergießen und etwa 10 Min. quellen lassen.

2 Garnelen waschen und gegebenenfalls vom Darm befreien, dann in feine Scheiben schneiden.

3 Gurken, Möhren und Rettich waschen bzw. schälen und in etwa 6 cm lange, 2 cm breite und dünne Scheiben mit welligem Rand schneiden. Pak choi von den äußeren Blättern befreien und waschen. Pilze abtropfen lassen.

4 In einem Topf oder einem Wok etwa ½ l Wasser zum Kochen bringen. Gemüse hineingeben und etwa 2 Min. kochen. Dann kalt abschrecken und abtropfen lassen.

5 Den Feuertopf mit Pak choi auslegen. Darüber erst Möhren, dann Rettich, dann Gurken und den übrigen Pak choi füllen. Zum Schluß die Pilze und die Garnelen auf den Zutaten verteilen.

6 Hühnerbrühe erhitzen, mit Salz und Pfeffer abschmecken und in den Feuertopf gießen. Feuertopf anheizen (siehe auch Seite 76). Sobald die Brühe kocht, kann das Essen beginnen. Man fischt die festen Bestandteile mit Stäbchen oder Sieben aus der Brühe. Zum Schluß wird die aromatische Brühe getrunken.

Tip

Wenn Sie keinen Feuertopf haben, nehmen Sie einen weiten Topf, den Sie auf einem Fonduerechaud heiß halten.

155

Gefüllte Schilfblätter

Zong Zi

Zutaten für 10 Portionen:

500 g Klebreis
20 frische Schilfblätter
   (ersatzweise Bananenblätter)
20 chinesische rote Datteln
   (ersatzweise frische braune
   Datteln)
20 Baststreifen

Zubereitungszeit:
etwa 1¼ Std.

Pro Portion: 955 kJ/ 230 kcal

1 Den Klebreis in einem Sieb mit warmem Wasser abspülen, dann in frischem Wasser etwa 30 Min. einweichen.

2 Inzwischen etwa 2 l Wasser zum Kochen bringen. Die Schilfblätter darin 1 Min. blanchieren, dann herausnehmen und in Eiswasser abkühlen lassen.

3 Die Datteln in kaltem Wasser etwa 15 Min. einweichen.

4 Jeweils 2 Schilfblätter nebeneinander legen. Die Blätter so zusammenrollen, daß tütenförmige Trichter entstehen. Jeweils 50 g Klebreis und 2 Datteln in die Trichter füllen. Die oberen Blätter nach innen falten, so daß die Füllung bedeckt ist. Die Trichter mit dem Bast zusammenbinden.

5 In einen Topf 1½ l Wasser füllen. Die Zong Zi einlegen und das Wasser zum Kochen bringen. Die Zong Zi dann bei schwacher Hitze etwa 40 Min. garen, bis die Schilfblätter weich sind.

6 Die Zong Zi kurz abkühlen lassen und servieren.

Geschichte

Zong Zi sind eine traditionelle chinesische Delikatesse. Sie werden zum Andenken an den patriotischen Dichter aus der chinesischen Antike, Qu Yuan, zubereitet.

Perlen-Klebreisklöße

Zhen Zhu Yuan Zi

Zutaten für 5 Portionen:

150 g Klebreis
100 g Zucker
1 EL Weizenmehl
1 TL Sesamsamen
2 TL Sesampaste
2 EL Sesamöl
400 g Klebreismehl

Zubereitungszeit:
etwa 1 Std.

Pro Portion: 1875 kJ/ 450 kcal

1 Den Klebreis in einer Schüssel mit 200 ml heißem Wasser übergießen und etwa 15 Min. quellen lassen,

2 Inzwischen Zucker mit 1 EL Weizenmehl, 1 TL Sesamsamen, 1 TL Sesampaste und 1 EL Sesamöl in eine andere Schüssel geben und vermischen.

3 Das Klebreismehl mit 300 ml lauwarmem Wasser vermischen und verkneten, bis ein glänzender Teig entsteht, der nicht mehr an den Fingern klebt. Den Teig in 10 Stücke teilen.

4 Jeweils ein Klebreisteigstück in die mit Wasser befeuchtete Hand nehmen und etwas flach drücken. Etwas Sesammasse auf den Teig geben und darin einhüllen. Die Stücke etwas länglich formen.

5 Den eingeweichten Klebreis abtropfen lassen. Die Teigrollen darin wälzen. Sie sollen hübsch von Reiskörnern überzogen sein.

6 Einen Dämpfkorb mit einem feuchten Tuch auslegen. Die Klebreisklöße in 2 Portionen hineinlegen und jeweils über dem heißen Wasserdampf etwa 15 Min. dämpfen. Die Klebreisklöße heiß oder etwas abgekühlt servieren.

Fritierte Äpfel mit Zuckerfäden

Ba Si Ping Guo

Zutaten für 4 Portionen:

350 g Äpfel
etwa 70 g Maisstärke
400 g Pflanzenöl
50 g Zucker
½ EL Sesamsamen

Zubereitungszeit:
etwa 25 Min.

Pro Portion: 1200 kJ / 285 kcal

1 Die Äpfel schälen, von den
Kerngehäusen befreien und
in etwa 4 cm lange und 2 cm
breite, rhombenförmige Stücke
schneiden.

2 Die Äpfel in der Maisstärke
wenden. Sie sollen ganz
davon überzogen sein.

3 Das Öl in einem Wok oder
einem Topf erhitzen. Es ist
heiß genug, wenn an einem
hölzernen Kochlöffelstiel, den
Sie ins Fett tauchen, kleine
Bläschen aufsteigen. Die
Apfelstücke ins heiße Fett

geben und etwa 3 Min.
fritieren, bis sie goldgelb sind.
Äpfel herausnehmen und abtropfen lassen.

4 Das Öl bis auf einen dünnen
Film aus dem Wok gießen.
Den Zucker mit 2 EL Wasser
hineingeben und bei schwacher
Hitze unter Rühren erhitzen, bis
er schmilzt. Dabei eventuell
noch etwas Wasser angießen
und den Wok immer wieder
vom Herd nehmen, damit die
Masse nicht verbrennt. Den
Zucker so lange unter Rühren
garen, bis sich Blasen bilden,
die so groß wie Fischaugen
sind.

5 Die Apfelstücke dazugeben
und kurz durchschwenken.
Dann die Äpfel auf einen Teller
geben und die Sesamsamen
darüber streuen.

6 Beim Essen hat jeder ein
Schälchen mit kaltem Was-
ser vor sich. Die Apfelstücke

werden hineingetaucht, bevor
man sie ißt. Dadurch sind sie
schön knusprig, und die Zuckermasse zieht Fäden.

Delikat

Die Küche des Südens

Unser Besuch »beim Chinesen« beginnt meist mit einer knusprigen Frühlingsrolle und endet mit süß-saurem Schweinefleisch à la Kanton (siehe Seite 168 und 175), denn die meisten China-Restaurants im Westen ruhen fest in kantonesischer Hand. Seit der Jahrhundertwende wandern vorrangig Chinesen aus der Provinz Guangdong nach Hongkong, Südostasien, Amerika und Europa aus und kommen in Übersee als Köche zu Geld.

Exotisch – die Kanton-Küche

Während man die Kanton-Küche im Ausland für die chinesische Küche schlechthin hält, wird sie zu Hause oft als zu exotisch und befremdend empfunden. Zum einen, weil die Kantonesen, so heißt es spöttisch, alles essen, was fliegt, außer Drachen, und alles, was mit Beinen auf der Erde steht, außer Holzbänken. Zum anderen, weil sich diese Küche auch ausländische Gerichte einverleibt hat.
Von alters her besitzt die Küche der Provinzen Guangdong, Fujian und Guangxi eine eigenständige Tradition, die sich nicht an der klassischen Küche des Nordens orientiert. Guangdong mit dem Delta des Perlflusses gehört zu den fruchtbarsten Gebieten des Landes.

Die »blaue Kultur« des Südens

Für die Kantonesen, die progressivsten aller Chinesen, dient das Meer *Hai* seit jeher als Erweiterung des Horizontes, während es für die überwiegende Mehrheit als dessen Be-

Vorhergehende Doppelseite:
Wasserreisfelder zwischen den Karsthügeln am Li-Fluß.

grenzung gilt. Moderne Chinesen unterscheiden inzwischen wieder zwischen einer »gelben Kultur« des Nordens, einer erdverbundenen und von den senfgelben Lößregionen im Norden ausgehenden Kultur, die von alters her die elitäre Abkapselung des Reiches der Mitte verkörpert, und einer »blauen Kultur« des Südens, die Weltoffenheit symbolisiert. Ähnlich kontrastreiche Unterschiede prägen auch das Erscheinungsbild der Menschen, die nur die Schrift, nicht aber die Sprache teilen. Erscheint der Nordchinese hochgewachsen, wortkarg und reserviert, so kommt sein südlicher Landsmann klein, zierlich, smart und umgänglich daher.

Das Geheimnis ihrer Kochkultur

In der Küche des Südens werden Gemüse und Fleisch so kurz gebraten, daß sie ein Pekinger als ungenießbar, als viel zu roh ablehnen würde. In dieser Küche, zu der neben der kantonesischen auch die Stile von Chaozhou und Dongjiang zählen, kommt neben Frische vor allem Phantasie ins Spiel. So verarbeiten ihre Köche nicht nur Meeresfrüchte aller Art, sondern auch das Fleisch von Schlangen, Katzen und Hunden. Honoré de Balzac (1799-1850) hat die Chinesen als ein Volk bezeichnet, »bei denen die Künstler das Groteske zum Ideal erhoben haben.« Ersetzen wir Künstler durch Köche und Chinesen durch Kantonesen, dann lüftet sich das Geheimnis ihrer Kochkultur wie von selbst. Ihren schmählichen Ruf als »Hundefresser« scheinen die Südchinesen nie mehr abstreifen zu können. Ehrlich gesagt, gebärden sich Kantonesen nicht als willkürliche Hundefänger, sondern lieben nur das Fleisch von extra gezüchteten Hündchen. Aus diesem Grund halten die meisten Bauern einen Rüden als Hofhund. Hundefleisch ist von wärmender Yang-Natur und wird des-

halb nur zur kalten Jahreszeit gegessen. Dementsprechend lautet die Volksweisheit: »Wer Hundefleisch gegessen hat, braucht im Winter keinen Mantel mehr anzuziehen.«

Die Legende um Liu Bang

Ursprünglich galt ein Mahl aus Hundefleisch als Arme-Leute-Essen und die Legende weiß

warum: Liu Bang, in grauer Vorzeit ein Bettler aus Bei Xian, ernährte sich und seinen vierbeinigen Gefährten, indem er täglich zum Marktstand eines gewissen Wan Kuai schlich und unverfroren Fleisch stahl. Liu stellte es so geschickt an, daß er immer wieder zu einem saftigen Brocken für sich und seinen Hund kam. Mit der Zeit packte den hintergangenen Wan derart der Zorn, daß er

Neugierde macht Fassadenkletterer
Dorfjugend auf der Insel Hainan.

Die Sonne versinkt
Die Kormoran-Fischer
om Li-Fluß fahren
inaus (Bild oben).

Unter Männern
In einem traditionellen
Teehaus.

**Feinschnitt brennt
heiß**
Bauer auf dem Markt
von Xingping in
Guangxi.

eines Nachts in Lius Quartier schlich, dessen Hund stahl und schlachtete. Als Liu Bang am darauffolgenden Tag erneut um den Stand des Metzgers strich, schob ihm dieser geschickt das Fleisch des toten Tieres hin. Liu ging in die Falle, kochte sich das Fleisch seines Gefährten und war so verzückt, daß er Wan fortan noch mehr belästigte. Der Metzger sah seinen Ausweg nur noch in der Flucht über den Fluß. Doch der gierige Bettler spürte ihn auch am anderen Ufer auf. Voll magischer Kraft lockte er eine Riesenschildkröte an und ließ sich von ihr täglich hinüberbringen, um Hundefleisch zu ergattern. Aus lauter Verzweiflung tötete der Schlachter auch dieses Tier. Liu Bang rächte sich und stahl des Metzgers Schlachterbeil. Wan Kuai mußte deshalb das Hundefleisch, das er zusammen mit dem Fleisch der Schildkröte kochen wollte, mit bloßen Händen in Stücke rei-

ßen. Inzwischen entpuppte sich der Bettler als genialer Feldherr. Er zog mit dem Beil ins Feld und eroberte das Reich der Mitte. Als Gaozu-Kaiser (reg. 202–195 v.Chr.) begründete er die ruhmreiche Han-Dynastie. Um sein schändliches Bettlergebaren wieder gutzumachen, erhob er Wan Kuai in den Stand eines Generals. Seit jener Episode gilt die Kombination von Hunde- und Schildkrötenfleisch als eine besondere Delikatesse der Küche des Südens. Doch Kantonesen wären verkannt, würde man ihnen nur diese eine, wohlgemerkt in Stücke gerissene Delikatesse zubilligen. Platz zwei auf der Speisekarte nimmt Long Hu Do, »Drache kämpft gegen Tiger« ein, wobei sich hinter dem Tiger eine Katze und hinter dem Drachen ein Hund versteckt. Kurzum, das Groteske zum Ideal zu erheben, lautet das Geheimnis der Kochkunst des Südens.

Wie ausgestorben
Dorfstraße auf der Insel Hainan (Bild oben).

Warten auf Kundschaft
Ein Fischer repariert sein Nylonnetz.

Laden und Wohnung zugleich
Hausaufgaben machen Schüler am liebsten am Abend (Bild oben).

Notdürftig beleuchtet
Wurststand auf dem Markt in Kanton.

Chinaware – leicht zerbrechlich
Porzellanhändler in Nanning.

Im Tal des Drachenbrunnens

Der grüne Tee aus Longjing

Von ersten Sonnenstrahlen geküßt, steigt der zarte Duft des Taus über Tausenden von olivgrünen Sträuchern auf. Noch benetzt er lederartige, immergrüne Blätter, deren Spitzen auf der ganzen Welt begehrt sind. Frauen mit feingeflochtenen Bambuskörben streben bergan, um diese jungfräulichen Spitzen zu erhaschen. Noch in der Dämmerung verließen die Teepflückerinnen ihr Domizil, das Örtchen Mei Jia Wu, im engen Tal des Drachenbrunnens. Schon kämpfen die Pflückerinnen gegen die erste Müdigkeit an, als sie von einer scheppernden Stimme aufgeschreckt werden: »Genossin Mai, komm schnell ins Parteisekretariat, ein Anruf von auswärts für dich.« Nur die eingesessenen Talbewohner können diese Stimme als die der alten Yang vom Einwohnerkomitee entschlüsseln, denn sie quillt verzerrt und echoend aus fünfzig Lautsprechern, die über den gepflegten Teefeldern aufgepflanzt sind. Heutzutage dienen die rostigen Blechmonster an den schiefen Masten nur noch als Informationsbörse, die über ein bewachtes Mikrofon in einem ehemaligen Kloster gespeist wird. In der Kulturrevolution von 1966 bis 1976 bombardierte das Parteisekretariat die Talbewohner mehr als zwölf Stunden am Tag mit aufrüttelnden Durchsagen, anfeuernden Bekanntmachungen, Revolutionsliedern und revolutionären Parolen.

Ein neuer Slogan

Heutzutage horcht man nur noch beim Slogan »Arbeiten und nochmals arbeiten« auf, denn dafür gibt es Geld. Und Geld regiert inzwischen auch das rote China. Selbst die behäbigste Pflückerin erhält einen geringen, aber garantierten Grundlohn. Doch das wirkliche Geld, der Akkordzuschlag, wird mit flinkem Zupfen verdient. Die Arbeit zwischen den Strauchreihen erweist sich als äußerst beschwerlich, denn die Frauen dürfen von jedem Strauch nur die beiden jüngsten Blätter und eine Blattknospe pflücken. Bereits das dritte Blatt am Stiel ist nicht mehr gut. Im Gegensatz zum Kaffee folgt beim Tee die Verarbeitung recht zügig und vor Ort. Tee behält sein Olivgrün und wird nicht kupferrot, wenn die Fermentation unvollendet bleibt. Die Verarbeitung des Grünen zerfällt in Welken, Dämpfen, Rollen und Trocknen. Beim Schwarztee kommen Welken, Rollen und schließlich Fermentieren zusammen, wodurch sich der bittere Gerbstoffanteil vermindert und der Trunk magenfreundlicher wird. So verarbeitet, gewinnt man aus einem gewaltigen Berg von vier Kilo Blättern gerade ein Kilo Tee. In China benennt man den im Wok getrockneten grünen Tee nach seinem Aussehen: ob er sich gedreht, rund oder flach zeigt. Der gedrehte heißt Mee Cha, der runde Zhu Cha und der flache, speerförmige Longjing Cha, Drachenbrunnen-Tee. Nach dem morgendlichen Pflücken beginnt ein sechzehnstündiger Welkprozeß, dabei verlieren die Blätter ein Drittel ihrer Feuchtigkeit. Dann werden die Blättchen büschelweise in einer vierzig Grad heißen, gemauerten Kesselpfanne eine halbe Stunde lang sachte geknetet und gerollt. Um die Temperatur konstant zu halten, muß man von unten feingesplißtes Brennholz nachschieben. Unter pressenden, drückenden und niemals ruhenden Händen verwandeln sich grüne Blätter in knorrige, graue Zweiglein.

Himmlische Öle

Das halbstündige Rollen bedingt ein Aufbrechen der Blattzellen, wodurch Zellsaft an die Luft gerät und zu gären, besser zu fermentieren, beginnt: Ätherische Öle entströmen und Tannin tritt aus. Der wertvolle Zellsaft geht nicht verloren, sondern heftet sich außen an die getrockneten Teeblätter, genau das wird mit der langwierigen Behandlung bezweckt. Der Wandel vollzieht sich immer wieder vom Großen zum Kleinen, vom üppigen Blatt zum knorrigen Zweiglein. Vor Tausenden von Jahren geschah es nicht anders.
Ein Baumgewächs verkümmerte unter der bestimmenden Hand des Menschen zu einem Strauch. Doch es bedurfte einer ausgeklügelten Teekultur, bevor diese Gattung der weiß bis rosa blühenden Kamelie als hüfthoher Strauch wachsen konnte. Vermehrte sich einst der Teestrauch, der Baum sowieso, durch Samenflug, so wird er heute vegetativ durch Steck-

Morgennebel tränkt den Tee
Blick auf Mei Jia Wu im Tal des Drachenbrunnens.

linge von ertragreichen Mutter-pflanzen vermehrt, mit Men-schenhilfe versteht sich. Der Pionier von Tee stammt aus einem Gebiet der heutigen Provinzen Yunnan, Guizhou und Sichuan. Die ersten Plantagen eroberten über die Jahrhunder-te das Yangtse-Tal von Westen nach Osten. Ursprünglich galt Tee als Medizin. Er diente der Heilung und nicht dem Genuß. In der Tang-Zeit (618–907), einer kulturellen und politischen Blütezeit, akzeptierte niemand einen Bauernmarkt ohne Tee-stand als echten Markt. In jener Epoche, als sich die Große Mauer vorübergehend durchläs-sig darbot, brachten zwei japa-nische Mönche namens Saicho und Eisai, die in der Provinz Zhejiang den Zen-Buddhismus erforschten, die chinesische Art des Teetrinkens nach Japan, wo sich unter dem Begriff Chado, Weg des Tees, eine unübertroffene Zeremonie des Teetrinkens entfaltete. In einem guten, wirklich guten Teeladen von Shanghai oder Kanton fül-len mindestens zweiundfünfzig

Blechbehälter die Regale, denn soviele Teesorten zählen zu den berühmtesten des Landes. Als echte Exportschlager gel-ten:

Pungshui Gunpowder, ein grüner Tee, bestehend aus perlengroßen, grüngelben Kü-gelchen;

Xihu Longjing, ebenfalls ein grüner Tee, leicht süßlich mit olivenartigem Nachgeschmack. Seine jadegrünen Blätter ent-rollen sich beim Aufbrühen speerförmig und fahnenartig;

Pu Erh, ein sonnengetrockne-ter Tee aus der Provinz Yunnan;

Keemun, ein honigartig schmeckender Schwarztee;

Fujian Oolong aus der Provinz Fujian. Bei diesem Tee handelt es sich um einen halbfermen-tierten Tee, der geschmacklich zwischen grünem und schwar-zem Tee liegt;

Jasmintee, ein Grüner, mit duftenden Jasminblüten durchsetzt;

Weißer Tee aus der Provinz Fujian. Er wird ganz sachte über offenem Feuer getrocknet und ist in China als »Fliegender Drache in den Wolken« be-kannt.

Nicht nur die Namensgebung und das Abstimmen der Sorten, sondern auch die Art, Tee ange-messen zu trinken, gehen zu-rück auf Lu Yu, der in den Jah-ren 733 bis 804 lebte. In der weltweit ersten Tee-Enzyklo-pädie, Cha Jing, führt der Ge-lehrte aus, daß Tee nur in stiller Gesellschaft ohne schreiende

Geschwinde Finger,
geübter Blick
Teepflückerin bei
Hangzhou in der Provinz
Zhejiang (Bild oben).

Rund wie der Vollmond
Eingang zu einem
dörflichen Teehaus in der
Provinz Sichuan.

Säuglinge, tratschende Weiber und prahlende Männer getrunken werden sollte. Das Anrichten von Porzellangeschirr und Wasserkessel – stets von jemandem mit sauberen Fingernägeln zu verrichten – vergleicht er mit dem vergnüglichen, Geschicklichkeit erfordernden Knacken der Schalen beim Verzehr von Melonenkernen.

Das Geheimnis des Grünen

Lu Yu widmet sein Ohr dem Feuer, das ihn, sobald es das Teewasser im gußeisernen Kessel angreift, an das Singen des Windes in den Wipfeln von jungen Föhren erinnert. Auch dem Blick frönt Lu Yu, wenn er ausführt, daß erhitztes Wasser, sobald es anfängt zu kochen, vom Kesselboden »Fischaugen« und »Krabbenschäumchen« aufsteigen läßt. Flockig verrät der Schöngeist das Geheimnis des grünen Tees: Erst der zweite, mit heißem, nicht kochendem Wasser vollzogene

Aufguß sei der beste. Jetzt brilliere der Trunk blaßgolden und schmecke eine Idee nach zartestem Fleisch. Lu Yu machte es sich leicht. Tee hieß bei ihm immer nur Cha. Er überging den Dialekt von Amoy, einem Hafen in der traditionellen Teeprovinz Fujian, wo alle nur von Tee sprechen. Gewiß hätte auch er dem Tee gehuldigt, hätte er geahnt, daß jener Schnipsel von Dialekt eines Tages in die weite Welt eingeschifft würde. So landeten in Spanien, Frankreich, Italien, England und Deutschland nicht nur Ballen von grünem Tee, sondern auch das Wörtchen Tee – und wurde heimisch. In England allerdings nur bis in die Zeiten von Alexander Pope (1688-1744), dem Dichterpapst des englischen Rokoko.
Egal, ob aus Amoy oder Peking, kurz vor dem Essen trinkt der traditionsbewußte Chinese eine Schale Tee, um Schlund und Magen anzufeuchten. Gewiß auch noch, um nicht »üblen Wind«, jenes barytoner du cul, zu entfachen.

Sanftes Trocknen
Die welken Teeblätter werden im gemauerten Wok sachte erhitzt (Bild oben).

Viel Handarbeit
Ein ganzer Korb Teeblätter schrumpft auf eine Handvoll grünen Tee zusammen (Bild Mitte).

Wie Heu
Nichtfermentierter Drachenbrunnen-Tee.

Viele Kilo sind getrocknet
Teepause am Arbeitsplatz.

Rezeptübersicht

Gedämpfter Flußkarpfen

Qing Zheng Wu Liu Yu

Zutaten für 4 Portionen:

1 kleiner Karpfen von etwa
    900 g (ersatzweise
    Graskarpfen)
Salz, Pfeffer
2 TL Reiswein
40 g Möhren
40 g Gurke
1 rote Paprikaschote
40 g Lauch (nur weiße Teile)
20-30 g Ingwerwurzel
150 ml Hühnerbrühe
Salatblätter zum Anrichten

Zubereitungszeit:
etwa 1 Std.

Pro Portion: 835 kJ/ 200 kcal

Karpfen

ist ursprünglich ein asiatischer
Fisch. In der chinesischen Küche gibt es deshalb zahlreiche
Rezepte für diesen – bei uns
eher als Weihnachtskarpfen
bekannten – Fisch. Er bevorzugt warme, am besten stehen-
de Gewässer und kann deshalb
leicht gezüchtet werden. In
China werden Karpfen kleiner
gegessen als bei uns. Ein Karpfen von 600 g – wie im ursprünglichen Rezept angegeben – ist bei uns nicht zu bekommen.

Variante

Wenn Sie Karpfen nicht so
gerne mögen, können Sie statt
dessen Makrelen, verschiedene
Barsche oder Brassen nehmen.

Tip

Das Fischfleisch schmeckt fein
und zart und strömt einen wohl-
riechenden Duft aus. Der Karpfen schmeckt im Sommer besonders gut.
Da der berühmte Dichter der
Tang-Dynastie, Du Fu (712-770)
dieses Gericht zubereitet hat,
ist es bekannt geworden und
bis heute geblieben.

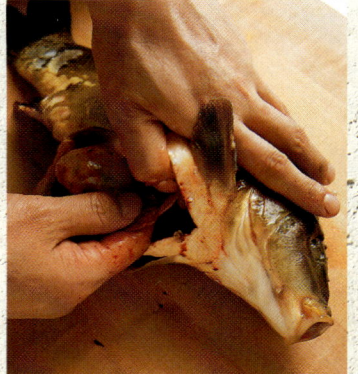

1 Den Karpfen gegebenenfalls ausnehmen. Dazu den
Fisch am Bauch vorsichtig aufschneiden und die Eingeweide
herauslösen. Den Fisch innen
und außen gründlich waschen.

2 Den Karpfen unter fließen-
dem kaltem Wasser schup-
pen, dann kurz in kochendes
Wasser tauchen.

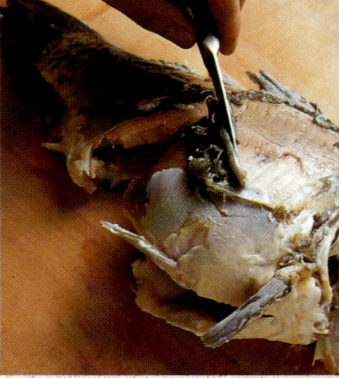

3 Den Karpfen sofort wieder
herausnehmen. Die Haut
ablösen und den Karpfen mit
Salz und Pfeffer sowie 2 TL
Reiswein würzen. Karpfen auf
einen Teller legen, auf dem er
auch gedämpft werden kann.

4 Möhren, die Gurkenschale und die roten Paprika-schoten, Lauch und Ingwer waschen und putzen bzw. schä-len. Alles in etwa 4 cm lange, feine Streifen schneiden.

5 Die Gemüsezutaten nach Farben getrennt in einem hübschen Muster ordentlich auf dem Fisch anordnen.

6 In einen Topf, der einen größeren Umfang als der Teller hat, eine umgedrehte Tasse stellen und etwa 3 cm hoch Wasser angießen.

7 Den Teller auf die Tasse stellen, das Wasser zum Kochen bringen und den Fisch zugedeckt bei mittlerer Hitze etwa 20 Min. dämpfen. Die Hühnerbrühe zum Kochen brin-gen und zum Fisch servieren. Fisch mit gewaschenen Salat-blättern garnieren.

Frühlingsrollen

San Si Chun Juan

Zutaten für 4 Portionen:

400 g Mehl
Salz, Pfeffer
5 frische Tongku-Pilze (Shiitake;
   ersatzweise getrocknete)
50 g Schnittlauch
100 g Sojasprossen
50 g rohe geschälte Garnelen
1 TL Sesamöl
1 Ei
20 g Maisstärke
500 g Pflanzenöl

Zubereitungszeit:
etwa 1 Std.

Pro Portion: 2200 kJ/ 520 kcal

Tip

In China werden die Frühlingsrollen als Imbiß oder in der
süßen Variante als kleiner Nachtisch nach den eigentlichen
Hauptspeisen serviert. Bei uns
sind sie sicher eine der belieb-
testen chinesischen Vorspeisen. Wenn Sie sich die Mühe
einmal sparen möchten, den
Teig selbst zu machen, kaufen
Sie fertige Teighüllen für
Frühlingsrollen, die es in Asien-
Läden tiefgefroren zu kaufen
gibt.

Varianten

Statt der angegebenen Füllung
schmecken beliebige andere
Zusammenstellungen. Versuchen Sie einmal Glasnudeln
und Hühnerfleisch, Gemüse
und Tofu oder Lammfleisch mit
Lauch und Ingwer. Oder in der
süßen Variante mit süßer Boh-
nen- oder Lotoskernpaste, die
es in Asienläden zu kaufen gibt.

1 Das Mehl mit ¼ l kaltem
Wasser und Salz in einer
Schüssel mischen. Dann auf
die Arbeitsfläche geben und
kräftig kneten. Dabei immer
wieder kräftig auf die Arbeitsfläche schlagen. Den Teig insgesamt etwa 15 Min. kneten,
bis er elastisch, glatt und glänzend ist.

2 Den Teig in 12 Stücke teilen. Eine Pfanne bei schwacher bis mittlerer Hitze erwärmen. Ein Teigstück darin aus-
einanderdrücken, so daß eine
dünne Teigschicht entsteht.
Den Teig backen, bis er weiß
wird und die Ränder sich krüm-
men. Die anderen Teigstücke
ebenso backen.

3 Die Pilze putzen und in
feine Streifen schneiden.
Wenn Sie getrocknete nehmen,
vorher 10 Min. in heißem Wasser einweichen. Schnittlauch
waschen und in 2 cm lange
Stücke schneiden. Garnelen
erst in feine Scheiben, dann in
Streifen schneiden.

4 Die Sojasprossen waschen,
dann in kochendem Wasser
½ Min. blanchieren. Soja-
sprossen herausnehmen und
abtropfen lassen.

5 Garnelen mit Pilzen, Schnitt-lauch und Sojasprossen mischen und mit Salz, Pfeffer und 1 TL Sesamöl ab-schmecken. Ei mit der Mais-stärke verquirlen.

6 Eine Teigplatte flach auf die Arbeitsfläche legen. Einen Teil der Füllung ordentlich auf eine Seite der Teighülle legen. Dabei an den Rändern Platz lassen. Die Teigränder nach innen falten.

7 Die Teigränder mit der Eier-masse bestreichen. Dann aufrollen und mit Eiermasse verschließen. Auf diese Weise alle Frühlingsrollen füllen.

8 Öl in einem Topf oder Wok erhitzen. Frühlingsrollen darin etwa 3 Min. garen. Dann herausnehmen und das Öl heißer werden lassen. Die Frühlingsrollen noch einmal erhitzen, bis sie goldgelb sind. Abtropfen lassen und servieren.

Fische mit fünf Gewürzen

Wu Xiang Su Yu

Zutaten für 8 Portionen:

3 Fische (zusammen etwa
  1,5 kg; Flußbarsche,
  Seebarsche oder Brassen)
10 g Lauch
30 g Ingwerwurzel
500 g Pflanzenöl
1 EL Reiswein
1 TL Sojasauce
½ l Hühnerbrühe
1 TL Zucker
Salz, Pfeffer
1 EL schwarzer Reisessig
3 Sternanis
1 Stück Zimt (etwa 30 g)
1 TL Sesamöl

Zubereitungszeit:
etwa 1 Std.

Pro Portion: 660 kJ/ 160 kcal

1 Die Fische gegebenenfalls
ausnehmen und schuppen.
Dann innen und außen gründlich waschen und trocken-
tupfen. Den Lauch und den
Ingwer putzen bzw. schälen
und in Scheiben schneiden.

2 Das Öl erhitzen. Es ist heiß
genug, wenn an einem
hölzernen Kochlöffel oder
Eßstäbchen kleine Bläschen
aufsteigen. Fische hineingeben
und etwa 8 Min. fritieren, bis
sie schön knusprig sind. Dann
abtropfen lassen.

3 Das Öl bis auf einen dünnen
Film aus dem Wok gießen.
Den Lauch und den Ingwer
darin unter Rühren ½ Min.
anbraten. 1 EL Reiswein und
1 TL Sojasauce dazugeben. Die
Hühnerbrühe angießen. Den
Zucker, Salz, Pfeffer, den Essig,
Sternanis und Zimt unter-
mischen. Fische in die Brühe
geben.

4 Brühe einmal aufkochen.
Dann die Fische bei schwacher Hitze 30 Min. schmoren.
Fische auf einen Teller legen.
Die Brühe bei starker Hitze
etwas einkochen lassen, dann
über die Fische gießen. Fische
erkalten lassen.

Gefülltes fritiertes Omelett

Zui Zha Su Juan

Zutaten für 5 Portionen:

5 getrocknete Tongku-Pilze
  (Shiitake)
100 g Sojasprossen
100 g Gurken und Möhren
  zusammen
30 g Lauch
1 TL Reiswein
Salz, Pfeffer
5 Eier
½ EL Maisstärke, in 1 EL
  Wasser angerührt
250 g Pflanzenöl

Zubereitungszeit:
etwa 40 Min.

Pro Portion: 770 kJ/ 180 kcal

1 Die Pilze mit kochendem
Wasser übergießen und
10 Min. quellen lassen. Sojasprossen waschen und ab-
tropfen lassen.

2 Gurken und Möhren waschen bzw. schälen. Pilze
abtropfen lassen. Lauch putzen
und waschen. Alle diese Zuta-

ten in etwa 2 cm lange, feine
Streifen schneiden. Mit den
Sojasprossen mischen und mit
1 TL Reiswein, Salz und Pfeffer
abschmecken.

3 Eier in einer Schüssel mit
der angerührten Maisstärke
verquirlen. Etwa ½ Tasse davon
beiseite stellen.

4 Einen Wok oder eine Pfanne erhitzen und mit wenig
Öl bestreichen. Ein Fünftel von
der Eimasse hineingeben und
durch Schwenken möglichst
dünn verteilen. Die Masse nur
so lange garen, bis sie gestockt
und fest ist, dann vorsichtig
herausnehmen.

5 Die fertigen Omeletts auf
der Arbeitsfläche ausbreiten
und die Füllung jeweils flach
darauf verteilen. Dabei rundherum einen etwa 2 cm breiten
Rand frei lassen. Die Ränder
über der Füllung nach innen
klappen und mit der restlichen

Süß-saure Schweinerippchen

Tang Cu Pai Gu

Eimasse bestreichen. Die Omeletts aufrollen und die Ränder mit Eimasse verschließen.

6 Öl in einem Topf oder einem Wok erhitzen. Es ist heiß genug, wenn an einem hölzernen Kochlöffelstiel, den Sie ins heiße Fett tauchen, kleine Bläschen aufsteigen. Röllchen hineingeben und etwa 3 Min. fritieren, bis sie goldgelb und knusprig sind. Abtropfen lassen, schräg in jeweils 3 Stücke schneiden und servieren.

Zutaten für 5 Portionen:

500 g Schweinerippchen (vom Metzger in etwa 5 cm lange Stücke hacken lassen!)
30 g Lauch
20 g Ingwerwurzel
500 g Pflanzenöl
1 TL Sojasauce
2 EL Reiswein
¾ l Hühnerbrühe
1 gestrichener EL Zucker
Salz, Pfeffer
2 EL heller chinesischer Essig

Zubereitungszeit:
etwa 1 Std. 10 Min.

Pro Portion: 890 kJ/ 210 kcal

1 Die Schweinerippchen trockentupfen. Den Lauch und den Ingwer putzen bzw. schälen und in grobe Scheiben schneiden.

2 Das Öl in einem Wok oder einem Topf erhitzen. Es ist heiß genug, wenn an einem hölzernen Kochlöffelstiel, den

Sie in das Fett tauchen, kleine Bläschen aufsteigen. Die Schweinerippchen in 3 Portionen jeweils 2 Min. fritieren. Herausnehmen und abtropfen lassen.

3 Das Öl bis auf einen dünnen Film aus dem Wok oder dem Topf gießen. Den Lauch und den Ingwer unter Rühren etwa ½ Min. braten. Dann 1 TL Sojasauce und 2 EL Reiswein zugeben. Die Hühnerbrühe angießen und mit 1 EL Zucker, Salz und Pfeffer würzen. Die Schweinerippchen einlegen. Alles einmal aufkochen, dann bei schwacher Hitze 50 Min. schmoren.

4 Schweinerippchen herausnehmen und in einen Teller geben. Brühe bei starker Hitze etwa 2 Min. kochen, bis sie leicht dickflüssig wird. Essig hineintropfen und die Sauce über die Rippchen gießen. Heiß oder abgekühlt servieren.

Tip
Den Essig erst zum Schluß zugeben. Dadurch bekommt das Gericht eine besondere Frische.

Lammfleisch mit Lauch

Cong Bao Yang Rou

Zutaten für 2 Portionen:

250 g Lammkeule ohne
   Knochen
100 g Lauch
4 EL Pflanzenöl
1 EL Sojasauce
1 EL Reiswein
Salz
1 EL Sesamöl

Zubereitungszeit:
etwa 30 Min.

Pro Portion: 2200 kJ/ 520 kcal

1 Lammfleisch von den Sehnen befreien und quer zu
den Fasern in dünne Scheiben
schneiden. Lauch putzen, waschen und leicht schräg in etwa
1 cm große Stücke schneiden.

2 Einen Wok oder eine Pfanne erhitzen. Das Pflanzenöl
hineingeben. Lammfleisch darin
unter Rühren etwa ½ Min.
anbraten. 1 EL Sojasauce, 1 EL
Reiswein, Salz und den Lauch
dazugeben. Alles unter Rühren

etwa 3 Min. braten, bis der
Lauch bißfest ist.

3 Lammfleisch mit dem
Sesamöl beträufeln und
servieren.

Geschmorte Schweinefüße

An Dan Men Zhu Ti

Zutaten für 3 Portionen:

3 Schweinefüße (etwa 500 g)
30 g Lauch
20 g Ingwerwurzel
300 g Pflanzenöl
1 TL Zucker
1 TL Sojasauce
2 EL Reiswein
Salz
9 Wachteleier

Zubereitungszeit:
etwa 1 Std. 30 Min.

Pro Portion: 1500 kJ/ 430 kcal

1 Die Schweinefüße kalt abspülen und trockentupfen.
Gegebenenfalls die Haare mit
einer Pinzette entfernen. Die
Füße mit einem Küchenbeil in
der Mitte aufschneiden und an
den Gelenken auseinander-
hacken. Lauch und Ingwer
putzen bzw. schälen und in
grobe Scheiben schneiden.

2 Öl in einem Wok oder einem Topf erhitzen. Es ist

heiß genug, wenn an einem
hölzernen Kochlöffelstiel, den
Sie ins heiße Fett tauchen,
kleine Bläschen aufsteigen.
Schweinefüße in zwei oder drei
Portionen im heißen Fett je
4–5 Min. fritieren. Dann herausnehmen und abtropfen lassen.

3 Schweinefüße in einen
anderen Wok oder Topf
geben, mit Wasser bedecken
(etwa 1 l) und zum Kochen
bringen. Beiseite stellen.

4 Das Öl bis auf einen dünnen
Film aus dem Wok gießen.
Den Zucker im Wok unter Rühren bei schwacher Hitze braten,
bis er schmilzt und dunkelbraun
wird. 50 ml Wasser angießen
und einmal aufkochen lassen.
Dann mit der Sojasauce, dem
Reiswein, Salz, Lauch und Ingwer zu den Schweinefüßen
geben.

5 Brühe noch einmal zum
Kochen bringen und die

Zuckerschoten mit Schweinebauch

Rou Pian Men Biao Dou

Schweinefüße bei schwacher Hitze zugedeckt mindestens 1 Std. schmoren, bis sie sehr weich sind.

6 Kurz vor Ende der Garzeit die Wachteleier mit kaltem Wasser zum Kochen bringen. Nach dem Aufkochen noch 7 Min. garen.

7 Schweinefüße aus der Garflüssigkeit nehmen und auf einem Teller anrichten. Wachteleier kalt abschrecken, schälen und daneben anrichten. Von der Garflüssigkeit 300 ml abmessen und bei starker Hitze etwas einkochen lassen. Über die Schweinefüße gießen und servieren.

Zutaten für 3–4 Portionen:

500 g Zuckerschoten
150 g magerer Schweinebauch ohne Schwarte und Knochen
20 g Lauch
20 g Ingwerwurzel
2 Knoblauchzehen
2–3 EL Pflanzenöl
1 TL Reiswein
1 EL Sojasauce
Salz, Pfeffer
100 ml Hühnerbrühe
1 TL Maisstärke, in 1 TL Wasser angerührt

Zubereitungszeit:
etwa 35 Min.

Bei 4 Portionen pro Portion:
1100 kJ/ 260 kcal

1 Die Zuckerschoten waschen und von den Fäden befreien. Den Schweinebauch mit einem scharfen Messer in möglichst feine Scheiben schneiden. Lauch, Ingwer und Knoblauch putzen bzw. schälen

und ebenfalls in Scheiben schneiden.

2 Einen Wok oder eine Pfanne erhitzen. Öl hineingeben. Zuckerschoten darin unter Rühren etwa 1 Min. braten, dann wieder herausnehmen.

3 Schweinebauch im verbliebenen Fett mit Lauch, Ingwer und Knoblauch unter Rühren etwa 1 Min. braten. 1 TL Reiswein, 1 EL Sojasauce, Salz, Pfeffer und die Zuckerschoten untermischen und alles unter Rühren noch einmal etwa 3 Min. garen, bis die Zuckerschoten bißfest sind.

4 Hühnerbrühe angießen und zum Kochen bringen. Die Maisstärke untermischen, einmal aufkochen die Sauce damit binden. Das Gericht servieren.

Gebratenes Rindfleisch mit Austernsauce

Hao You Niu Rou

Zutaten für 2–3 Portionen:

150 g mageres Rindfleisch
1 EL Speisestärke
3 TL Reiswein
Salz
1 kleine grüne Paprikaschote
30 g Lauch
10 g Ingwerwurzel
1 TL Sojasauce
1 TL Austernsauce
1 Prise Zucker
100 g Pflanzenöl

Zubereitungszeit:
etwa 40 Min.

Bei 3 Portionen pro Portion:
1035 kJ/ 250 kcal

1 Das Rindfleisch zuerst in dünne Scheiben schneiden. Dann in 3 cm lange und 2 cm breite Stücke teilen.

2 Die Speisestärke in 1 EL Wasser anrühren. 1 TL Reiswein mit Salz und einem Drittel der angerührten Speisestärke vermischen.

3 Das Fleisch mit der Mischung vermengen und zugedeckt beiseite stellen.

4 Die Paprikaschote waschen, vom Stielansatz und den Trennwänden mit den Kernen befreien. Die Schote dann in Stücke schneiden, die kleiner sein sollen als die Fleischstücke. Lauch waschen und putzen. Ingwer schälen, beides fein zerkleinern.

5 Sojasauce mit Austernsauce, 2 TL Reiswein, Zucker und 1 Prise Salz mischen. Die restliche angerührte Speisestärke untermengen.

6 Den Wok oder eine Pfanne erhitzen. Das Öl hineingießen und heiß werden lassen. Das Rindfleisch und die Paprikastücke hinzufügen und unter Rühren braten, bis sie leicht braun sind. Dann herausnehmen.

7 Das Öl bis auf einen dünnen Film ausgießen. Den Lauch und den Ingwer in den Wok geben und unter Rühren kurz braten. Das Fleisch und die Paprika wieder hinzufügen. Die Sauce angießen und zum Kochen bringen. Alles unter Rühren garen, bis die Paprikascheiben bißfest sind. Dazu schmeckt am besten Reis oder Brot.

Tip

Das Rindfleisch nicht zu lange garen, sonst wird es hart.

Rindfleisch

gilt in China als Delikatesse. Es ist teurer und nicht so populär wie Schweine- oder Hähnchenfleisch. Traditionell dient das Rind, wie der Wasserbüffel, als bäuerliches Arbeitstier, vor allem zum Pflügen der Reisfelder. Aus diesem Grund wird sein Fleisch nicht so häufig verzehrt.

Gebratenes Schweinefleisch süß-sauer

Gu Lao Rou

Zutaten für 2–3 Portionen:

200 g mageres Schweine-
    fleisch
1 Ei
1 TL + 1 EL Maisstärke
Salz
1 TL + 5 EL Reiswein
50 g Gurke
30 g Lauch
10 g Ingwerwurzel
2 Knoblauchzehen
1 EL Zucker
1 TL Essig
100 g Pflanzenöl
2 EL Tomatenmark

Zubereitungszeit:
etwa 30 Min.

Bei 3 Portionen pro Portion:
    1275 kJ / 305 kcal

1 Das Schweinefleisch zuerst in dünne Scheiben, dann in 3 cm lange und 2 cm breite Stücke schneiden. Das Ei mit 1 TL Speisestärke, 1 Prise Salz und 1 TL Reiswein mischen. Das Fleisch untermengen.

2 Die Gurke waschen und in 4 cm lange und 2 cm breite rhombenförmige Scheiben schneiden. Lauch putzen und waschen, Ingwer und Knoblauch schälen. Ebenfalls in Scheiben schneiden.

3 Zucker mit Essig, 1 Prise Salz, 5 EL Reiswein, 1 EL Speisestärke und 1 EL Wasser gründlich mischen.

4 Den Wok oder eine Pfanne erhitzen. Das Öl hinzufügen und heiß werden lassen. Das Schweinefleisch hineingeben und bei mittlerer Hitze fritieren, bis es goldbraun ist. Das Fleisch herausnehmen.

5 Das Öl bis auf einen dünnen Film aus dem Wok gießen. Das Tomatenmark mit dem Lauch, dem Ingwer und dem Knoblauch in den Wok geben und kurz unter Rühren braten.

6 Die Gurkenscheiben hinzu-fügen und ebenfalls kurz braten. Die Sauce hinzufügen und einmal aufkochen. Die Sauce unter Rühren garen, bis sie dicklich wird. Das Fleisch wieder zugeben und noch ein-mal heiß werden lassen, aber nicht zu lange garen. Sonst wird die Kruste wieder weich.

Schweinefleisch

Von allen Fleischsorten ist Schweinefleisch am beliebte-sten. Da preiswertes Speiseöl in den meisten Gegenden Chinas rationiert ist, benutzt man das Fett als Ölersatz im Wok.
Das chinesische Hausschwein hat eine schwarze Hautfarbe. Das Schwein spielt auch in der Kultur eine große Rolle, es gilt als das letzte der zwölf Tiere im chinesischen Tierkreis und symbolisiert die männliche Kraft und Stärke.

Gebratenes Fleisch

Cha Shao Rou

Zutaten für 3–4 Portionen:

500 g nicht zu fetter
Schweinebauch ohne
Knochen und Schwarte
30 g Lauch
10 g Ingwerwurzel
2–3 EL Pflanzenöl
100 g Tomatenketchup
1 EL Reiswein
1 TL Sojasauce
400 ml Hühnerbrühe
Salz, 1 TL Zucker

Zubereitungszeit:
etwa 1 Std.

Bei 4 Portionen pro Portion:
2495 kJ/ 595 kcal

1 Das Fleisch kalt abspülen,
trockentupfen und quer zur
Faser in etwa 1 cm dicke Scheiben schneiden. Lauch und
Ingwer putzen bzw. schälen
und in Scheiben schneiden.

2 Öl in einem Wok oder einer
Pfanne erhitzen. Das
Fleisch darin portionsweise

kräftig anbraten. Dann wieder
herausnehmen.

3 Lauch und Ingwer im verbliebenen Öl ½ Min. unter
Rühren braten. Ketchup hinzufügen und bei schwacher Hitze
ebenfalls ½ Min. braten. Reiswein, Sojasauce, Hühnerbrühe,
Salz und 1 TL Zucker hinzufügen. Fleisch wieder einlegen
und zum Kochen bringen, dann
zugedeckt bei schwacher Hitze
20–30 Min. garen, bis es weich
ist.

4 Fleisch herausnehmen, in
Streifen schneiden und auf
einen Teller geben. Sauce bei
mittlerer Hitze unter Rühren
etwas einkochen lassen, dann
über das Fleisch geben und
servieren.

Tip

Die Hitze sollte nicht zu stark
sein, wenn Sie den Ketchup in
die Pfanne geben. Ketchup
verbrennt leicht.

Filet mit Erdnüssen

Hua Sheng Ren Hui Li Ji

Zutaten für 2–3 Portionen:

50 g Erdnußkerne
200 g Schweinefilet
Salz, Pfeffer
1 TL Reiswein
1 Eiweiß.
10 g Maisstärke + 1 TL
Maisstärke, in 1 TL Wasser
angerührt
50 g Gurken und Möhren
zusammen
¼ l Hühnerbrühe

Zubereitungszeit:
etwa 40 Min.

Bei 3 Portionen pro Portion:
1015 kJ/ 245 kcal

1 Die Erdnußkerne in ein Tuch
geben und reiben, bis die
braunen Schalen entfernt sind.

2 Schweinefleisch in etwa
7 cm lange, 1 cm breite und
1 cm dicke Streifen, dann in
feine Scheiben schneiden. Mit
Salz und 1 TL Reiswein mischen und 10 Min. marinieren.

3 Eiweiß mit 10 g Maisstärke
verquirlen und unter das
Fleisch mischen.

4 Gurken und Möhren waschen oder schälen und in
etwa ½ cm große Rauten
schneiden.

5 In einem Wok oder Topf
1 l Wasser zum Kochen
bringen. Fleisch hineingeben
und auseinanderrühren. Gurken
und Möhren zufügen. Alles
sofort wieder aus dem Wasser
nehmen.

6 Wok oder Topf reinigen und
die Hühnerbrühe hinein-
geben. Die Erdnüsse, das
Fleisch, die Gurken und die
Möhren sowie Salz und Pfeffer
zugeben und zum Kochen bringen. Die aufgelöste Maisstärke
einrühren. Alles einmal aufkochen, bis die Sauce leicht
bindet und servieren.

Schneeflockenfilet mit Tongku-Pilzen

Xiang Gu Xue Hua Li Ji

Tip

Beim Kochen des Fleisches muß das Wasser richtig sprudeln, sonst löst sich die Eiweißschicht vom Fleisch ab.

Zutaten für 3 Portionen:

10 getrocknete Tongku-Pilze
(Shiitake)
250 g Schweinefilet
Salz, Pfeffer
1 TL Reiswein
2 Eiweiß
30 g Maisstärke + 1 TL
Maisstärke, in 1 TL Wasser
angerührt
30 g Lauch
10 g Ingwerwurzel
etwa ¼ l Hühnerbrühe

Zubereitungszeit:
etwa 1 Std.

Pro Portion: 1215 kJ/ 290 kcal

1 Die Tongku-Pilze in einer Schüssel mit heißem Wasser übergießen und mindestens 10 Min. quellen lassen.

2 Das Schweinefleisch in etwa ½ cm dicke Scheiben schneiden. Die Scheiben auf einer Seite zu etwa zwei Drittel Tiefe kreuzweise einschneiden, so daß sie ein hübsches Muster haben. Fleisch mit Salz und 1 TL Reiswein mischen.

3 Eiweiß mit 30 g Maisstärke in einer Schüssel verquirlen. Fleisch untermischen. Die Eiweißmasse soll die Scheiben gleichmäßig überziehen.

4 Etwa 1½ l Wasser in einem Wok oder einem Topf erhitzen. Das Fleisch rasch in das sprudelnd kochende Wasser geben und etwa 1 Min. garen, bis es weiß wird. Herausnehmen und in eine Schüssel geben.

5 Lauch und Ingwer putzen bzw. schälen, in grobe Scheiben schneiden und zum Fleisch geben. Hühnerbrühe angießen. Das Fleisch soll knapp davon bedeckt sein.

6 Die Schüssel auf eine umgedrehte Tasse in einen Topf stellen. Etwa 2 cm hoch Wasser angießen und das Fleisch zugedeckt etwa 30 Min. dämpfen.

7 Fleisch herausnehmen und in eine andere Schüssel geben. Brühe in einen Topf gießen. Mit Salz und Pfeffer würzen. Pilze abtropfen lassen und dazugeben. Brühe zum Kochen bringen und in etwa 3 Min. etwas einkochen lassen. Mit der aufgelösten Maisstärke binden und über das Fleisch gießen.

Tip

Ein sehr bekömmliches, fettarmes Gericht, das mit Reis besonders gut schmeckt.

Sesam-Rindfleisch mit Salat

Sheng Cai Zhi Ma Niu Rou

Zutaten für 3–4 Portionen:

300 g Rinderfilet
20 g Lauch
20 g Ingwerwurzel
2 EL Reiswein
Salz, Pfeffer
2 Eiweiß
20 g Maisstärke
1 EL Sesamsamen
300 g Pflanzenöl
200 g Blattsalat

Zubereitungszeit:
etwa 40 Min.

Bei 4 Portionen pro Portion:
1165 kJ/ 280 kcal

Speisestärke

gibt es aus Getreide, Kartoffeln oder Hülsenfrüchten. In der chinesischen Küche wird Maisstärke verwendet. Sie gilt als besonders bekömmlich und leicht verdaulich.
Verwendet wird Maisstärke zum Marinieren von Fleisch. Es wird dadurch schön zart. Außerdem dient es zum Binden von Saucen. Statt Maisstärke können Sie auch Kartoffel- oder Weizenstärke verwenden.

1 Rindfleisch in etwa ½ cm dicke Scheiben schneiden. Scheiben an einer Seite kreuzweise einschneiden, so daß ein hübsches Muster entsteht. Lauch und Ingwer putzen bzw. schälen und in grobe Scheiben schneiden.

2 Fleisch mit Lauch, Ingwer, 2 EL Reiswein, Salz und Pfeffer in einer Schüssel mischen und 10 Min. marinieren.

3 Inzwischen die Eiweiße mit der Maisstärke verrühren, bis sie glatt und zähflüssig sind.

4 Rindfleisch aus der Marinade nehmen, flach auf einem Teller oder einer Platte ausbreiten und mit der Eiweißmasse gleichmäßig bestreichen. Sesamsamen darüber streuen.

5 Öl in einem Wok oder einer Pfanne erhitzen. Es ist heiß genug, wenn an einem hölzernen Kochlöffelstiel, den Sie ins Fett tauchen, kleine Bläschen aufsteigen.

6 Rindfleisch vorsichtig hineingleiten lassen und 3 Min. fritieren. Dann herausnehmen und das Öl wieder erhitzen. Das Rindfleisch noch einmal etwa 2 Min. fritieren, bis es goldgelb und knusprig ist.

7 Salat waschen und trockenschwenken. Auf eine Platte legen. Rindfleisch abtropfen lassen, in Stücke schneiden und auf dem Salat oder auf einem anderen Tel er anrichten.

Tai Bai Ente

Tai Bai Ya Fang

Zutaten für 6 Portionen:

1 Ente (etwa 2 kg)
30 g Lauch
20 g Ingwerwurzel
1 EL Reiswein
Salz, Pfeffer
150 g rohe geschälte Garnelen
7 Wasserkastanien (aus der
  Dose)
3 Eiweiß
10 g Maisstärke
500 g Pflanzenöl
300 g Blattsalat

Zubereitungszeit:
etwa 2 Std.

Pro Portion: 2170 kJ/ 520 kcal

1 Die Ente innen und außen waschen und trockentupfen. Dann mit 2 l Wasser in einen Topf geben und zum Kochen bringen. Inzwischen Lauch und Ingwer putzen bzw. schälen und in grobe Scheiben schneiden. Mit 1 EL Reiswein, Salz und Pfeffer zur Ente geben. Die Ente nach dem Aufkochen abschäumen, dann zugedeckt bei schwacher bis mittlerer Hitze etwa 35 Min. köcheln lassen.

2 Die Ente dann herausnehmen, abtropfen und etwas auskühlen lassen. Die Ente von den Knochen befreien, ohne ihre ursprüngliche Form zu zerstören. Dazu die Ente mit der Brust nach unten auf ein Brett legen. Das Fleisch entlang des Rückgrats durchtrennen. Das Gabelbein herausschneiden. Das Fleisch und die Haut vorsichtig vom Knochengerüst abziehen und mit kleinen Schnitten ablösen. Das Fleisch vom säbelförmigen Knochen nahe des Flügels ablösen, den Knochen entfernen. Wenn die Kugelgelenke der Flügel und Oberschenkel erreicht sind, diese durchtrennen, so daß Flügel und Schenkel vom Körper gelöst sind, die Haut aber möglichst ganz bleibt. Die Ente wenden und das Brustfleisch vom Knochen abschneiden. Dann das Fleisch vorsichtig von den Flügelknochen und den Schenkelknochen schneiden. Die entbeinte Ente wieder in der ursprünglichen Form zuammensetzen.

3 Die Garnelen gegebenenfalls vom fadenförmigen Darm befreien, dann durch den Fleischwolf drehen oder sehr fein hacken. Die Wasserkastanien sehr fein würfeln und mit den Garnelen mischen.

4 Die Eiweiße mit der Maisstärke verquirlen. Garnelenmasse untermengen und mit Salz abschmecken. Die Masse rühren, bis sie zähflüssig ist. Die Ente gleichmäßig mit der Masse bestreichen.

5 Das Öl in einem Topf oder einem Wok erhitzen. Es ist heiß genug, wenn an einem hölzernen Kochlöffelstiel, den Sie ins heiße Fett tauchen, kleine Bläschen aufsteigen. Die Ente vorsichtig in das heiße Fett gleiten lassen und auf jeder Seite etwa 5 Min. fritieren. Dann herausnehmen und das Fett wieder gründlich erhitzen. Die Ente erneut ins heiße Fett geben und noch einmal je etwa 3 Min. fritieren, bis sie knusprig ist. Herausnehmen und abtropfen lassen.

6 Salat waschen, trockenschwenken und auf einem großen Teller anrichten. Die Ente längs teilen, dann in 3 cm lange und 2 cm breite Stücke schneiden und auf dem Salat anrichten.

Würzige Entenstücke mit Broccoli

Jiang Zhi Ya Kuai

Zutaten für 6 Portionen:

1 Ente (etwa 2 kg)
30 g Lauch
20 g Ingwerwurzel
750 g Broccoli
4 EL Pflanzenöl
100 g süße Bohnenpaste
2 EL Reiswein
Salz, Pfeffer
etwa 1½ l Hühnerbrühe

Zubereitungszeit:
etwa 1¼ Std.

Pro Portion: 2255 kJ/ 540 kcal

1 Die Ente waschen und trockentupfen. Dann in etwa 4 cm große Stücke hacken. Den Lauch und den Ingwer putzen bzw. schälen und in grobe Scheiben schneiden. Den Broccoli waschen und die Röschen abtrennen. Die Stiele schälen und in kleine Stücke schneiden. Den Broccoli in kochendem Wasser 1–2 Min. blanchieren. Dann kalt abschrecken.

2 2 EL Öl in einem Wok oder einem Schmortopf erhitzen. Die Entenstücke darin portionsweise rundherum anbraten, bis sie schön gebräunt sind. Das dauert insgesamt etwa 15 Min. Die Entenstücke herausnehmen und beiseite stellen.

3 Die Bohnenpaste in den Wok geben und unter Rühren etwa ½ Min. anbraten. Die Hitze darf dabei nicht zu stark sein, sonst verbrennt die Paste. Lauch und Ingwer untermischen. 2 EL Reiswein dazugeben, mit Salz und Pfeffer würzen und die Entenstücke wieder einlegen. So viel Hühnerbrühe angießen, daß die Entenstücke knapp davon bedeckt sind. Die Stücke zugedeckt bei schwacher Hitze etwa 40 Min. schmoren.

4 Kurz vor Ende der Garzeit das restliche Öl in einem anderen Wok oder einer Pfanne erhitzen. Die Broccoliröschen hineingeben, salzen und unter Rühren etwa 1 Min. braten, bis sie bißfest sind.

5 Broccoli an den Rand eines Tellers geben. Entenstücke in der Mitte anordnen. Die Sauce bei starker Hitze etwas einkochen lassen und dazu servieren oder über die Entenstücke gießen.

181

Fritiertes Hähnchen

You Lin Zi Ji

Zutaten für 4 Portionen:

1 Hähnchen (etwa 1,5 kg)
30 g Lauch
20 g Ingwerwurzel
20 Sichuan-Pfefferkörner
1 EL Sojasauce
1 EL Reiswein
1 TL Zucker
Salz, Pfeffer
500 g Pflanzenöl
300 g Blattsalat

Zubereitungszeit:
etwa 1 Std.

Pro Portion: 1570 kJ/ 375 kcal

1 Das Hähnchen kalt waschen und trockentupfen. Die Schenkel mit einer Schnur zusammenbinden, so daß man das Hähnchen an der Schnur über das Fett halten kann. Lauch und Ingwer putzen und fein hacken. Pfefferkörner im Mörser zerstoßen.

2 1 EL Sojasauce, 1 EL Reiswein, 1 TL Zucker, Salz und Pfeffer mit Lauch, Ingwer und den Pfefferkörnern verrühren. Das Hähnchen damit einreiben und etwa 15 Min. marinieren.

3 Das Öl in einem Wok oder einem Topf erhitzen. Es ist heiß genug, wenn an einem hölzernen Kochlöffelstiel, den Sie ins heiße Fett tauchen, Bläschen aufsteigen. Das Hähnchen an der Schnur festhalten und über das Fett halten. Mit einer Schöpfkelle heißes Fett über das Hähnchen gießen, bis die Haut bräunlich wird. Das dauert etwa 10 Min. Das Hähnchen dann ganz ins Fett geben, von jeder Seite etwa 8 Min. fritieren. Dabei zweimal wenden.

4 Inzwischen Salat waschen, trockenschwenken und auf eine Platte legen. Hähnchen von den Knochen befreien und in etwa 3 cm lange und 2 cm breite Stücke schneiden. Auf dem Salat anrichten.

Spatzennester-Huhn

Que Chao Ji Pian

Zutaten für 2–3 Portionen:

200 g Hühnerbrust ohne Haut
    und Knochen
Salz
2 Eiweiß·
10 g Maisstärke + 1 TL
    Maisstärke, in 1 TL Wasser
    angerührt
100 g chinesische
    Weizennudeln
500 g Pflanzenöl
250 g Blattsalat
2 TL Reiswein

Zubereitungszeit:
etwa 50 Min.

Bei 3 Portionen pro Portion:
    1665 kJ/ 400 kcal

1 Die Hühnerbrust in 4 cm lange und 2 cm breite Streifen schneiden und mit Salz würzen. Die Eiweiße mit 10 g Maisstärke verquirlen und unter die Hühnerstreifen mengen.

2 Etwa ½ l Wasser zum Kochen bringen. Die Nudeln darin 2 Min. kochen, dann herausnehmen. Einen kleinen Schaumlöffel (etwa 6 cm Durchmesser) gründlich mit Nudeln auskleiden. Die Nudeln mit einer kleineren Schöpfkelle festdrücken und mit Küchenpapier etwas abtupfen, damit sie beim Fritieren nicht spritzen.

3 Das Öl in einem Wok oder einem Topf erhitzen. Es ist heiß genug, wenn an einem hölzernen Kochlöffelstiel, den Sie ins heiße Fett tauchen, kleine Bläschen aufsteigen. Die Schaumkelle mit den Nudeln in das Fett tauchen. Das Nudelnest mit einem Bratenwender oder einem ähnlichen Gegenstand fest in die Kelle drücken. Das Nest etwa 3 Min. fritieren, bis es knusprig ist. Dann herausnehmen und gründlich abtropfen lassen. Alle Nester auf diese Weise fritieren.

Huhn mit Romanesco

Gui Fei Ji

4 Die Nester auf Tellern anrichten. Den Salat waschen, trockenschwenken und rundherum verteilen.

5 Reiswein mit der aufgelösten Maisstärke, 1 EL Wasser, Salz und Pfeffer verrühren.

6 Öl noch einmal erhitzen. Hühnerstreifen hineingeben und etwa 2 Min. fritieren. Herausnehmen. Öl bis auf einen dünnen Film ausgießen. Hühnerstreifen und die vermengte Sauce noch einmal hineingeben und etwa ½ Min. braten. In die Nudelnester füllen und servieren.

Tip

Besonders hübsch sehen die Nester aus, wenn Sie sie vor dem Servieren mit Koriandergrün bestreuen.

Zutaten für 4 Portionen:

1 Hähnchen (etwa 1 kg)
30 g Lauch
20 g Ingwerwurzel
2 EL Sojasauce
2 EL Reiswein
2–3 EL Pflanzenöl
1 l Hühnerbrühe
Salz, Pfeffer
300 g Romanesco (grüner
    Blumenkohl)
50 ml Rotwein (am besten
    chinesischer Rotwein)
1 TL Maisstärke, in 1 EL
    Wasser angerührt

Zubereitungszeit:
etwa 1 Std. 20 Min.

Pro Portion: 955 kJ/ 230 kcal

1 Das Hähnchen innen und außen kalt abspülen und trockentupfen. Dann mit ½ EL Sojasauce und ½ EL Reiswein einreiben und etwa 10 Min. marinieren. Inzwischen Lauch und Ingwer putzen bzw. schälen und in Scheiben schneiden.

2 Das Öl in einem Wok oder einem Topf heiß werden lassen. Das Huhn darin rundherum anbraten, bis es schön gebräunt ist. Das dauert etwa 10 Min.

3 Die Hühnerbrühe angießen und zum Kochen bringen. Die Brühe abschäumen, dann 1½ EL Sojasauce, 1½ EL Reiswein, Salz, Pfeffer, Lauch und Ingwer dazugeben. Huhn bei schwacher Hitze zugedeckt etwa 40 Min. schmoren.

4 Inzwischen den Romanesco putzen, waschen und in Stücke schneiden.

5 Den Rotwein zum Huhn geben und das Huhn zugedeckt noch einmal 2 Min. garen. Dann herausnehmen, das Fleisch von den Knochen lösen und in Stücke schneiden.

6 100 ml von der Garflüssigkeit abmessen und in einem Topf aufkochen. Angerührte Maisstärke untermischen und die Sauce damit binden. Hühnerstücke wieder untermischen.

7 Gleichzeitig den Romanesco in sprudelnd kochendem Wasser 2 Min. blanchieren. Mit den Hühnerstücken auf einem Teller anrichten.

Tip

Wenn Sie den Wein zum Huhn geben, sollte es anschließend gut verschlossen garen, damit das Aroma erhalten bleibt. Ein bekanntes Gericht, das seinen Namen von der Nebenfrau des Kaisers Gui Fei entliehen hat. Sie war nach dem Essen beschwipst, weil es mit viel Wein zubereitet worden war.

Phönixflügel mit dreifachen Fäden

San Si Chuan Feng Chi

Zutaten für 3–4 Portionen:

15 Hühnerflügel
20 g Lauch
20 g Ingwerwurzel
10 kleine Köpfe Pak choi
50 g Gurken
40 g Möhren
40 g gekochter Schinken
4–5 EL Pflanzenöl
1 EL Sojasauce
1 EL Reiswein
½ l Hühnerbrühe
Salz, Pfeffer
1 TL Maisstärke, in 1 EL
   Wasser angerührt

Zubereitungszeit:
etwa 1 Std.

Bei 4 Portionen pro Portion:
   870 kJ/ 210 kcal

1 Die Hühnerflügel an den Gelenken durchschneiden. Dann waschen und trockentupfen. Den Lauch und den Ingwer putzen bzw. schälen und in Scheiben schneiden.

2 Vom Pak choi die äußeren Blätter entfernen. Es sollen nur die inneren zarten Blätter übrig bleiben. Die anderen Blätter können Sie für ein Gemüsegericht verwenden.

3 Die Gurken halbieren und die Kerne mit einem Löffel herauskratzen. Die Möhren schälen. Die Gurken, die Möhren und den Schinken in etwa 4 cm lange Streifen schneiden, die etwas dicker sein sollen als Streichhölzer.

4 Den Wok oder eine Pfanne erhitzen. 2 EL Öl hineingeben. Den Lauch und den Ingwer darin unter Rühren etwa ½ Min. braten. 1 EL Soja-sauce, 1 EL Reiswein und die Hühnerflügel dazugeben und unter Rühren ebenfalls ½ Min. braten.

5 Hühnerbrühe angießen und zum Kochen bringen. Brühe abschäumen, dann die Hühnerflügel zugedeckt bei schwacher Hitze 20–30 Min. kochen, bis sie gar sind. Hühnerflügel herausnehmen, Brühe durchsieben.

6 Aus den Hühnerflügeln vorsichtig die Knochen herauslösen. Je einige Streifen Gurke, Möhre und Schinken in die Flügel geben. Flügel in eine Schüssel legen und in einem Topf auf einer umgedrehten Tasse etwa 5 Min. dämpfen.

7 Inzwischen in einem Wok oder einer Pfanne 2 EL Öl erhitzen. Die Pak choi hineingeben und unter Rühren etwa 2 Min. braten. Mit Salz und Pfeffer würzen. Von der Brühe 100 ml abmessen und zum Kochen bringen. Die Sauce mit der angerührten Stärke andicken, salzen und pfeffern.

8 Gedämpfte Hühnerflügel vorsichtig auf einen Teller stürzen. Gemüse rundherum anordnen. Brühe über die Flügel gießen. Servieren. Dazu schmecken Reis und Bier.

Hühnerhack mit Milch

Nai Zhi Ji Rong

Zutaten für 4 Portionen:

150 g Hühnerbrust ohne Haut
    und Knochen
3 Eiweiß
50 ml Milch
1 EL Maisstärke, in 1 EL
    Wasser angerührt
Salz, Pfeffer
400 g Wurzelspinat
4 EL Pflanzenöl

Zubereitungszeit:
etwa 30 Min.

Pro Portion: 800 kJ/ 190 kcal

1 Hühnerbrust mit einem
Küchenbeil oder einem
großen, schweren Messer fein
hacken oder durch den Fleischwolf drehen. In einer Schüssel
mit 50 ml Wasser verrühren.

2 Eiweiße verquirlen, dann
mit der Milch, der aufgelösten Maisstärke, Salz und Pfeffer zum Hühnerhack geben und
alles gründlich verrühren.

3 Den Spinat in stehendem
kaltem Wasser mehrmals
waschen. Die Wurzelenden
nicht abschneiden. In einem
Wok oder einer Pfanne 2 EL Öl
erhitzen. Spinat hineingeben
und unter Rühren etwa 2 Min.
braten. Gemüse mit Salz würzen und in einen vorgewärmten
Teller geben.

4 Restliches Öl in den Wok
oder die Pfanne geben.
Hühnerhack darin bei mittlerer
Hitze etwa 2 Min. garen. Dabei
immer mit einem Braten-
wender rühren, damit die Masse gleichmäßig gart. Die Hitze
darf nicht zu stark sein, sonst
verbrennt die Masse.

5 Hühnerhack über den Spinat verteilen und servieren.

Hühnerfleisch mit Broccoli

Lu Cai Hoa Ji Pian

Zutaten für 3 Portionen:

200 g Hühnerbrust ohne Haut
    und Knochen
Salz
1 TL Reiswein
1 Eiweiß
1 EL Maisstärke + 1 TL
    Maisstärke, in 1 TL Wasser
    angerührt
500 g Broccoli
300 g Pflanzenöl
100 ml Hühnerbrühe

Zubereitungszeit:
etwa 40 Min.

Pro Portion: 1280 kJ/ 300 kcal

1 Hühnerfleisch in 4 cm lange
und 2 cm breite Streifen
schneiden und in einer Schüssel mit Salz und 1 TL Reiswein
vermischen. Eiweiß mit 1 EL
Maisstärke verquirlen und
unterrühren.

2 Broccoli von den harten
Stielenden befreien und
waschen. Dann sehr gründlich
abtrocknen. Röschen etwa
4 cm lang abschneiden. Stiele
schälen und auch in 4 cm lange, dünne Stücke schneiden.

3 Öl in einem Wok oder einer
Pfanne erhitzen. Broccoli
hineingeben und etwa ½ Min.
fritieren. Dann herausnehmen
und auf Küchenpapier ab-
tropfen lassen. Öl bis auf einen
dünnen Film aus dem Wok
gießen. Broccoli wieder hineingeben, mit Salz würzen und
noch 1 Min. unter Rühren braten. Dann herausnehmen und
Röschen und Stiele getrennt
ordentlich auf einem länglichen
Teller anordnen. Warm halten.

4 Das Öl wieder heiß werden
lassen. Die Hühnerscheiben
hineingeben und etwa 2 Min.
fritieren. Dann herausnehmen
und das Öl aus dem Wok gießen. Hühnerbrühe angießen,
mit Salz und Pfeffer würzen.
Hühnerscheiben einlegen und
die Brühe zum Kochen bringen.

Hühnerfleischklößchen mit Blumenkohl

Niang Hua Cai

Angerührte Maisstärk untermischen und die Brühe
damit binden. Hühnerfleisch
zum Broccoli anrichten und
servieren.

Zutaten für 3 Portionen:

300 g Hühnerbrust ohne Haut
  und Knochen
Salz, Pfeffer
1 TL Reiswein
1 EL Maisstärke, in 1 EL
  Wasser angerührt
20 schöne Blumenkohlröschen,
  am besten weiß und grün
  gemischt
200 ml Hühnerbrühe

Zubereitungszeit:
etwa 30 Min.

Pro Portion: 530 kJ/ 130 kcal

1 Hühnerfleisch mit einem
Küchenbeil oder einem
großen, schweren Messer fein
hacken oder durch den Fleischwolf drehen. Hühnerhack mit
Salz, Pfeffer, 1 TL Reiswein und
etwa einem Drittel der angerührten Maisstärke verrühren,
bis es zähflüssig wird.

2 Aus der Hackmasse 20
gleich große Bällchen formen und auf einen Teller legen,
auf dem sie auch gedämpft
werden können. Oder in einem
Siebeinsatz anordnen.

3 Die Blumenkohlröschen
waschen, putzen und in
sprudelnd kochendem Wasser
etwa 3 Min. blanchieren. Dann
kalt abschrecken, abtropfen
lassen und in die Hühnerfleisch-
klößchen stecken.

4 In einen Topf eine umgedrehte Tasse stellen. Etwa
4 cm hoch Wasser angießen
und den Teller mit den Klößchen auf die Tasse stellen. Die
Klößchen zugedeckt etwa
8 Min. dämpfen.

5 Inzwischen Hühnerbrühe in
einem Topf zum Kochen
bringen und mit Salz und Pfeffer abschmecken. Mit der übrigen Maisstärke verrühren und
aufkochen, bis die Sauce gebunden ist.

6 Hühnerklößchen auf einem
Teller anrichten und mit der
Sauce servieren.

Tip

Die Klößchen sollten Sie nicht
länger dämpfen, da sonst der
Blumenkohl seine schöne frische Farbe verliert.

Gedämpfter Graskarpfen

Qing Zheng San Jia Yu

Zutaten für 2–3 Portionen:

10 getrocknete Tongku-Pilze
 (Shiitake)
1 Graskarpfen (etwa 600 g)
Salz, Pfeffer
1 EL Reiswein
100 g Schinken
100 g Bambussprossen
20 g Lauch
30 g Ingwerwurzel
1 EL Pflanzenöl
100 ml Hühnerbrühe
20 g Petersilienblätter

Zubereitungszeit:
etwa 50 Min.

Bei 3 Portionen pro Portion:
 1180 kJ/ 280 kcal

1 Tongku-Pilze mit heißem
 Wasser übergießen und
etwa 10 Min. einweichen.

2 Den Graskarpfen schuppen
 und gründlich waschen.
Den Fisch in sprudelnd kochendem Wasser 1 Min. blanchieren. Herausnehmen, etwas
abkühlen lassen und die Haut
abziehen.

3 Fisch mit Salz und Pfeffer
 bestreuen, auf einen Teller
geben, auf dem er auch gedämpft werden kann, und mit
1 EL Reiswein beträufeln.

4 Pilze abtropfen lassen und
 gut ausquetschen, dann in
2 cm breite Scheiben schneiden. Bambussprossen in etwa
4 cm lange und 1½ cm breite
Scheiben schneiden. Schinken
in Streifen schneiden und mit
den Bambussprossen und den
Pilzen auf den Fisch legen.
Lauch und Ingwer putzen, in
Scheiben schneiden und auf
den Fisch legen.

5 Fisch mit dem Öl beträufeln, dann 15 Min. dämpfen.
Fisch herausnehmen. Brühe in
einem Topf zum Kochen bringen und über den Fisch gießen.
Den Fisch mit Petersilie garnieren und servieren.

Geschmorter Fisch mit Tofu

Huang Men Dou Fu Yu

Zutaten für 4 Portionen:

1 Fisch von etwa 600 g
 (Karpfen, Brasse oder
 Barsch)
20 g Lauch
30 g Ingwerwurzel
150 g zarter Tofu
1–2 EL Pflanzenöl
1 EL Reiswein
1 TL Sojasauce
½ l Hühnerbrühe
Salz, Pfeffer
1 TL Maisstärke, in 1 TL
 Wasser angerührt

Zubereitungszeit:
etwa 40 Min.

Pro Portion: 835 kJ/ 200 kcal

1 Den Fisch waschen und auf
 beiden Seiten kreuzweise
bis zur Mittelgräte ein-
schneiden. Lauch und Ingwer
putzen bzw. schälen und in
grobe Scheiben schneiden.
Tofu in etwa 4 cm lange und
1 cm breite, dicke Streifen
schneiden.

2 Öl in einem Wok oder einer
 Pfanne erhitzen. Fisch hineingeben und pro Seite 1 Min.
anbraten. Dann herausnehmen.

3 Lauch und Ingwer in das
 verbliebene Öl geben, 1 EL
Reiswein, 1 TL Sojasauce und
½ l Brühe angießen und zum
Kochen bringen. Mit Salz und
Pfeffer würzen. Etwa 1 Min.
kochen, dann Lauch und Ingwer entfernen. Fisch in die
Flüssigkeit geben und bei
schwacher Hitze zugedeckt
etwa 3 Min. schmoren.

4 Fisch dann vorsichtig wenden. Die Tofustreifen auf
den Fisch legen und den Fisch
noch einmal zugedeckt etwa
3 Min. garen. Fisch herausnehmen und warm halten.

5 Flüssigkeit mit den Tofustreifen aufkochen. Mit
Maisstärke mischen und einmal
kurz aufkochen, bis die Sauce
bindet. Zum Fisch geben.

Fritierter Fisch mit Tomatensauce

Qie Zhi Ju Hua Yu

Zutaten für 4 Portionen:

*1 Fisch von etwa 750 g
(Flußkarpfen, Seebarsch,
Flußbarsch oder Brasse)
Salz
4 EL Reiswein
1 Eiweiß
100 g Maisstärke + 1 TL
Maisstärke, in 1 EL Wasser
angerührt
30 g Lauch
30 g Ingwerwurzel
4 Knoblauchzehen
1½ TL Zucker
1½ TL heller chinesischer Essig
300 g Pflanzenöl
3 EL Tomatenketchup*

*Zubereitungszeit:
etwa 40 Min.*

Pro Portion: 1460 kJ/ 350 kcal

1 Den Fisch filetieren. Oder
Sie bitten den Fischhändler
darum, diese Arbeiten für Sie
zu erledigen. Filets im Abstand
von etwa ½ cm schräg und
kreuzweise einschneiden, so

daß ein hübsches Muster entsteht, dann in 4 cm lange und
3 cm breite Stücke schneiden.
Fischstücke mit Salz würzen
und mit ½ EL Reiswein
beträufeln.

2 Eiweiß verquirlen und unter
die Fischstücke mischen.
Die Fischstücke in der trockenen Maisstärke wälzen; sie
sollen gleichmäßig davon überzogen sein.

3 Lauch, Ingwer und Knoblauch putzen bzw. schälen
und fein hacken. Zucker mit
Essig, 3½ EL Reiswein, Salz,
der aufgelösten Maisstärke und
2 EL Wasser zu einer Marinade
verrühren.

4 Öl in einem Wok oder einer
Pfanne erhitzen. Fisch-
stücke hineingeben und etwa
2 Min. fritieren. Dann abtropfen
lassen und warm halten.

5 Öl bis auf einen dünnen
Film ausgießen. Lauch,
Ingwer und Knoblauch darin
unter Rühren ½ Min. anbraten.
Tomatenketchup zugeben und
kurz mitbraten. Die Marinade
dazugeben und alles noch einmal ½ Min. braten. Die Sauce
über den Fisch gießen und
servieren.

Variante

Dieses Gericht läßt sich ganz
einfach mit etwas Gemüse
anreichern. Lassen Sie in der
Pfanne Lauch, Ingwer und
Knoblauch, 1 Paprikaschote, in
Streifen oder Rauten geschnitten, etwas Stangensellerie oder
auch Chinakohl mitbraten.

Tintenfisch mit Lauchöl

Cong You Mo Yu Hua

Zutaten für 3 Portionen:

*600 g Tintenfisch ohne
   Fangarme und Köpfe
75 g Lauch
Salz, Pfeffer
2 EL Hühnerbrühe oder Wasser
2–3 EL Sesamöl*

*Zubereitungszeit:
etwa 30 Min.*

Pro Portion: 855 kJ/ 205 kcal

1 Tintenfisch waschen und
putzen. Die Außenhaut
entfernen. Die Tintenfische auf
einer Seite mit einem scharfen
Messer kreuzförmig einritzen,
so daß ein hübsches Muster
entsteht. Dann den Tintenfisch
in etwa 5 cm lange und 2 cm
breite Streifen schneiden.

2 Den Lauch putzen und
gründlich waschen, dann
mit einem Küchenbeil oder
einem Wiegemesser sehr fein
hacken. Lauch mit Salz und
Pfeffer würzen und mit 1 EL

Hühnerbrühe oder Wasser
verrühren.

3 Das Sesamöl in einem Wok
oder einem Topf lauwarm
erwärmen. Dann zum Lauch
geben und alles gründlich mischen.

4 Für die Tintenfische etwa
³/₄ l Wasser mit Salz zum
Kochen bringen. Die Streifen
hineingeben, etwa 40 Sekunden kochen und herausneh-
men. Tintenfische mit dem
Lauchöl mischen und servieren.

Tip

Die Tintenfische schmecken
auch abgekühlt als Vorspeise.
Je länger sie ziehen, desto
aromatischer werden sie.

Abalonen mit Tee

Long Jing Bao Yu

Zutaten für 3 Portionen:

*15 g Drachenbrunnen-Tee
300 g Abalonen (aus der Dose)
250 g Wurzelspinat
Salz
½ l Hühnerbrühe
1 TL Maisstärke, in 1 TL
   Wasser angerührt*

*Zubereitungszeit:
etwa 30 Min.*

Pro Portion: 480 kJ/ 115 kcal

1 Den Tee mit 100 ml kochendem Wasser übergießen
und einige Minuten ziehen
lassen.

2 Die Abalonen in feine Scheiben schneiden. Wenn sie
sehr groß sind, zuerst halbieren, dann in Scheiben schneiden. Den Spinat in stehendem
kaltem Wasser mehrmals
gründlich waschen. Dann abtropfen lassen; die Wurzelenden nicht abschneiden.

3 Vom Tee den ersten Aufguß
abgießen; er ist meist bitter.
Die Teeblätter noch einmal mit
150 ml kochendem Wasser
übergießen und 5 Min. ziehen
lassen. Dann 50 ml Teewasser
abgießen und beiseite stellen.
Restlichen Tee in Gläser füllen.
Jeweils 1 Glas in die Hand
nehmen und mit einem runden
Teller bedecken. Das Glas mit
dem Teller rasch umdrehen. So
steht das Glas in der Mitte des
Tellers, und der Tee läuft nicht
aus.

4 Die Hühnerbrühe salzen, in
einen Topf oder einen Wok
geben und zum Kochen bringen. Den Spinat hineingeben
und etwa 1 Min. blanchieren.
Dann herausnehmen, abtropfen
lassen und mit den Blattspitzen
nach innen ordentlich auf den
Tellern anrichten.

5 Von der Hühnerbrühe
200 ml abgießen. Die restliche Hühnerbrühe noch einmal

Fritierte Garnelenbällchen

Shui Jing Xia Qiu

aufkochen lassen. Die Abalonen hineingeben, etwa ½ Min. kochen und herausnehmen. Die Abalonen Scheibe für Scheibe auf dem Spinat anrichten.

6 Von der jetzt noch übriggebliebenen Hühnerbrühe 50 ml abmessen und aufkochen. Aufgelöste Maisstärke untermischen. Sauce kurz aufkochen, bis sie leicht dickflüssig wird. Dann die 50 ml Teewasser unterrühren und die Sauce auf die Abalonen gießen.

Zutaten für 3 Portionen:

250 g rohe geschälte Garnelen
Salz, Pfeffer
1 TL Reiswein
2 Eiweiß
20 g Maisstärke
5 Wasserkastanien (aus der Dose)
400 g Pflanzenöl
200 g Blattsalat

Zubereitungszeit:
etwa 40 Min.

Pro Portion: 1254 kJ/ 300 kcal

1 Die Garnelen gegebenenfalls vom fadenförmigen Darm befreien, dann kalt abspülen und trockentupfen. Garnelen mit einem Küchenbeil oder großen Messer sehr fein hacken oder durch den Fleischwolf drehen.

2 Garnelenmasse in eine Schüssel geben und mit Salz, Pfeffer und 1 TL Reiswein würzen. Eiweiße mit Mais-

stärke verquirlen und untermischen. Masse durchrühren, bis sie schön sämig ist.

3 Wasserkastanien abtropfen lassen und in winzige Würfel schneiden. Unter die Garnelenmasse rühren.

4 Aus der Garnelenmasse kleine Klößchen von etwa 2 cm Größe formen.

5 Das Öl in einem Wok oder einem Topf erhitzen. Es ist heiß genug, wenn an einem hölzernen Kochlöffelstiel, den Sie ins heiße Fett tauchen, kleine Bläschen aufsteigen. Die Garnelenklöße dann portionsweise ins Öl geben und 2–3 Min. fritieren, bis sie leicht gebräunt sind. Herausnehmen und abtropfen lassen.

6 Salat waschen, abtropfen lassen und auf einem Teller anrichten. Klößchen darauf geben und servieren.

Tip

Wenn Sie nicht so gerne Fritiertes essen und die Klößchen trotzdem probieren wollen, können Sie sie statt in Öl in Brühe garen.

191

Riesengarnelen auf zweierlei Arten

Shuang Wei Da Xia

Zutaten für 4 Portionen:

10 Riesengarnelen (etwa 750 g)
Salz, Pfeffer
20 g Lauch
20 g Ingwerwurzel
2 Eiweiß
15 g Maisstärke + 1 TL
   Maisstärke, in 1 EL Wasser
   angerührt
2 EL Reiswein
100 g Gurken und Möhren
   zusammen
50 g Pflanzenöl
50 ml Hühnerbrühe

Zubereitungszeit:
etwa 1 Std.

Pro Portion: 1270 kJ/ 300 kcal

Ingwer

ist aus der chinesischen Küche
nicht wegzudenken. Am besten
schmeckt er ganz frisch, kaufen
Sie deshalb möglichst nur die
Mengen, die Sie innerhalb von
1–2 Wochen aufbrauchen. Im
Gemüsefach des Kühlschranks
hält sich Ingwer etwa 10 Tage
frisch, in Folie verpackt noch
etwas länger. Junger, zarter
Ingwer ist noch nicht faserig
und kann in beliebige Stücke
geschnitten werden. Bei älte-
rem ist dies oft schwieriger.
Er wird am besten in Scheiben
geschnitten oder – wenn er fein
zerkleinert werden soll – durch
eine Knoblauchpresse ge-
drückt, dann bleiben die fase-
rigen Stücke zurück.
In China lagert man frischen
Ingwer auch in Sand, am besten in einem Blumentopf oder
einer Schale. Er hält sich dann
bis zu zwei Monate lang frisch.

1 Die Garnelen waschen. Den
Kopf etwa 1 cm hinter dem
Gelenk abschneiden. So bleibt
an den Köpfen noch etwa 1 cm
Garnelenfleisch.

2 Die restlichen Garnelenstücke schälen, den fadenförmigen Darm entfernen und
das Garnelenfleisch in etwa
2 cm lange Stücke schneiden.
Das Garnelenfleisch mit Salz
würzen. Den Lauch und den
Ingwer putzen bzw. schälen
und in grobe Scheiben schneiden.

3 Die Eiweiße mit 15 g Maisstärke verquirlen und unter
das Garnelenfleisch mischen.
1 EL Reiswein mit der angerührten Maisstärke mischen
und mit Salz und Pfeffer würzen.

4 Die Gurken gründlich waschen, die Möhren schälen. Beides in etwa 1 cm große Rauten schneiden.

5 Einen Wok oder eine Pfanne erhitzen. 2–3 EL Öl hineingeben. Die Garnelenköpfe mit dem Lauch und dem Ingwer hineingeben und unter Rühren etwa 1 Min. braten, bis die Schalen schön rot werden und die Garnelen zu duften beginnen.

6 1 EL Reiswein, Salz und Pfeffer dazugeben, 50 ml Hühnerbrühe angießen. Alles etwa 3 Min. kochen lassen, bis die Brühe dickflüssig ist. Die Garnelenköpfe herausnehmen und mit den Spitzen nach außen auf einen runden Teller legen. Dabei in der Mitte für die anderen Garnelen Platz lassen.

7 Den Wok reinigen. Das restliche Öl erhitzen. Das Garnelenfleisch darin unter Rühren etwa 1/2 Min. braten. Gurken und Möhren dazugeben und unter Rühren ebenfalls 1/2 Min. braten. Die Sauce dazugeben und alles noch 1/2 Min. braten. Garnelen in die Mitte des Tellers legen und servieren.

Gedämpfter Aal

Chi Zhi Zheng Man Yu

Zutaten für 5 Portionen:

*750 g frisches, gehäutetes
  Aalfleisch
40 g fermentierte schwarze
  Bohnen
30 g Lauch
1 EL Reiswein
Salz, Pfeffer
1 TL Sojasauce
1 EL Sesamöl
50 g Petersilienblätter*

*Zubereitungszeit:
etwa 45 Min.*

Pro Portion: 1990 kJ/ 475 kcal

1 Den Aal waschen und in
etwa 5 cm lange Stücke
schneiden. In einem Topf oder
einem Wok etwa 1 l Wasser
zum Kochen bringen. Den Aal
hineingeben und etwa 2 Min.
darin kochen. Dann herausnehmen, abtropfen lassen und auf
einen Teller geben, auf dem er
auch gedämpft werden kann.

2 Die schwarzen Bohnen fein
hacken. Den Lauch putzen,
waschen und ebenfalls fein
hacken.

3 Bohnen mit Lauch, 1 EL
Reiswein, Salz, Pfeffer, 1 TL
Sojasauce und 1 EL Sesamöl
mischen und auf das Aalfleisch
geben.

4 In einen Topf eine umgedrehte Tasse stellen und
etwa 4 cm hoch Wasser an-
gießen. Teller daraufstellen und
den Aal zugedeckt etwa
25 Min. dämpfen.

5 Petersilienblätter waschen,
trockentupfen und um den
Aal herum anrichten. Den Aal
servieren. Dazu paßt Reis und
Bier.

Aal mit Tongku-Pilzen

Xiang Gu Bai Shan

Zutaten für 4 Portionen:

*10 getrocknete Tongku-Pilze
  (Shiitake)
600 g frisches, gehäutetes
  Aalfleisch
20 g Lauch
30 g Ingwerwurzel
2 EL Pflanzenöl
1 EL Reiswein
200 ml milde Hühnerbrühe
Salz, Pfeffer
1 TL Maisstärke, in 1 TL
  Wasser angerührt*

*Zubereitungszeit:
etwa 45 Min.*

Pro Portion: 2040 kJ/ 485 kcal

1 Die Tongku-Pilze in einer
Schüssel mit kochendem
Wasser überbrühen und
10 Min. einweichen.

2 Das Aalfleisch waschen und
in 5 cm lange Stücke
schneiden. Wenn die Stücke
sehr dick sind, noch einmal
längs durchschneiden. Den

Lauch und den Ingwer putzen
bzw. schälen und in grobe
Scheiben schneiden.

3 Das Öl in einem Wok oder
einer Pfanne erhitzen. Die
Aalstücke hineingeben und
unter Rühren etwa 2 Min. braten. Dann wieder herausnehmen. Öl abgießen.

4 Lauch und Ingwer in das
verbliebene Fett geben und
etwa ½ Min. braten. 1 EL Reiswein und Brühe angießen und
zum Kochen bringen. Etwa
½ Min. kochen lassen. Dann
Lauch und Ingwer wieder herausfischen. Aal, abgetropfte
Tongku-Pilze, Salz und Pfeffer
in die Brühe geben. Den Aal bei
schwacher Hitze zugedeckt
etwa 15 Min. schmoren.

5 Aal dann herausnehmen,
auf einen Teller geben
und mit den Pilzen belegen.
Brühe noch einmal aufkochen.
Angerührte Maisstärke unter-

Aal mit Sellerie

Qing Huang Shan Si

mischen und noch einmal kurz aufkochen, bis die Sauce dicklich wird. Über den Aal gießen und servieren.

Tip

In China werden Brühen meist aus Geflügel oder aus Schweinefleisch hergestellt, deshalb ist auch bei den meisten Fischrezepten Hühnerbrühe angegeben, wenn Flüssigkeit gebraucht wird. Manchmal stört das für unseren Geschmack das feine Fischaroma etwas. Sie können also durchaus auch Fischfond oder Gemüsebrühe nehmen – selbst wenn das absolut nicht chinesisch ist.

Zutaten für 2 Portionen:

200 g frisches, gehäutetes Aalfleisch
Salz, Pfeffer
1 Eiweiß
10 g Maisstärke + 1 TL Maisstärke, in 1 EL Wasser angerührt
100 g Stangensellerie
20 g Ingwerwurzel
1 EL Reiswein
1 EL Pflanzenöl

Zubereitungszeit:
etwa 30 Min.

Pro Portion: 1810 kJ/ 435 kcal

1 Das Aalfleisch waschen und in 5 cm lange, feine Streifen schneiden. In eine Schüssel geben und mit Salz würzen. Das Eiweiß mit 10 g Maisstärke verquirlen und untermischen.

2 Den Sellerie waschen, von den harten Fasern befreien und in 4 cm lange, feine Streifen schneiden. Den Ingwer schälen und in etwa 2 cm lange, sehr feine Streifen schneiden. 1 EL Reiswein mit Salz, Pfeffer und der aufgelösten Maisstärke mischen.

3 Das Öl in einem Wok oder einer Pfanne erhitzen. Den Sellerie hineingeben und unter Rühren etwa ½ Min. braten. Den Ingwer hinzufügen und ebenfalls ½ Min. braten. Das Aalfleisch dazugeben; die Reisweinmarinade angießen und alles noch einmal etwa 1 Min. braten. Den Aal in einen Teller füllen und servieren.

Gebratener Reis

Huo Tui Fan Qie Chao Fan

Zutaten für 4 Portionen:

250 g Langkornreis
1 Tomate (etwa 100 g)
50 g Gurke
100 g gekochter Schinken
4 EL Pflanzenöl
Salz, Pfeffer

Zubereitungszeit:
etwa 40 Min.

Pro Portion: 1400 kJ/ 330 kcal

1 Den Reis waschen, mit der doppelten Menge Wasser zum Kochen bringen und zugedeckt bei schwacher Hitze in etwa 20 Min. ausquellen lassen. Dann in einer Schüssel gründlich erkalten lassen. Eventuell bis zum nächsten Tag.

2 Inzwischen die Tomate mit kochendem Wasser überbrühen, kurz darin ziehen lassen, kalt abschrecken und häuten. Tomate von den Kernen befreien und klein würfeln. Gurke waschen und ebenfalls würfeln. Den Schinken kleinschneiden.

3 Einen Wok oder eine Pfanne erhitzen. Öl hineingeben. Schinken, Tomate und Gurke darin bei mittlerer Hitze unter Rühren ½ Min. braten. Reis dazugeben, mit Salz und Pfeffer würzen und unter Rühren etwa 2 Min. braten. Dann sofort servieren.

Ravioli mit Garnelenfüllun

Xia Rong Zheng Jiao

Zutaten für 4 Portionen:

250 g Mehl
5 getrocknete Tongku-Pilze (Shiitake)
150 g rohe geschälte Garnelen
30 g Lauch
1 TL Reiswein
1 EL Sesamöl
Salz, Pfeffer

Zubereitungszeit:
etwa 1 Std.

Pro Portion: 1200 kJ/ 290 kcal

1 Das Mehl mit etwa 125 ml Wasser verkneten, bis ein elastischer, glatter Teig entsteht, der nicht an den Fingern kleben soll. Teig mit einem feuchten Tuch bedecken und etwa 20 Min. ruhen lassen.

2 Tongku-Pilze in einer Schüssel mit kochendem Wasser überbrühen und 10 Min. quellen lassen.

3 Garnelen waschen, vom fadenförmigen, dunklen Darm befreien und mit einem großen, schweren Messer oder dem Küchenbeil sehr fein hacken. Lauch putzen, waschen und ebenfalls sehr fein zerkleinern. Gequollene Pilze abtropfen lassen, fein hacken und mit den Garnelen und dem Lauch mischen. Füllung mit 1 TL Reiswein, 1 EL Sesamöl, Salz und Pfeffer pikant abschmecken.

4 Einen Bambusdämpfer oder einen anderen Dämpfeinsatz mit einem feuchten Tuch auskleiden.

5 Teig noch einmal kneten, dann auf einem gut bemehlten Küchenbrett zu einer Rolle von etwa 2 cm Durchmesser formen. Die Teigrolle in etwa 20 gleich große Stücke schneiden.

Teigtaschen mit Garnelen-Fleisch-Füllung

San Xian Shao Mai

6 Die Stücke jeweils zu einer Teigscheibe von etwa 6 cm Durchmesser ausrollen. Die Füllung darauf verteilen und die Teigscheiben zusammenfalten. Die Ränder gut andrücken.

7 Teigtaschen auf das feuchte Tuch legen und in einen Topf oder Wok setzen. Etwa 3 cm hoch Wasser in den Topf füllen und die Teigtaschen zugedeckt über heißem Dampf etwa 10 Min. dämpfen. Dann sofort servieren.

Tips

Eine passende Sauce läßt sich leicht aus dunklem Essig, Sesamöl, eventuell Chiliöl und gepreßtem Knoblauch rühren. Wenn Sie keinen ausreichend großen Dämpfkorb haben, können Sie die Teigtaschen auch in reichlich Salzwasser gar ziehen lassen.

Zutaten für 4 Portionen:

250 g Mehl
3 getrocknete Tongku-Pilze
(Shiitake)
100 g rohe geschälte Garnelen
50 g Schweinefilet
1 EL Reiswein
Salz, Pfeffer
1 TL Sesamöl
30 g Petersilienblätter

Zubereitungszeit:
etwa 1¼ Std.

Pro Portion: 1100 kJ/ 260 kcal

1 Etwa 220 g Mehl mit knapp 100 ml Wasser verkneten, bis ein elastischer, glatter Teig entsteht, der nicht an den Fingern kleben soll. Teig mit einem feuchten Tuch bedecken und etwa 20 Min. ruhen lassen.

2 Tongku-Pilze in einer Schüssel mit kochendem Wasser überbrühen und 10 Min. quellen lassen.

3 Garnelen waschen, vom fadenförmigen, dunklen Darm befreien und mit einem großen, schweren Messer oder dem Küchenbeil sehr fein hakken. Schweinefleisch durch den Fleischwolf drehen oder ebenfalls sehr fein hacken. Pilze abtropfen lassen, fein hacken und mit Garnelen und Schweinefleisch in einer Schüssel mischen. Mit 1 EL Reiswein, Salz, Pfeffer und 1 TL Sesamöl abschmecken.

4 Restliches Mehl auf ein Küchenbrett streuen. Teig darauf noch einmal verkneten, dann zu einer Rolle formen und in 16 gleich lange Stücke schneiden.

5 Die Stücke jeweils zu runden Teigplatten ausrollen. Die Ränder in Falten legen: Jeweils eine Falte legen, mit dem Nudelholz flachdrücken und die nächste Falte formen. Teigstücke jeweils in die Hand

nehmen, mit etwas Füllung belegen und die Teigtaschen nach oben zusammendrücken. Sie sollen aber am Ende nicht ganz geschlossen sein.

6 Einen Bambusdämpfer oder einen anderen Dämpfeinsatz mit einem feuchten Tuch auskleiden. Teigtaschen hineinlegen und in einen Topf oder Wok setzen. Etwa 2 cm hoch Wasser in den Topf füllen und die Teigtaschen zugedeckt über heißem Dampf etwa 10 Min. dämpfen.

7 Petersilienblätter waschen und trockentupfen. Vor dem Servieren in jede Teigtasche einige Petersilienblätter stecken.

Fünffarbige gedämpfte Teigtaschen

Wu Se Shao Mai

Zutaten für 4 Portionen:

250 g Mehl
½ Päckchen Trockenhefe
3 getrocknete Tongku-Pilze
  (Shiitake)
50 g Klebreismehl
50 g Bambussprossen
100 g Schweinefilet
50 g rohe geschälte Garnelen
1 EL Reiswein
1 TL Sojasauce
Salz; Pfeffer

Zum Garnieren:
2 eingeweichte Tongku-Pilze
  (Shiitake)
1 Scheibe gekochter Schinken
5 Scheiben Bambussprossen
12 rohe geschälte Garnelen
einige frische Erbsen

Zubereitungszeit:
etwa 1 Std.

Pro Portion: 1500 kJ/ 360 kcal

1 Mehl in eine Schüssel geben. Hefe mit 125 ml lauwarmem Wasser verrühren und unter das Mehl mischen. Teig verkneten, bis er glatt und elastisch ist und nicht mehr an den Fingern klebt. Teig mit einem feuchten Tuch abdecken und etwa 20 Min. ruhen lassen.

2 Inzwischen für die Füllung Tongku-Pilze mit kochendem Wasser überbrühen und 10 Min. ziehen lassen. Klebreismehl mit 50 ml lauwarmem Wasser verrühren. Bambussprossen in Würfel schneiden. Schweinefleisch mit einem Küchenbeil oder einem großen, schweren Messer sehr fein hacken. Garnelen waschen, vom Darm befreien und ebenfalls sehr fein zerkleinern. Pilze abtropfen lassen und würfeln.

3 Pilze mit Klebreismehl, Schweinefleisch, Garnelen und Bambussprossen mischen und mit 1 EL Reiswein, 1 TL Sojasauce, Salz und Pfeffer pikant abschmecken.

4 Teig noch einmal durchkneten, dann zu einer Rolle von etwa 2 cm Dicke formen und in 12 gleich große Stücke schneiden. Stücke jeweils noch einmal durchkneten und auf Mehl zu runden Teigplatten von etwa 10 cm Durchmesser ausrollen. Füllung in der Mitte der Teigplatten verteilen. Teig über der Füllung nach oben klappen und zusammendrehen. In der Mitte sollen sie aber nicht geschlossen sein.

5 Zum Garnieren die Pilze abtropfen lassen und in Streifen schneiden. Schinken und Bambussprossen ebenfalls in Streifen schneiden. Die Teigtaschen jeweils mit 1 Garnele, einigen Erbsen sowie den Schinken-, Pilz- und Bambusstreifen garnieren.

6 Einen Bambusdämpfer oder einen anderen Dämpfeinsatz mit einem feuchten Tuch auskleiden. Teigtaschen darauf legen und über dem heißen Wasserdampf etwa 10 Min. dämpfen.

Fritierte Teigtaschen mit zwei Füllungen

Zha Chun Bao

Zutaten für 6 Portionen:

Für die Schweinefleischfüllung:
150 g Schweinefilet
100 g magerer Schweinebauch
  ohne Schwarte und Knochen
70 g frische Ananas
30 g Lauch
10 g Ingwerwurzel
1 EL Sojasauce
1 EL Sesamöl
Salz, Pfeffer, 1 Prise Zucker

Für die Garnelenfüllung:
4 getrocknete Morcheln
150 g rohe geschälte Garnelen
150 g magerer Schweinebauch
  ohne Schwarte und Knochen
20 g Bambussprossen
30 g Lauch
10 g Ingwerwurzel
1 EL Reiswein
1 TL Sojasauce
Salz

Außerdem:
24 fertig gekaufte, tiefgefrore-
  ne Teigplatten für Frühlings-
  rollen (Asienladen)
500 g Pflanzenöl
Bindfaden zum Verschließen

Zubereitungszeit:
etwa 2 Std.

Pro Portion: 1900 kJ / 450 kcal

1 Für die Schweinefleischfüllung beide Fleischsorten
mit dem Küchenbeil sehr fein
hacken oder durch den Fleischwolf drehen. Die Ananas schälen, von allen „Augen" befreien
und klein würfeln. Lauch und
Ingwer putzen bzw. schälen
und sehr fein hacken. Alle diese
Zutaten mischen und mit
Sojasauce, Sesamöl, Salz, Pfeffer und Zucker pikant ab-
schmecken.

2 Für die Garnelenfüllung
die Morcheln mit kochen-
dem Wasser überbrühen und
10 Min. quellen lassen. Dann
waschen und in Streifen
schneiden. Garnelen waschen,
vom Darm befreien und in kleine Würfel schneiden. Schweinefleisch mit einem Küchenbeil
sehr fein hacken oder durch
den Fleischwolf drehen. Bam-

bus in kleine Würfel schneiden.
Lauch und Ingwer putzen bzw.
schälen und sehr fein hacken.
Alle diese Zutaten miteinander
mischen und mit 1 EL Reiswein, 1 TL Sojasauce und Salz
pikant würzen.

3 Teigplatten auf der Arbeitsfläche verteilen. Jede Füllung in die Mitte von 12 Teigplatten geben. Die Teigplatten
über der Füllung zusammendrehen und mit einem Bindfaden zusammenbinden.

4 Öl in einem Wok oder einem
Topf erhitzen. Es ist heiß
genug, wenn an einem hölzernen Kochlöffelstiel, den Sie ins
heiße Fett tauchen, kleine Bläschen aufsteigen. Die Teigtaschen portionsweise im heißen
Fett etwa 4 Min. garen, bis sie
goldgelb und knusprig sind.
Dabei anfangs den Topf schwenken, damit die Teigtaschen
gleichmäßig garen! Teigtaschen
abtropfen lassen und warm
halten, bis alle gegart sind.

199

Tomatensuppe

Fan Qie Wan Zi Tang

Zutaten für 4 Portionen:

100 g Tomaten
200 g mageres
    Schweinehackfleisch (z.B.
    Filet)
Salz, Pfeffer
2 EL Maisstärke
20 g Lauch
10 g Ingwerwurzel
¾ l Hühner- oder Fleischbrühe

Zubereitungszeit:
etwa 25 Min.

Pro Portion: 540 kJ/ 130 kcal

1 Tomaten waschen und in
dünne Scheiben schneiden.

2 Hackfleisch mit Salz, 2 EL
Maisstärke und ½ EL Was-
ser mischen und gründlich
verrühren. Lauch und Ingwer
putzen bzw. schälen und sehr
fein hacken.

3 Brühe in einem Wok oder
einem Topf zum Kochen
bringen. Mit Salz und Pfeffer

abschmecken. Tomaten untermischen.

4 Hackfleisch mit Lauch und
Ingwer mischen. Aus dem
Teig kleine Klößchen formen.
Klößchen in die Brühe geben
und bei schwacher Hitze darin
etwa 4 Min. gar ziehen lassen.

Wachskürbissuppe

Huo Tui Dong Gua Tang

Zutaten für 6 Portionen:

300 g Wachskürbis
    (Wintermelone)
100 g Maisstärke
150 g entbeinte Hühnerbrust
50 g roher Schinken
1¼ l Hühnerbrühe
1 EL Reiswein
Salz, Pfeffer

Zubereitungszeit:
etwa 40 Min.

Pro Portion: 525 kJ/ 125 kcal

1 Wachskürbis schälen,
entkernen und in 5 cm lange, sehr feine Streifen schneiden. Die Kürbisstreifen in der
Maisstärke wälzen, bis sie
davon überzogen sind.

2 Hühnerbrust waschen,
trockentupfen und durch
den Fleischwolf drehen oder
sehr fein hacken. In eine Schüssel geben und mit ¼ l klarem
Wasser verrühren. Den Schin-

ken in 3 cm lange, feine Streifen schneiden.

3 ¾ l Wasser in einem Wok
oder einem Topf zum Ko-
chen bringen. Die Wachskürbis-
streifen mit der Hand voneinander lösen und in das Wasser
geben. Kürbisstreifen ½ Min.
kochen, bis sie weiß werden,
dann herausnehmen und in
eine größere Schüssel geben.
¼ l lauwarmes Wasser und den
Schinken zu den Kürbisstreifen
geben.

4 Den Wok oder den Topf
reinigen. Hühnerbrühe mit
1 EL Reiswein, Salz und Pfeffer
würzen und zum Kochen bringen. Hühnerhackmasse hineingeben. Wenn die Brühe wieder
kocht, den Wok oder den Topf
zur Hälfte von der Kochstelle
nehmen. Dadurch kocht die
Brühe nur auf einer Seite, und
das Fleisch bewegt sich in eine
Richtung.

Fisch und Rettich in weißer Brühe

Nai Tang Luo Bo Yu

5 Sobald das Fleisch an der Oberfläche schwimmt, mit einem Schaumlöffel herausnehmen. Das Wasser von den Kürbisstreifen abgießen.

6 Kürbis und Schinken mit der Brühe servieren.

Variante

Statt Wachskürbis schmeckt auf diese Art zubereitet auch weißer Rettich.
Typisch für diese Suppe wären auch kleine, getrocknete Garnelen.

Zutaten für 4 Portionen:
1 Brasse (etwa 500 g)
300 g weißer Rettich
20 g Lauch
20 g Ingwerwurzel
1 l Hühnerbrühe
1 EL Reiswein
Salz, Pfeffer
1 EL Milch

Zubereitungszeit:
etwa 50 Min.

Pro Portion: 710 kJ/ 170 kcal

1 Den Fisch, wenn nötig, schuppen und ausnehmen. Den Kopf abschneiden und den Fisch innen und außen kalt abspülen. Den Fisch in die Filets teilen und häuten.

2 Rettich schälen und in etwa 5 cm lange, feine Stifte schneiden. Lauch und Ingwer putzen bzw. schälen. Lauch in Streifen, Ingwer in Scheiben schneiden.

3 Hühnerbrühe in den Wok oder in einen Topf geben. Die Fischfilets hineinlegen. Brühe aufkochen lassen und abschäumen. Dann Rettich, 1 EL Reiswein, Salz, Pfeffer, Lauch und Ingwer hinzufügen und die Brühe bei schwacher Hitze etwa 15 Min. sieden lassen. Dann die Milch untermischen.

4 Suppe in eine Schüssel geben und servieren.

Tip

In China wird diese Suppe nach dem Essen serviert. Sie schmeckt nur mit Hühnerbrühe wirklich gut.

Suppe mit Ochsenschwanz

Qing Dun Niu Wei

Zutaten für 5 Portionen:

5–7 getrocknete Tongku-Pilze
  (Shiitake)
1 kg kleine Ochsenschwanzstücke
30 g Lauch
20 g Ingwerwurzel
2 EL Reiswein
Salz, Pfeffer

Zubereitungszeit:
etwa 1½ Std.

Pro Portion: 835 kJ/ 200 kcal

1 Die Pilze mit heißem Wasser übergießen und 10 Min.
quellen lassen. Die Ochsenschwanzstücke waschen.
Wenn sie zu groß sind, eventuell halbieren oder vierteln.
Lauch und Ingwer putzen bzw.
schälen und in grobe Scheiben
schneiden.

2 1½ l Wasser in einen Topf
oder Wok geben. Die
Ochsenschwänze dazugeben
und aufkochen. Brühe ab-

schäumen, dann 2 EL Reis-
wein, Lauch und Ingwer hinzufügen.

3 Ochsenschwänze zuge-
deckt bei schwacher bis
mittlerer Hitze etwa 1¼ Std.
köcheln lassen. Dann die Pilze
dazugeben und weitere 5 Min.
garen.

4 Lauch und Ingwer aus der
Brühe fischen, die Suppe
mit Salz und Pfeffer würzen
und servieren.

Klare Jakobsmuschelsuppe

Bo Li Bai Pian Tang

Zutaten für 5 Portionen:

150 g Hühnerbrust ohne Haut
  und Knochen
1¼ l Hühnerbrühe
1 EL Reiswein
Salz, Pfeffer
200 g ausgelöste Jakobs-
  muscheln
100 g Maisstärke
100 g kleine Pak choi

Zubereitungszeit:
etwa 45 Min.

Pro Portion: 620 kJ/ 150 kcal

1 Die Hühnerbrust durch den
Fleischwolf drehen oder mit
einem Küchenbeil sehr fein
hacken. Das Fleisch mit 150 ml
kaltem Wasser verrühren.

2 Hühnerbrühe in einen Topf
oder Wok geben, 1 EL Reiswein, Salz und Pfeffer dazugeben und einmal aufkochen.
Dann das Hühnerfleisch hineingeben. Den Topf oder Wok so
weit vom Herd ziehen, daß er

nur noch zu einem Drittel darauf steht. Auf diese Weise
kocht die Suppe nur an einer
Stelle, das Hühnerfleisch bewegt sich im Kreis und klärt
dadurch die Brühe. Wenn die
Brühe klar ist, alle festen Be-
standteil herausfischen.

3 Die Maisstärke auf ein
Küchenbrett geben. Die
Jakobsmuscheln darauf legen
und mit dem Handballen flachdrücken. Die Jakobsmuscheln
wenden und noch einmal flach
rollen. Die Muscheln sollen von
Maisstärke überzogen und
schön flach sein. Wenn die
Muschelscheiben zu groß sind,
kann man sie auch in 4 cm
lange und 2 cm breite Streifen
schneiden. Die Pak choi von
den äußeren Blättern befreien
und waschen. Blätter voneinander lösen.

4 In einem Topf etwa ½ l
Wasser zum Kochen brin-
gen. Die Pak choi darin etwa

Klare Suppe mit Pilzen und Tintenfisch

Cuan Si Qing Tang

1 Min. blanchieren, dann und abtropfen lassen.

5 Etwa ¾ l frisches Wasser zum Kochen bringen. Die Jakobsmuscheln nacheinander hineingeben und etwa ½ Min. kochen. Sofort wieder herausnehmen und mit den Pak choi in eine Schüssel geben.

6 Die klare Suppe noch einmal heiß werden lassen und über die Muscheln gießen.

Zutaten für 5 Portionen:
10 getrocknete Tongku-Pilze (Shiitake)
100 g Möhren
100 g weißer Rettich
50 g Bambussprossen
150 g küchenfertiger Tintenfisch
100 g gekochter Schinken
1¼ l Hühnerbrühe
Salz, Pfeffer
150 g Hühnerbrust ohne Haut und Knochen
1 EL Reiswein

Zubereitungszeit:
etwa 1¼ Std.

Pro Portion: 530 kJ/ 125 kcal

1 Die Pilze mit kochendem Wasser übergießen und 10 Min. einweichen.

2 Die Möhren, den Rettich und den Bambus schälen bzw. waschen und in etwa 5 cm lange, feine Streifen schneiden. Den Tintenfisch und den Schinken ebenfalls in 5 cm lange Streifen schneiden. Die Pilze abtropfen lassen und den Boden einer Schüssel damit auskleiden. Die Schinkenstreifen senkrecht an eine Seite der Schüssel stellen. Den Schinken am Ende gut an die Pilze drücken. Die anderen Zutaten ebenfalls an die Schüsselwand geben und gut an die Pilze drücken. 1 EL Brühe dazugießen. Die Zutaten salzen und etwa 15 Min. in einem Topf auf einer umgedrehten Tasse dämpfen.

3 Inzwischen die Hühnerbrust durch den Fleischwolf drehen oder mit einem Küchenbeil sehr fein hacken. Das Fleisch mit 150 ml kaltem Wasser verrühren.

4 Hühnerbrühe in einen Topf oder Wok geben. Mit Salz und Pfeffer würzen und die Brühe zum Kochen bringen. Einmal aufkochen, dann das Hühnerfleisch hineingeben. Den Topf oder Wok soweit vom Herd ziehen, daß er nur noch zu einem Drittel darauf steht. Auf diese Weise kocht die Suppe nur an einer Stelle, das Hühnerfleisch bewegt sich im Kreis und klärt dadurch die Brühe. Wenn die Brühe klar ist, alle festen Bestandteile gründlich herausfischen. 1 EL Reiswein in die Suppe geben.

5 Die gedämpften Zutaten vorsichtig in eine größere Schüssel stürzen und vorsichtig aufdecken (die Streifen sollen zusammenhalten). Die heiße Brühe seitlich angießen und servieren.

Gefüllte Lotoswurzeln

Mi Zhi Lian Ou

Zutaten für 5 Portionen:

100 g Klebreis
500 g frische Lotoswurzeln
   (ersatzweise 8 Scheiben
   getrocknete Lotoswurzeln,
   1 Tag in Wasser
   eingeweicht)
1½ EL Zucker
1 TL Maisstärke, in 2 EL
   Wasser angerührt

Zubereitungszeit:
etwa 50 Min.

Pro Portion: 520 kJ/ 120 kcal

1 Den Klebreis in einem Sieb
mit warmem Wasser abspü-
len, dann in einer Schüssel mit
lauwarmem Wasser bedecken
und etwa 10 Min. einweichen.

2 Die Lotoswurzeln waschen,
mit einem Messer schaben
und nochmals waschen. Die
Wurzeln an einem Ende aufschneiden. Klebreis abtropfen
lassen, mit einem Teelöffel in
die Lotoswurzeln füllen. Die

Lotoswurzeln auf ein Brett
legen und mit einem scharfen
Messer in dünne Scheiben
schneiden.

3 Die Scheiben ordentlich in
eine Schüssel legen. Übrige
Füllung darauf verteilen. Die
Schüssel in einen Topf auf eine
umgedrehte Tasse stellen.
Etwa 4 cm hoch Wasser in den
Topf gießen und die Lotos-
wurzeln etwa 20 Min. dämpfen.

4 150 ml Wasser zum Kochen
bringen. Den Zucker darin
schmelzen lassen. Die angerührte Maisstärke unter-
mischen und das Zuckerwasser
damit binden. Die Sauce über
die Lotoswurzeln gießen und
das Dessert servieren.

Tip

Klebreis muß vor dem Dämpfen immer gewässert werden,
damit er beim Garen weich
wird.

Gedämpfte Yamswurzeln

Bing Tang Shan Yao Yuan

Zutaten für 4–5 Portionen:

400 g Yamswurzeln
4 kandierte Datteln
30 g kandierter Kürbis oder
   kandierte Melone
250 g Pflanzenöl
50 g Kandiszucker

Zubereitungszeit:
etwa 1 Std.

Bei 5 Portionen pro Portion:
   1200 kJ/ 290 kcal

1 Die Yamswurzeln schälen
und in etwa 2 cm dicke
Scheiben schneiden. Es sollen
etwa 25 Stück sein. Die Scheiben in einem Durchmesser von
etwa 1½ cm rund zuschneiden.
Die Datteln gegebenenfalls
entkernen und mit dem Kürbis
oder der Melone in Streifen
schneiden.

2 Das Öl in einem Topf oder
Wok erhitzen. Die Yams-
wurzeln hineingeben und
3–4 Min. fritieren, bis sie gold-

gelb sind. Dabei einmal wenden. Dann herausnehmen,
abtropfen lassen und ordentlich
in eine Schüssel legen. Die
Früchte und den Kandiszucker
auf und zwischen die Yams-
wurzel-Stücke verteilen.

3 Die Schüssel in einen Topf
auf eine umgedrehte Tasse
stellen. Etwa 4 cm hoch Wasser in den Topf gießen und die
Yamswurzeln etwa 30 Min.
dämpfen. Dann auf einen Teller
stürzen und servieren.

Fritierte Yamswurzelkuchen mit Sesam

Zhi Ma Shan Yao Bing

Zutaten für 6 Portionen:

400 g Yamswurzeln
1 Eiweiß
10 g Maisstärke
50 g Zucker
80 g Sesamsamen
500 g Pflanzenöl

<u>Zubereitungszeit:</u>
etwa 1 Std.

Pro Portion: 1200 kJ/ 290 kcal

1 Die Yamswurzeln schälen und waschen. Dann in einen Dämpfkorb oder einen Dämpfeinsatz geben und in einen Topf auf eine umgedrehte Tasse stellen. Etwa 4 cm hoch Wasser in den Topf gießen und die Yamswurzeln zugedeckt etwa 30 Min. dämpfen, bis sie weich sind.

2 Die Yamswurzeln dann in eine Schüssel geben und zu Mus zerdrücken. Eiweiß mit der Maisstärke verquirlen und mit dem Zucker unter das Yamswurzelmus mischen. Die Masse gründlich verrühren.

3 Aus dem Mus mit einem feuchten Teelöffel Nocken abstechen und in den Sesamsamen wenden. Sie sollen ganz davon überzogen sein.

4 In einem Wok oder einem Topf das Öl erhitzen. Es ist heiß genug, wenn an einem hölzernen Kochlöffelstiel, den Sie ins heiße Fett tauchen, kleine Bläschen aufsteigen. Die Yamswurzelkuchen in 2 Portionen ins Öl geben und jeweils etwa 2 Min. fritieren, bis sie goldgelb sind. Dann herausnehmen, abtropfen lassen und auf einem Teller anrichten.

Yamswurzeln

sehen aus wie längliche Kartoffeln mit einigen, widerborstigen Haaren. Yam stammt ursprünglich aus Afrika, dem tropischen Asien, China, den Philippinen und aus Malaysia. Es gibt etwa 250 verschiedene Arten der Knollenpflanze, die sich oft aber nur durch die Eigenschaften der oberirdischen Pflanzen, nicht durch den Geschmack der Knollen unterscheiden. Wenn Sie keine Yamswurzeln bekommen, nehmen Sie stattdessen Süßkartoffeln.

Herzhaft

Die Küche des Westens

Im abgeschiedenen Westen geben sich die Köche bescheiden, darf sich ihre Kochkunst doch höchstens als gutbürgerliche bezeichnen. Der Küche des Westens mangelt es an Extravaganz, ihr fehlt der bunte Strauß phantastischer Produkte. Tief im bergigen Landesinneren gelegen, verfügt die Provinz Sichuan, wo 107 Millionen leben, weder über Meeresfrüchte noch über tropische Früchte und Gemüse. Reich gesegnet ist sie dagegen mit mit Hühnern, Enten, Gänsen, Süßwasserfischen, Schweinen, Schafen und Rindern. Verschwenderischer Gebrauch scharfer Gewürzen kennzeichnet die Sichuan-Küche. Mit Chili, La Jiao, zu würzen, entwickelte sich über die Jahrhunderte zu einer Art Medizin, denn am Fuß des Tibetplateaus sorgt ständiger Regen für Feuchtigkeit und Näße. Im »Vier-Strom-Land« wie Sichuan wörtlich übersetzt heißt, herrscht selbst im Sommer eine feuchte Hitze. Die Sichuaner schwören darauf, daß nußartige, scharfe und feurige Speisen schädliche Feuchtigkeit aus dem Körper zu vertreiben vermag.

Wild und ursprünglich

Jenes Land der vier Ströme konnte noch vieles von seiner Wildheit und Ursprünglichkeit bewahren. Dank steiler Berge, enger Täler und dichter, dschungelartiger Wälder konservierten diese Subtropen eine

Schnatternde Gesellschaft
Auf einer Zuchtfarm in der Provinz Sichuan.

Vorhergehende Doppelseite:
Vor dem buddhistischen Tempel des Gelben Drachen-Flüßchen-Dorfes in der Provinz Sichuan.

Schönheit, die archaische Züge
aufweist. Kundige Chinesen
vergleichen die Provinz Sichuan
gerne mit einem Kochtopf,
dessen ebener Boden eine
gewaltige Ebene um die Hauptstadt Chengdu ausmacht. Den
Rand bilden steil abfallende
Berge und den Deckel ein Himmel, der meist verhangen ist.
Nur an einer Stelle ist dieser
»Kochtopf« undicht: an den
Drei Schluchten, wo sich der
Yangtse-Fluß einen Durchbruch
nach Osten geschaffen hat.
Das »Rote Becken« im Herzen
der Provinz ist eines der idealen
Anbaugebiete Chinas, die
fetten Lateritböden sind berühmt für ihre Fruchtbarkeit.
Das konstante Klima ermöglicht
üppige Ernten.
Sichuan bildete mehrmals in
der Geschichte ein unabhängi-
ges Königreich, das mit dem
Kaiser von China nicht selten in
Fehde lag. Eine kulturelle Blüte
erlebte der Westen in der Peri-
ode der Drei Königsreiche. In
den Jahren 220–280 bildete
Chengdu, wo heute über vier
Millionen Menschen leben, die
Hauptstadt des Staates Shu.

Eine Art Geheimwaffe

Ihre pikante Eigenart gewinnt
die Küche des Westens, zu der
auch die Stile von Hunan,
Yunnan und Guizhou zählen,
vorrangig aus der Geheimwaffe
La Jiao, die kundige Chinesen
»Spätzünder« nennen, weil sie
mit Verzögerung im Rachen
explodiert. Der Küche Charakter
wäre allerdings ohne Sternanis,

Abbild der Natur
Ehrentor am heiligen
Berg Emei Shan.

Täglich zweimal zum
Markt
Chinesen sind
Frischefanatiker.

Sichuan-Pfeffer, Knoblauch und Koriander nicht vollkommen. Die Sichuaner essen beileibe nicht immer scharf und auch nicht immer warm. Im feucht-heißen Sommer kann sich ein üppiges Mahl auf eine Reihe kalter Dips und eine Platte kalter Fleischgerichte beschränken. Der Hunan-Stil übertrumpft den Yunnan- und Sichuan-Stil an Schärfe, unangefochten gilt er als der »gepfeffertste« der Nation. Doch auch indochinesische Einflüsse gingen nicht spurlos an der Küche des Westens vorüber, denn in den unwegsamen Bergtälern von Yunnan und Guizhou leben Minoritäten. Die Bergstämme der Miao und Li siedeln auch jenseits der Grenze, in Laos, Vietnam und Birma. Da er seine eigene Küche als scharf (la), bitter (gu) und salzig (xian) bezeichnet, bevorzugt ein Sichuaner auf Reisen eher die Pekinger als die Shanghaier Küche, welche ihm wegen ihrer

Süße nicht mundet. Gar in die Flucht schlagen können ihn die fangfrischen Meeresfrüchte der Kanton-Küche, und deren Gerichte aus Hunde- oder Schlangenfleisch würde er nie anrühren.

Eigenwillige Menschen

Die Sichuaner zeigen sich als eigenwilliger Menschenschlag. Ihnen fehlt ganz und gar die Fremdenfeindlichkeit des Kantonesen, die Geschwätzigkeit des Shanghaiers und die Gradlinigkeit des Pekingers. Erstaunlich lange verweilt er wie im Spiel, wird weder bösartig noch hinterhältig. Dafür reagiert er auf Widerspruch mit einem Feuerwerk aus zehntausend hitzigen Worten. Sein Humor zeigt sich tiefgründig und mit lockerer Selbstironie gespickt. Da sich im bergigen Westen oft ein eigenständiges Königreich verschanzte, ge-

wann seine Regionalküche erst sehr spät nationalen Einfluß. Während des chinesisch-japanischen Krieges zwischen 1937 und 1945 wurde der Sitz der nationalen Regierung vorübergehend nach Sichuan verlegt. Dieser Umzug trug dazu bei, daß die örtliche Küche später auch im Osten bekannter wurde. Schließlich stammen wichtige kommunistische Spitzenfunktionäre aus Chinas Westen, so Deng Xiaoping, der im Ausland als »Pfeffriger Napoleon« bekannt wurde.

In Zeiten, da nur noch das Geld regiert, entwickelt sich die Küche des Westens zum Schlager, weil sie wie keine zweite preiswerte Imbisse anbieten kann. So zählen die Sichuan-Nudeln, *Si Chuan Liang Mian* (siehe Seite 243), inzwischen zu den beliebten Snacks im ganzen Land.

Eierlei im Überfluß
Auf einem freien Markt in Chengdu.

Die Privathändler kennen keinen Ladenschluß
Nächtliche Szene in Chongqing (Bild oben links).

Von Standgebühren befreit
Fliegender Händler bietet Körbe feil (Bild Mitte links).

Stolz wie ein Dreikäsehoch
Wer fährt schon solch einen Bambus-Schlitten? (Bild oben)

Lesehilfe auf der Straße
Eine Analphabetin läßt sich einen Brief entziffern (Bild links).

Der Gesellschaft Leben

Die Märkte

Kluge Chinesen wissen die Leere zu schätzen. Doch wenn sie ohne Markt auskommen müßten, kämen sie sich wie ein Körper ohne Innenleben vor. Diese Leere wäre mehr als tödlich, denn die inneren Organe bestimmen traditionell jedes Gefühl und jeden Geschmack, ja, sie entscheiden selbst über die Tugend und die Moral eines Menschen. So gilt die Leber als der Sitz des Mutes. Vom Herzen kommt das Lachen und alles was man sagt, denn ihm entspricht die Zunge. Wie die inneren Organe einem Körper Leben geben, so lassen die Bauernmärkte die chinesische Gesellschaft leben, sie bilden ihre Eingeweide. Herrscht Freiheit, dann lebt es sich gut. Gelten Vorschriften über Vorschriften, dann verkümmert alles Leben. Seit gut einem Jahrzehnt kennt die Volksrepublik wieder freie Bauernmärkte, auf denen Angebot und Nachfrage herrschen. Nach diesem Gesetz pulsieren sie alle, ob nun inmitten einer Millionenstadt oder eines Marktfleckens. Ganz verschieden wie jedes innere Organ sind sie dafür ausgeprägt: mal amorph, mal mäandrisch, mal homogen. Erstaunlich, dienen sie doch alle nur dem einen Zweck, den Mund, dieses bodenlose Loch, zu stopfen. Bei den Geldsäcken mit viel Fleisch, bei den Bettelsäcken mit viel Gemüse. In schönen Momenten sorgen sie für Ruhe vor Mund und Magen. Doch bald darauf reizen sie wieder die Gier, die bekanntlich schon zu Kriegen führte.

Märkte sind Menschenwerk, sonst würde nicht an jeder Ecke gefeilscht, getratscht, gedrängelt, gelacht und gestritten. Alte Menschen, egal ob Käufer oder Verkäufer, bestimmen das Bild der Straße, auf der sich alles drängt. Da hilft kein Klingeln und Antreiben, Radfahrer müssen unbarmherzig absitzen. Wagt sich gar ein Bauer mit seinem schweren Fahrrad, an dessen Gepäckträger links und rechts tiefe Gemüsekörbe hängen, unter

Kein Vermögen
Neben dem Marktausweis liegen Fen-Münzen und Yuan-Scheine.

Allzeit mobil
Das Fahrrad dient als Verkaufsstand.

die dichte Käuferschar, dann erinnert er an einen verlorenen Schneepflug in bedrohlichem Tiefschnee. Um das Prädikat »volkreichstes Land der Erde« zu erfassen, braucht man sich nur frühmorgens ins Marktgewühl zu werfen. Sonntags wie werktags das gleiche Bild, denn die Masse sprudelt ohne Ruhetag. Viele Fabriken leisten sich ihren freien Tag montags oder mittwochs, um den Zustrom an Käufern zumindest zu bremsen. Einen vereinzelten Schrei von vorne zu erwarten, wäre zwecklos, denn schon brechen Wogen von gebrüllten Worten von rechts und links herein. Lautstärke scheint die größte Stärke der Chinesen zu sein. Wer seinen Mund nicht gehörig aufsperren kann, muß in dieser bäuerlichen Gesellschaft untergehen. Was bei uns der Ellbogen, ist in China das Mundwerk. Der echte Chinese, der Han, erweist sich als Sohn eines derben Bauern, aber seinem derben Wesen fehlen bösartige Widerhaken. Tiraden geifernden Feilschens mögen zwischen Marktständen schwappen, doch drohende, gar zuschlagende Fäuste tauchen so gut wie nie auf. Der Mund offenbart sich also nicht nur als bodenloses Loch, sondern auch als befreiendes Ventil. Hier liegt die Erklärung, warum das Volk der Han eine ganz eigene Sanftmut prägt, von der in jedem ein Quentchen schlummert. Auf dem freien Markt versinkt die Uniformität von weißen Nylonhemden und beigen Synthetikblusen in einem Meer grüner Schattierungen. Anscheinend besiegt hier eine selbstbewußte Natur ein zweifelhaftes Menschenwerk. In der milden Morgensonne erstrahlen das dunkle und das helle Grün von frischgeerntetem Lauch, Raps, Kohl, von Gurken, Melonen und Bohnen wie wuchernde Lianen. Ging ein sommerlicher Regenguß über sie hinweg, erscheinen die Auslagen wie künstlich lackiert. Auf der Palette des Marktes fehlen auch nicht die Kleckse, das Blutrot des Chili,

**Aus den Tragekörben
direkt auf den Herd**
Garküchen auf dem Markt
von Xingping in Guangxi
(Bild oben).

Bloß genau
Gemüse wird mit der
typischen Marktwaage
ausgewogen (Bild Mitte).

**Abgeklärt wie ein
Buddha**
Bauernkind inmitten des
Markttrubels (Bild
unten).

Fische – noch lebend
Auf dem Xidan-
Morgenmarkt in Peking
(Bild oben).

**Macht Platz, Weinreben
kommen**
Auf einem freien Markt in
Kanton (Bild Mitte).

Gut abgehangen
Fleischtheke auf dem
Markt von Xingping in der
Provinz Guangxi (Bild
unten).

das Violett der Eierfrucht, das Weißgelb der Sojasprosse, das Erdgelb des Ingwers. Aber auch bonbonrote Becken, giftgrüne Stühle, senfgelbe Stricke und weißblaurot gestreifte Markisen, alle aus Plastik, bieten der uniformen Käuferschaft Paroli. Zu den roten, runden Wannen ist oft kein Durchkommen, sie scheinen die ungekrönten Könige unter den Angeboten zu sein. Verblüffend, zieren sie doch nur den geschundenen Asphalt, oft nahe dem übelriechenden Rinnstein. Tatsächlich begehrt man nicht sie, sondern ihren lebenden bis halbtoten Inhalt: Brassen, Aale und Barsche, die häufig bäuchlings und japsend im abgestandenen Wasser treiben. Am Fischbecken erweisen sich Chinesen einmal mehr als Frischefanatiker, nie würden sie ein totes Tier erwerben. Lieber erstehen sie einen halbtoten Fang, der an einer, durch das aufgerissene Maul gespießten Strohkordel am Fahrradlenker eingehakt wird, als daß sie einen ausgenommenen Fisch in einer Plastiktüte eisgekühlt nach Hause tragen. Eine gewisse grausame Natürlichkeit schwebt über jedem Markt und ist auch an den Zubern mit lebenden Krabben und Krebsen zu beobachten. »Leute schaut her, soviel schönes Fleisch«, brüllt ein junger Bauer in die Runde, während er einem Krebs ruckartig den sich windenden Schwanz abdreht und das zweigeteilte Tier den Vorbeischiebenden einladend entgegenstreckt. Prompt verdichtet sich die Menschentraube und kommt ins Stocken. Doch als der hemdsärmelige Bursche »Nur zehn Yuan das Pfund!« ausruft, zerfällt die Traube. Er erntet Kopfschütteln, Schimpfen und viele verärgerte »Überteuert«-Rufe. Bei einem durchschnittlichen Monatseinkommen von umgerechnet sechzig Mark sind drei Mark für zwei Handvoll Krebse wahrhaft teuer. Auch die Preise für ein Pfund Litschi, drei Mark, oder ein Pfund Bananen, eine Mark, grenzen bei einem normalen

Monatsverdienst von siebzig Mark bereits an Wucher. Doch das kümmert die gewieften Vorortbauern wenig. Sie kennen ihre Städter und wissen, daß schon bald die Taxifahrer und Schieber, die Privathändler und die Friseure aufkreuzen werden. Diesen Neureichen zerrinnen zehn Yuan wie Wasser zwischen den Fingern. Warum sollten sie denn auf Lehrer und Staatsangestellte, ja gar noch auf Parteikader, Rücksicht nehmen, wo doch allein das schnellverdiente Geld den Markt regiert? Wer tagsüber Spezialitäten wie Krebse, Krabben, Frösche, Aale und Schildkröten feilbietet, könnte abends immer mit leergeschöpften Zubern und Körben heimkehren, denn diese Leckerbissen sind sehr gefragt.

Kaum Platz zum Schnattern
Ententransport auf dem Weg nach Chengdu.

Kein staatliches Geschäft verfügt über derart Ausgefallenes in seinem planwirtschaftlichen Sortiment. Nun wäre ein stadterfahrener Bauer dumm, würde er mit Händen voller schmutziger Geldscheine heimkehren. Geschäftüchtig tritt er die nächtliche Heimfahrt mit seinem Rad an, in dessen Körben jetzt begehrte bunte Plastikartikel stecken. Kleiner Handel von Privat zu Privat heißt das Zauberwort im ganzen Land. Inmitten von Geschrei, sattem Grün, erdigen und sauren Gerüchen hebt und senkt sich tausendfach ein unbeugsamer Arm, das Rückgrat einer Waage. Jeder Bauer, jeder Händler erhält erst eine ansteckbare Verkaufslizenz, wenn er der Obrigkeit eine komplette Hängewaage mit geeichtem Gewichtstein vorweisen kann. Beim leisesten Verdacht von Betrug oder bei Mißachtung der Marktordnung tritt ein Mann mit roter Armbinde an den Täter heran und setzt die Waage außer Kraft, indem er das an einem dünnen Nylonfaden baumelnde, gußeiserne Gewicht von der Stange reißt und einsteckt. So mag es vorkommen, daß ein Bauer nur Augen für das Austarieren einer begehrten Schale Erdbeeren hat und zu spät erfaßt, daß ihm eine Autorität deren Pendant entreißt, woraufhin der ganze Berg auf die Erde purzelt. Nicht Anarchie, sondern rabiate Gerechtigkeit regiert hinter den bedrängten Kulissen. Wie Innenwelt und Außenwelt nahtlos ineinander übergehen, eröffnet sich hinter den Marktständen ein neuer Raum, das vorgeschobene Wohnschlafzimmer der Anwohner. Auf dem sorgsam gekehrten Trottoir spielen die Jüngsten, während die Alten in putzigen Gußöfchen ein giftig qualmendes Erdkohlegemisch mit einem Bambusfächer entfachen. Das gelingt dank Sägemehl, so daß ab elf Uhr die Vorbereitungen für das Mittagessen beginnen können – mit taufrischem Gemüse aus dem überquellenden »Vorgarten« versteht sich.

Rezeptübersicht

Gebratenes Hähnchenfleisch mit Chili

Gong Bao Ji Ding

Zutaten für 2–3 Portionen:

250 g Hähnchenbrust ohne
   Haut und Knochen
30 g frische Erdnüsse
3 EL Reiswein
Salz
4 TL Maisstärke, in 4 TL
   Wasser angerührt
20 g Lauch
20 g Ingwerwurzel
4 Knoblauchzehen
10 g getrocknete rote
   Chilischoten
1 EL Zucker
1 EL schwarzer Reisessig
3 EL Sojasauce
100 g Pflanzenöl
20 Sichuan-Pfefferkörner

Zubereitungszeit:
etwa 30 Min.

Bei 3 Portionen pro Portion:
   1420 kJ/ 340 kcal

Tip

Statt Hähnchenbrust können
Sie auch Hähnchenkeule –
natürlich ohne Knochen – oder
Schinken verwenden. Das
Hähnchenfleisch wird besonders zart, wenn Sie es nach
dem Kleinschneiden kurz in
Eiweiß wenden.
Chilischoten und Pfefferkörner
werden nur kurz in Öl an-
gebraten, damit sie ihr Aroma
abgeben; dann mit einem
Schaumlöffel rausfischen und
wegwerfen.

Geschichte

Im feudalen China schätzte
man die magischen Kräfte von
Hahn und Huhn. Allein durch
das Abbild sollten Dämonen
vertrieben werden. Im Norden,
außer in der Provinz Sichuan,
gab es einen ausgeprägten
Hühnerkult. Hier durfte man
kein Hühnerfleisch essen. Hahn
und Huhn wurden wie Haus-
tiere gezüchtet und gehalten.
In Südchina befragte man einst
mit Hühnereiern oder Hühner-
knöchelchen das Orakel. Bei
ländlichen Hochzeiten wird in
einigen Regionen heute noch
um das Brautpaar ein magischer Kreis aus Hühnerblut
gezogen.

1 Die Hähnchenbrust auf
einer Seite bis etwa zur
Hälfte mit einem scharfen
Messer einschneiden.

2 Das Fleisch dann in 1 cm
große Würfel schneiden.
Die Erdnüsse von den braunen
Häutchen befreien.

3 2 EL Reiswein mit Salz und
der Hälfte der angerührten
Speisestärke verrühren. Das
Fleisch untermischen und zugedeckt beiseite stellen.

4 Den Lauch putzen und waschen. Den Ingwer und den Knoblauch schälen. Lauch, Ingwer und Knoblauch in Scheiben schneiden. Chilischoten in 1,5 cm lange Stücke schneiden. Zucker mit Essig, Sojasauce, 1 EL Reiswein, Salz und der übrigen angerührten Maisstärke verrühren.

5 Den Wok oder eine Pfanne erhitzen. Das Öl darin heiß werden lassen. Die Erdnüsse im Öl fritieren, bis sie dottergelb sind. Die Nüsse dann wieder herausnehmen. Das Öl bis auf einen dünnen Film abgießen.

6 Chilischoten und die Pfefferkörner in dem verbliebenen Öl anbraten und ebenfalls wieder herausnehmen.

7 Das Fleisch in den Wok geben und unter Rühren braten, bis es leicht gebräunt ist. Den Lauch, den Ingwer und den Knoblauch kurz mitbraten. Die angerührte Sauce hinzugießen und noch einmal aufkochen. Zum Schluß die Erdnüsse wieder untermischen. Das Gericht sofort servieren.

Gebrühtes Rindfleisch

Shui Zhu Niu Rou

Zutaten für 2–3 Portionen:

200 g Rinderfilet
2 EL Reiswein
1 Eiweiß
10 g Maisstärke
Salz
4–5 EL Pflanzenöl
5 getrocknete rote Chilischoten
20 Sichuan-Pfefferkörner
150 g zarte Chinakohlblätter
50 g Schnittknoblauch
    (ersatzweise Frühlings-
    zwiebeln)
40 g scharfe Bohnenpaste
1 TL Sojasauce
¼ l Hühnerbrühe (ersatzweise
    Wasser)

Zubereitungszeit:
etwa 30 Min.

Bei 3 Portionen pro Portion:
    1290 kJ/ 310 kcal

Berühmtes Gericht

Das Rindfleisch ist ein berühm-
tes Gericht der Sichuan-Küche
mit langer Tradition. Ursprünglich stammt es aus Zigong,
einem Ort, der bekannt dafür
war, daß man dort Brunnensalz
gewann. Für diese schwere
Arbeit, von Menschen und
Arbeitstieren verrichtet, brauchte man nahrhaftes Essen. Und
da man durch die Salz-

gewinnung zu einigem Reichtum gekommen war, konnte
man es sich leisten, das wertvolle Fleisch der Rinder zu essen. So lernte man, dieses
köstliche Fleischgericht zuzube-
reiten.

Schnittknoblauch

sieht aus wie lange und dickere
Schnittlauchhalme und
schmeckt nicht so intensiv wie
Knoblauchzehen. Kaufen können Sie ihn nur in guten Asien-
Läden. Manchmal wird er auch
unter der Bezeichnung chinesischer Schnittlauch angeboten.

1 Rindfleisch mit einem scharfen Messer in 4 cm lange,
3 cm breite, dünne Scheiben
schneiden. 1 EL Reiswein mit
dem Eiweiß und 10 g Mais-
stärke verrühren, salzen und
unter das Fleisch mischen.

2 Einen Wok oder eine Pfanne erhitzen. 2–3 EL Öl hineingeben. Chilischoten darin
und unter Rühren braten, bis
sie dunkelrot sind. Pfefferkörner untermischen und mit-
braten, bis sie würzig duften.

3 Chilischoten und Pfefferkörner mit einem Schaumlöffel
aus dem Öl fischen und mit
einem Küchenbeil oder dem
Wiegemesser fein zerkleinern.

4 Chinakohlblätter putzen
und waschen, dann mit
den Händen in Stücke reißen.
Schnittknoblauch waschen
und in 5 cm lange Stücke
schneiden.

5 Den Wok oder die Pfanne wieder erhitzen. Restliches Öl hineingeben und den Chinakohl und den Schnittknoblauch darin unter Rühren etwa 1 Min. braten. Herausnehmen und auf einem Teller beiseite stellen.

6 Bohnenpaste in den Wok oder die Pfanne geben und ½ Min. braten. 1 EL Reiswein, 1 TL Sojasauce und die Brühe angießen und zum Kochen bringen.

7 Schalenteile der Bohnenpaste mit einem Schaumlöffel aus der Brühe fischen. Chinakohl und Schnittknoblauch in die Brühe geben und 2 Min. kochen lassen. Herausnehmen und beiseite stellen. Die Hitze so weit reduzieren, daß die Brühe nur noch schwach kocht.

8 Die Fleischscheiben nacheinander rasch in den Wok geben. Fleisch 1–2 Min. garen, bis es nicht mehr rot ist. Dabei immer leicht rühren. Die Brühe verdickt sich dabei. Mit dem Gemüse mischen und auf einen Servierteller geben. Gehackte Chilischoten und Pfefferkörner darüber streuen.

Sechsteilige kalte Platte

Liu Wei Ya Zhang Shi Jing

Zutaten für 10 Portionen:

Für das Hähnchen:
1 Hähnchen (etwa 1 kg)
30 g Lauch
20 g Ingwerwurzel
Salz
2 EL Reiswein
10 Sichuan-Pfefferkörner

Für das Rindfleisch:
400 g Rinderfilet
400 g gekochte Rinderkutteln
30 g Lauch
20 g Ingwerwurzel
10 Sichuan-Pfefferkörner
10 g Sternanis
10 g Zimtstange
1 EL Sojasauce
1 EL Reiswein
Salz

Für die Schweineleber:
500 g Schweineleber
30 g Lauch
20 g Ingwerwurzel
Salz
10 Sichuan-Pfefferkörner

Für die Eierkuchen:
6 Eier

2 TL Maisstärke, in 2 TL
  Wasser angerührt
Salz, Pfeffer

Für den Schinken:
200 g gekochter Schinken

Zubereitungszeit:
etwa 1¾ Std.

Pro Portion: 1400 kJ/ 330 kcal

1 Hähnchen waschen und in Stücke teilen. Lauch und Ingwer putzen bzw. schälen und in grobe Scheiben schneiden. Hähnchen in einen Topf geben, mit Wasser bedecken und zum Kochen bringen. Salz, 1 EL Reiswein, Pfefferkörner, Lauch und Ingwer dazugeben und das Hähnchen zugedeckt bei mittlerer Hitze etwa 30 Min. kochen. Dann abkühlen lassen und von den Knochen befreien.

2 Das Rindfleisch in einem Topf oder einem Wok mit Wasser bedecken und zum Kochen bringen. Lauch und Ingwer putzen bzw. schälen und in grobe Scheiben schneiden. Pfefferkörner, Sternanis und Zimt in ein Gewürzsäckchen füllen. Lauch, Ingwer und Gewürze mit 1 EL Sojasauce, 1 EL Reiswein und Salz zum Fleisch geben. Rinderfilet zugedeckt bei mittlerer Hitze etwa 30 Min. garen. Dann die Kutteln dazugeben und alles noch einmal 10 Min. kochen. Herausnehmen und abkühlen lassen.

3 Schweineleber waschen. Lauch und Ingwer putzen bzw. schälen und in grobe Scheiben schneiden. Leber in einen Topf oder einen Wok mit heißem Wasser bedecken und zum Kochen bringen. Salz, Pfefferkörner, Lauch und Ingwer dazugeben und die Leber bei schwacher Hitze etwa 30 Min. garen. Ebenfalls herausnehmen und abkühlen lassen.

4 Eier trennen. Eiweiße und Eigelbe jeweils in einer Schüssel getrennt mit 1 EL kaltem Wasser, 1 TL aufgelöster Maisstärke, Salz und Pfeffer verrühren. Eiweiß-Mischung in einen quadratischen, kleinen Teller mit hohem Rand geben. Teller in einen Topf auf eine umgedrehte Tasse stellen. Etwa 4 cm hoch Wasser in den Topf füllen. Eiweißmasse zugedeckt 7 Min. dämpfen. Dann die Eigelbmischung auf der gestockten Eiweißmasse verteilen. Noch einmal 8 Min. dämpfen. Eierkuchen herausnehmen und abkühlen lassen.

5 Schinken in einem Bambusdämpfer oder einem Dämpfeinsatz 10 Min. dämpfen.

6 Hähnchen, Rinderfilet, Rinderkutteln, Schweineleber, Schinken und Eierkuchen jeweils in 7 cm lange und 1½ cm breite Scheiben schnei-

Eingelegtes Sichuan-Gemüse

Sichuan Pao Cai

7 Die Scheiben nach Sorten getrennt nebeneinander ordentlich auf einem länglichen Teller anrichten.

Zutaten für 2 kg Gemüse:

2 kg Gemüse (Rettich, Möhren, Chinakohl, Weißkohl, Gurken, Sellerie und Paprikaschoten)
50 g Ingwerwurzel
250 g Salz
2 EL weißer Zucker
100 g brauner Zucker
40 g getrocknete Chilischoten
8 Sternanis
1 EL Sichuan-Pfefferkörner
50 ml Reis-Gersten-Schnaps

Zubereitungszeit:
etwa 50 Min. (+ 1–2 Tage Ruhezeit)

Ingesamt: 4100 kJ/ 980 kcal

1 Das Gemüse schälen oder waschen, putzen und in grobe Streifen schneiden. Dann getrennt oder gemischt in heiß ausgespülte Gläser füllen.

2 Ingwer schälen, in Scheiben schneiden und mit einem Küchenbeil flachklopfen.

3 In einem großen Topf 2½ l Wasser mit dem Salz, dem Zucker, den Chilischoten, dem Sternanis, den Pfefferkörnern, dem Ingwer und dem Reisschnaps unter Rühren zum Kochen bringen. Das Salz und der Zucker sollen sich auflösen.

4 Die heiße Marinade über das Gemüse gießen. Die Gläser verschließen und das Gemüse 1–2 Tage stehenlassen.

Tip

Wenn Sie einen Einmachbottich haben, geben Sie das gesamte Gemüse mit der Marinade hinein. Sie können dann immer die gewünschte Menge entnehmen. Dabei darauf achten, daß Sie das Gemüse immer mit sauberem Besteck aus dem Bottich nehmen, es darf kein Öl hineinkommen. Wenn Sie die Marinade immer etwas nachwürzen, können Sie sie auch wieder für frisches Gemüse verwenden.

Servier-Möglichkeiten

Die eingelegten Gemüse werden als Vorspeise serviert – in China zusätzlich mit Chilliöl beträufelt –, als Beilage zu fetten Gerichten und zu Getränken. Außerdem werden sie zum Kochen verwendet, z.B. kleingehackt mit Fleisch oder Tofu gebraten.

221

Gebratenes Rinderfilet

Gan Bian Niu Rou Si

Zutaten für 4 Portionen:

500 g Rinderfilet
75 g Stangensellerie
30 g Ingwerwurzel
2 EL Pflanzenöl
Salz, gemahlener Sichuan-
    Pfeffer
1 EL Reiswein
½ EL scharfe Bohnenpaste
1 Prise Zucker
1 TL Essig
1–2 EL Sesamöl

Zubereitungszeit:
etwa 20 Min.

Pro Portion: 970 kJ/ 230 kcal

1 Rindfleisch quer zu den
Fasern in dünne Scheiben,
dann in etwa 5 cm lange, feine
Streifen schneiden. Sellerie
putzen, waschen und in etwa
3 cm lange Stücke schneiden.
Sind die Stücke zu dick, noch
ein- oder zweimal längs durchschneiden. Ingwer schälen und
in feine Streifen schneiden.

2 Einen Wok oder eine Pfanne erhitzen. Öl hineingeben
und heiß werden lassen. Rindfleisch dazugeben und unter
Rühren bei starker Hitze braten,
bis es nicht mehr zusammenklebt. Salz, 1 EL Reiswein und
Ingwer zugeben und unter
Rühren noch etwa 2 Min. braten, bis die meiste Flüssigkeit
verdampft ist. Die Bohnenpaste
dazugeben und alles 1 Min.
weiterbraten. Sellerie und 1 Prise Zucker untermischen und
½ Min. braten.

3 Rindfleisch auf einen Teller
geben, mit Essig und
Sesamöl beträufeln und mit
Sichuan-Pfeffer bestreuen.

Tip

Dieses aromatische Gericht
schmeckt gut zu Bier. Es ist in
China eine berühmte Delikatesse, mit der gerne Gäste bewir-
tet werden. Das Rindfleisch
darf nicht zu lange braten,
sonst wird es trocken.

Pikante Fleischklößchen

Yu Xiang Wan Zi

Zutaten für 2–3 Portionen:

200 g magerer Schweinebauch
    ohne Knochen und Schwarte
Salz
2 EL Reiswein
1 Eiweiß
1 EL Maisstärke, in 1 EL
    Wasser angerührt
20 g Lauch
20 g Ingwerwurzel
2 Knoblauchzehen
25 g eingelegtes Sichuan-
    Gemüse (am besten Paprika;
    Rezept Seite 221,
    ersatzweise 10 g scharfe
    Bohnenpaste)
2 TL Zucker
2 TL heller chinesischer Essig
1 EL Sojasauce
250 g Pflanzenöl

Zubereitungszeit:
etwa 40 Min.

Bei 3 Portionen pro Portion:
    1800 kJ/ 430 kcal

1 Das Schweinefleisch mit
einem Küchenbeil oder
einem großen, schweren Messer sehr fein hacken oder durch
den Fleischwolf drehen. Mit
1 EL Reiswein, dem Eiweiß
und der angerührten Mais-
stärke mischen. Alles so lange
rühren, bis die Masse bindet.

2 Lauch, Ingwer und Knoblauch putzen bzw. schälen
und getrennt fein hacken. Etwas vom Ingwer unter das
Fleisch mischen. Das eingelegte Gemüse ebenfalls hacken.
2 TL Zucker mit 2 TL Essig,
1 EL Reiswein und 1 EL Sojasauce verrühren.

3 Öl in einem Wok oder einem Topf erhitzen. Es ist
heiß genug, wenn an einem
hölzernen Kochlöffelstiel, den
Sie ins heiße Fett tauchen,
kleine Bläschen aufsteigen. Aus
dem Fleischteig Klößchen von
etwa 2 cm Durchmesser formen. Klößchen ins Öl geben

Rindfleisch aus dem Dämpfkorb

Xiao Long Zheng Niu Rou

und 2–3 Min. fritieren, bis sie gebräunt sind. Dann herausnehmen und abtropfen lassen.

4 Das Öl bis auf einen dünnen Film aus dem Wok gießen. Sichuan-Gemüse, Ingwer und Knoblauch hineingeben und unter ständigem Rühren etwa ½ Min. braten. Sauce zugeben, Klößchen einlegen und noch einmal ½ Min. garen. Mit dem Lauch bestreut servieren.

Zutaten für 4 Portionen:

400 g Rinderfilet
75 g Reisschrot
30 g Lauch
20 g Ingwerwurzel
30 g scharfe Bohnenpaste
1 TL Sojasauce
1 EL Reiswein
1 TL Zucker
50 ml Hühnerbrühe
1 EL Pflanzenöl
30 g Petersilien- oder
  Korianderblätter

Zubereitungszeit:
etwa 35 Min.

Pro Portion: 860 kJ/ 220 kcal

1 Das Rindfleisch in etwa 2 cm lange, 2 cm breite und dünne Scheiben schneiden. Den Reisschrot mit knapp 100 ml lauwarmem Wasser verrühren. Es soll eine zähflüssige Masse entstehen.

2 Lauch und Ingwer putzen bzw. schälen und fein hak-

ken. Kleine Bambus-Dämpfkörbe oder einen großen Korb bereit stellen.

3 Rindfleisch mit Bohnenpaste, 1 TL Sojasauce, 1 EL Reiswein, 1 TL Zucker, 50 ml Hühnerbrühe, 1 EL Öl, dem Ingwer und dem Reisschrot vermengen und in den Dämpfkörben verteilen.

4 Die Körbe in einen Topf mit 3 cm Wasser geben und das Fleisch etwa 15 Min. dämpfen.

5 Inzwischen Petersilie oder Koriander waschen und zum Teil fein hacken. Das Rindfleisch mit Petersilie oder Koriander und Lauch bestreut servieren.

Tips

Wenn Sie keine Dämpfkörbe aus Bambus haben, können Sie das Fleisch auch in kleinen Schüsseln dämpfen.

Das Reisschrot machen Sie am besten selbst. 500 g Reis mit 20 Sichuan-Pfefferkörnern und 5 Sternanis unter Rühren braten, bis der Reis gelblich ist. Dann abkühlen lassen und schroten.

223

Pikante Auberginen-Fladen

Yu Xiang Qie Bing

Zutaten für 3–4 Portionen:

150 g Schweinefilet
Salz
2 EL Reiswein
300 g längliche, schlanke
    Auberginen
2 Eier
10 g Maisstärke + 1 TL Mais-
    stärke, in 1 EL Wasser
    angerührt
20 g Lauch
20 g Ingwerwurzel
2 Knoblauchzehen
25 g scharfe Bohnenpaste
1 EL Zucker
1 EL heller chinesischer Essig
1 TL Sojasauce
250 g Pflanzenöl

Zubereitungszeit:
etwa 1 Std.

Bei 4 Portionen pro Portion:
    2100 kJ/ 500 kcal

Auberginen

Ihren Ursprung hat die wärme-
liebende Pflanze aus der Familie der Nachtschattengewächse
in den Tropen Indiens, Chinas
und Afrikas, in Ägypten und in
Arabien. Die Auberginen waren
damals kleine weiße oder gelbe
rundliche Früchte, weshalb sie
auch Eierfrüchte heißen.
Heute sind Auberginen meist
violett und relativ groß. Für
dieses Gericht brauchen Sie
längliche, schlanke Früchte.
Wenn Sie nur große Früchte
bekommen, schneiden Sie die
Schale großzügig ab und
schneiden die Auberginen-
scheiben in der richtigen
Größe zu.

1 Das Schweinefleisch mit
einem Küchenbeil oder
einem großen, schweren Messer sehr fein hacken oder durch
den Fleischwolf drehen. Mit
Salz und ½ EL Reiswein mischen.

2 Die Auberginen schälen und
in etwa 15 runde Scheiben
von 3 cm Durchmesser und
1 cm Dicke schneiden. Die
Auberginen in der Mitte mit
einem scharfen Messer einschneiden, aber nicht durchschneiden. Sie sollen an einem
Ende noch zusammenhalten.

3 Die Auberginen mit der
Schweinefleischmasse
füllen.

4 Die Eier mit 10 g Mais-stärke verquirlen. Lauch, Ingwer und Knoblauch putzen bzw. schälen und fein hacken. Zucker mit Essig, Sojasauce, dem restlichen Reiswein und aufgelöster Maisstärke zur Sauce vermischen.

5 Das Öl in einem Wok oder einem Topf erhitzen. Es ist heiß genug, wenn an einem hölzernen Kochlöffelstiel, den Sie ins heiße Fett tauchen, kleine Bläschen aufsteigen. Die Auberginen durch die Eiermas-se ziehen, so daß sie gleichmä-ßig davon überzogen sind.

6 Die Auberginen in 2 Portio-nen ins Öl geben und je-weils etwa 3 Min. fritieren, bis sie goldgelb sind. Herausneh-men, abtropfen lassen und auf einem Teller warm halten.

7 Das Öl bis auf einen dünnen Film aus dem Wok gießen. Bohnenpaste, Ingwer und Knoblauch hineingeben und unter Rühren ½ Min. braten. Sauce angießen, 1 EL Wasser unterrühren. Sauce einmal aufkochen. Lauch unter-mischen und die Sauce über die Auberginen gießen.

Pikantes Schweinefleisch

Yu Xiang Rou Si

Zutaten für 2 Portionen:

2 getrocknete Morcheln
150 g Schweinefilet
Salz
2 EL Reiswein
½ TL Maisstärke + 1 TL
*   Maisstärke, in 1 TL Wasser*
*   angerührt*
50 g Bambussprossen
30 g Lauch
20 g Ingwerwurzel
2 Knoblauchzehen
1 EL Zucker
1 TL Essig
2 TL Sojasauce
50 g Pflanzenöl
25 g scharfe Bohnenpaste

Zubereitungszeit:
etwa 30 Min.

Pro Portion: 1700 kJ/ 400 kcal

1 Die Morcheln in einer Schüssel mit heißem Wasser übergießen und 10 Min. einweichen. Dann waschen und in Streifen schneiden.

2 Das Fleisch in etwa 5 cm lange, feine Streifen schneiden. Mit Salz, 1 EL Reiswein und ½ TL Maisstärke mischen.

3 Die Bambussprossen in etwa 4 cm lange Streifen schneiden. Lauch, Ingwer und Knoblauch putzen bzw. schälen und fein hacken.

4 Zucker mit Essig, Sojasauce, 1 EL Reiswein und der angerührten Maisstärke mischen.

5 Einen Wok erhitzen, das Öl angießen. Fleisch darin unter Rühren etwa ½ Min. braten, bis es nicht mehr zusammenklebt. Bohnenpaste, Ingwer, Lauch und Knoblauch dazugeben und noch einmal ½ Min. braten. Bambussprossen und Pilze untermischen, die Sauce untermengen und noch einmal ½ Min. braten. Auf einem Teller servieren.

Dongpo-Fleisch

Dong Po Rou

Zutaten für 5–6 Portionen:

1 EL Zucker
750 g nicht zu fetter
*   Schweinebauch mit*
*   Schwarte ohne Knochen*
100 g Pflanzenöl
300 g Hühnerflügel oder
*   Hühnerklein*
30 g Lauch
20 g Ingwerwurzel
½ l Hühnerbrühe
30 g Sternanis und Zimtstange
*   zusammen*
50 ml Reiswein

Zubereitungszeit:
etwa 1¼ Std.

Bei 6 Portionen pro Portion:
*   2560 kJ/ 640 kcal*

1 Einen Wok erhitzen. Den Zucker einstreuen. 2 EL Wasser dazugeben und die Zuckermasse unter Rühren köcheln, bis sie sirupartig wird. Die Zuckerlösung in eine Schüssel umfüllen.

2 Das Schweinefleisch in etwa 3 cm große Stücke schneiden. Die Schwarte mit der Zuckerlösung einstreichen.

3 Den Wok säubern und wieder erhitzen. 2 EL Öl hineingeben. Die Fleischstücke mit der Schwarte nach unten hineingeben und braten, bis die Schwarte schön gebräunt ist. Dann herausnehmen.

4 Hühnerflügel waschen oder das Hühnerklein putzen. In den Wok legen und das Schweinefleisch darauf verteilen. Lauch und Ingwer putzen bzw. schälen und in Scheiben schneiden.

5 So viel Hühnerbrühe in den Wok gießen, daß die Schweinefleischstücke davon bedeckt sind. Die Brühe zum Kochen bringen und abschäumen. Sternanis, Zimt, Lauch, Ingwer, Reiswein und die Zuckerlösung dazugeben.

Eisbein mit fermentierter Bohnenpaste

Dou Ban Zhou Zi

6 Fleisch zugedeckt bei schwacher Hitze etwa 50 Min. köcheln lassen, dann herausnehmen und auf einem Teller verteilen. Die Sauce sieben, bei starker Hitze etwas einkochen lassen und über das Fleisch gießen.

Geschichte

Dieses Gericht wurde von Su Dongpo, einem berühmten Dichter der Song-Dynastie, erfunden. Er schrieb sogar einige Verse darüber: »Langsam das Feuer, weniger das Wasser, bei richtiger Hitze und Dauer wohlschmeckend.« Heutzutage gilt das Gericht bei Chinesen als Delikatesse zu einem Festessen.

Zutaten für 5–6 Portionen:

750 g Eisbein mit Schwarte ohne Knochen (1 kleine Haxe)
30 g Lauch
20 g Ingwerwurzel
1 EL Pflanzenöl
50 g scharfe Bohnenpaste
1 TL Sojasauce
2 EL Reiswein
½ l Hühnerbrühe
1 EL Zucker
1 TL Maisstärke, in 1 TL Wasser angerührt
1 TL Essig

Zubereitungszeit:
etwa 1 Std.

Bei 6 Portionen pro Portion:
2200 kJ/ 520 kcal

1 Das Eisbein waschen und in 3 cm lange und 2 cm breite Stücke schneiden. Fleisch in kochendem Wasser etwa 5 Min. garen. Herausnehmen und kalt abspülen. Lauch und Ingwer putzen bzw. schälen und in grobe Scheiben schneiden. Mit dem Fleisch in einen Wok oder Topf geben.

2 In einem anderen Wok oder hohen Topf das Öl erhitzen. Die Bohnenpaste hineingeben und unter Rühren ½ Min. braten. Sojasauce, Reiswein und Hühnerbrühe angießen und zum Kochen bringen.

3 Brühe zum Fleisch geben. Zucker untermischen. Fleisch zugedeckt bei mittlerer Hitze etwa 30 Min. köcheln lassen.

4 Eisbein dann aus der Brühe heben und auf einen Teller geben. Die Brühe mit der angerührten Maisstärke etwas binden. Essig untermischen und die Sauce zum Fleisch geben.

Tip

Salz brauchen Sie bei diesem Gericht nicht viel; die Bohnenpaste und die Hühnerbrühe sind genug gesalzen.

Hühnerklein pikant

La Jiao Ji Shi Jian

Zutaten für 2 Portionen:

150 g Hühnerklein
  (Hühnerherzen und -lebern)
Salz, Pfeffer
2 EL Reiswein
1 TL Maisstärke
50 g frische grüne Pfefferschoten (nicht zu scharf!)
20 g Lauch
10 g Ingwerwurzel
2 Knoblauchzehen
1 EL Reisessig
2–3 EL Sojasauce
3 EL Pflanzenöl

Zubereitungszeit:
etwa 30 Min.

Pro Portion: 1120 kJ/ 270 kcal

1 Das Hühnerklein von allen
Sehnen und von Fett-
stücken befreien, waschen und
in Scheiben schneiden. Mit
Salz, 1 EL Reiswein und 1 TL
trockener Maisstärke mischen.

2 Pfefferschoten putzen,
waschen und von den Ker-

nen befreien. In etwa 1 cm
große, rhombenförmige Stücke
schneiden. Lauch, Ingwer und
Knoblauch putzen bzw. schälen
und in dünne Scheiben schneiden. 1 EL Essig mit 2–3 EL
Sojasauce, 1 EL Reiswein,
Pfeffer und Salz mischen.

3 Einen Wok oder eine Pfanne erhitzen. 3 EL Öl an-
gießen. Hühnerklein dazugeben
und unter Rühren etwa 1 Min.
braten. Pfefferschoten, Lauch,
Ingwer und Knoblauch untermischen und alles unter Rühren
noch einmal etwa 1 Min. braten. Die Soja-Reiswein-Sauce
dazugeben und kurz erhitzen.
Dann servieren.

Hühnerfleisch mit Pilzen

Xiang Gu Yi Ping Ji

Zutaten für 4–6 Portionen:

1 kleines Hähnchen (etwa 1 kg)
30 g getrocknete Krabben
50 g getrocknete Tongku-Pilze
  (Shiitake)
100 g Schweinefilet
50 g Bambussprossen
50 g gekochter Schinken
3 EL Pflanzenöl
1 TL Sojasauce
1 EL Reiswein
Salz, Pfeffer
50 g Gurke
300 ml Hühnerbrühe
1 TL Maisstärke, in 1 TL Wasser
  angerührt

Zubereitungszeit:
etwa 1 Std. 10 Min.

Bei 6 Portionen pro Portion:
  1260 kJ/ 300 kcal

1 Hähnchen innen und außen
kalt abspülen. In einen Topf
geben und mit Wasser bedeckt
zum Kochen bringen, dann bei
schwacher Hitze zugedeckt
etwa 20 Min. sieden lassen.

2 Krabben und Tongku-Pilze
getrennt in lauwarmem
Wasser einweichen.

3 Hähnchen herausnehmen,
abkühlen lassen und von
den Knochen lösen. Hähnchenfleisch ohne Haut in eine
Schüssel legen, die so groß ist,
daß sie alle Zutaten faßt und in
einen Dämpfeinsatz paßt.

4 Krabben und Pilze abtropfen
lassen und in etwa 1/2 cm
große Würfel schneiden.
Schweinefleisch, Bambus-
sprossen und Schinken in ebenso große Stücke schneiden.

5 Einen Wok erhitzen. 3 EL
Pflanzenöl hineingeben. Das
Schweinefleisch darin unter
Rühren etwa 1 Min. braten.
Krabben, Bambus und Schinken
hinzufügen und 1 weitere Min.
braten. 1 TL Sojasauce, 1 EL
Reiswein, Salz und Pfeffer
untermischen und noch einmal
1 Min. braten.

Hühnerfleischwürfel auf Krabbenbrot

Xia Zhan Yu Xiang Ji Mi

6 Diese Mischung zwischen den Hühnerfleischstücken verteilen. Schüssel in einem Dämpfkorb in einen Topf mit 3 cm hoch eingefülltem Wasser stellen. Etwa 15 Min. dämpfen.

7 Inzwischen die Gurke schälen und in etwa 2 cm große Rhomben schneiden.

8 Brühe in einen Wok geben, mit Salz und Pfeffer würzen und aufkochen. Pilze dazugeben und etwa 2 Min. kochen, bis sie weich sind. Herausnehmen, Gurken in die Brühe geben und 1 Min. kochen. Dann ebenfalls herausnehmen.

9 Hühnerfleisch aus der Schüssel vorsichtig auf eine Platte stürzen und mit den Pilzen und den Gurkenstücken belegen. Brühe noch einmal aufkochen, mit der Maisstärke mischen und dickflüssig einkochen. Brühe neben das Hühnerfleisch gießen.

Zutaten für 2–3 Portionen:

150 g Hühnerbrust ohne Haut und Knochen
1 EL Reiswein
Salz
1 EL Maisstärke, in 2 EL Wasser angerührt
½ grüne Paprikaschote (50 g)
20 g Lauch
10 g Ingwerwurzel
2 Knoblauchzehen
30 g sauer eingelegter Paprika (Rezept Seite 223; ersatzweise 1-2 TL scharfe Bohnenpaste)
1 EL Zucker
1 TL Reisessig
1 TL Sojasauce
200 g Pflanzenöl
12 Krabbenbrotscheiben (Krupuk; fertig gekauft)

Zubereitungszeit:
etwa 45 Min.

Bei 3 Portionen pro Portion:
1095 kJ/ 260 kcal

1 Hühnerfleisch erst in feine Scheiben, dann in kleine Würfel schneiden. Fleisch mit ½ EL Reiswein, Salz und ½ EL aufgelöster Maisstärke mischen.

2 Paprikastück waschen, putzen und wie das Hühnerfleisch in kleine Würfelchen schneiden. Lauch, Ingwer und Knoblauch putzen und waschen bzw. schälen. Lauch getrennt hacken, die beiden anderen Zutaten zusammen fein hacken. Den sauer eingelegten Paprika ebenfalls fein hacken.

3 1 EL Zucker, 1 TL Reisessig, 1 TL Sojasauce und ½ EL Reiswein mit der übrigen angerührten Maisstärke mischen.

4 Das Öl in einem Wok oder einer Pfanne erhitzen. Es ist heiß genug, wenn an einem hölzernen Kochlöffelstiel, den Sie in das Fett halten, kleine Bläschen aufsteigen. Die Krabbenbrotstücke in das heiße Öl geben und darin etwa ½ Min. fritieren, bis sie weiß sind. Wenn das Krabbenbrot ins Öl kommt, wölbt es sich. Deshalb gleich wenden. Krabbenbrot herausnehmen, abtropfen lassen und ordentlich auf einen Teller legen.

5 Öl bis auf einen dünnen Film aus dem Wok gießen. Hühnerwürfel hineingeben und unter Rühren kurz braten. Sauer eingelegten Paprika, Ingwer und Knoblauch hinzufügen und alles unter Rühren 1 Min. braten. Paprikaschote untermischen. Die vermengte Sauce dazugeben und alles unter Rühren noch einmal etwa 1 Min. braten. Lauch darüber streuen.

6 Hühnerfleischmasse auf den fritierten Krabbenbroten verteilen und servieren.

Hühnerfleisch mit Paprika

Hong Jiao Sui Mi Ji

Zutaten für 2 Portionen:

200 g Hühnerbrust ohne Haut und Knochen
1 Eiweiß
2 EL Reiswein
Salz
10 g Maisstärke
4 schlanke, rote Paprikaschoten
20 g Lauch
10 g Ingwerwurzel
½ TL Pfeffer
1 TL Maisstärke, in 1 EL Wasser angerührt
1 EL Pflanzenöl

Zubereitungszeit:
etwa 30 Min.

Pro Portion: 1100 kJ/ 265 kcal

1 Hühnerfleisch zuerst in dünne Scheiben, dann in feine Streifen schneiden. Diese würfeln. Die Würfelchen mit dem Eiweiß, wenig Reiswein, Salz und Maisstärke mischen.

2 Paprikaschoten putzen, waschen und ebenfalls in kleine Würfelchen schneiden. Lauch und Ingwer putzen bzw. schälen und fein hacken. Diese Zutaten mit dem übrigen Reiswein, Salz, Pfeffer und der angerührten Maisstärke mischen.

3 Den Wok oder eine Pfanne erhitzen. 1 EL Öl darin heiß werden lassen. Das Hühnerfleisch hineingeben und unter kräftigem Rühren kurz anbraten. Die Paprikamischung hinzufügen und alles unter Rühren bei mittlerer Hitze etwa 1 Min. braten. Sofort servieren.

Tip

Das Hühnerfleisch sollten Sie nicht länger braten, da es sonst nicht zart bleibt.

Pikante Entenfüße

La Wei Feng Chi Ya Zhang

Zutaten für 4–6 Portionen:

20 frische Entenfüße
10 Hühnerflügel
20 g Lauch
20 g Ingwerwurzel
50 g Pflanzenöl
30 g scharfe Bohnenpaste
1 EL Reiswein
1 TL Sojasauce
¾ l Hühnerbrühe
Pfeffer, Salz

Zubereitungszeit:
etwa 40 Min.

Bei 6 Portionen pro Portion:
900 kJ/ 215 kcal

1 Die Entenfüße waschen. Die Hühnerflügel an den Spitzen so abschneiden, daß sie die Form eines V haben. Lauch und Ingwer putzen, waschen und in grobe Scheiben schneiden.

2 Den Wok oder eine Pfanne erhitzen. 50 g Öl dazugießen und erhitzen. Die Hühnerflügel im Öl unter Wenden etwa 1 Min. anbraten. Dann wieder herausnehmen.

3 Die Bohnenpaste in den Wok geben und unter Rühren etwa ½ Min. anbraten, bis sie zu duften beginnt. 1 EL Reiswein und 1 TL Sojasauce hinzufügen. Die Brühe angießen, zum Kochen bringen und 1 Min. kochen lassen. Die festen Bestandteile der Bohnenpaste mit einem Schaumlöffel herausfischen.

4 Entenfüße, Hühnerflügel, Lauch, Ingwer, Pfeffer und Salz in die Brühe geben. Das Geflügel bei schwacher Hitze etwa 30 Min. schmoren, bis die Hühnerflügel mürbe sind.

5 Die Hühnerflügel herausnehmen und in der Mitte eines Tellers anordnen. Die Entenfüße drumherum verteilen.

Hähnchen mit Mandarinenschalen

Chen Pi Ji

6 Die Sauce aufkochen und köcheln, bis sie leicht dicklich wird. Die Sauce über die Hühnerflügel gießen.

Tip

Entenfüße können Sie nur auf Vorbestellung kaufen. Wenn Sie sie nicht bekommen, nehmen Sie statt dessen Hühnerkeulen oder einfach mehr Hühnerflügel.

Zutaten für 4 Portionen:

1 Hähnchen (etwa 1,5 kg)
2 EL Reiswein
2 EL Sojasauce
50 g getrocknete Mandarinenschalen (ersatzweise getrocknete Orangenschalen)
10 getrocknete rote Chilischoten (oder 4–5 frische)
30 g Lauch
20 g Ingwerwurzel
2 EL Pflanzenöl
½ TL Sichuan-Pfefferkörner
1 l Hühnerbrühe
1 EL Zucker
Salz
250 g Chinakohl
1 EL Maisstärke, in 1 EL Wasser angerührt

Zubereitungszeit:
etwa 1 Std.

Pro Portion: 1820 kJ/ 435 kcal

1 Hähnchen innen und außen abspülen und trockentupfen. Hähnchen mit je 1 EL Reiswein und Sojasauce einreiben.

2 Die Mandarinenschalen in einer Schüssel mit Wasser bedecken und 5 Min. quellen lassen. Chilischoten in 2 cm lange Stücke schneiden. Lauch und Ingwer putzen und in grobe Scheiben schneiden.

3 2 EL Öl in einem Wok oder einem Schmortopf erhitzen. Das Hähnchen hineingeben und auf jeder Seite 1 Min. bei starker Hitze anbraten. Dann herausnehmen und auf einem Teller beiseite stellen.

4 Mandarinenschalen abtropfen lassen und mit Chilischoten und den Pfefferkörnern im Bratfett etwa ½ Min. anbraten, bis sie würzig duften.

5 1 EL Reiswein und 1 EL Sojasauce sowie die Hühnerbrühe angießen und aufkochen. 1 EL Zucker, Salz, Lauch und Ingwer dazugeben. Das Hähnchen wieder einlegen. Bei mittlerer bis schwacher

Hitze zugedeckt etwa 35 Min. schmoren, dabei nach der Hälfte der Zeit wenden.

6 Kurz vor Ende der Garzeit den Chinakohl putzen, waschen und abtropfen lassen. Die Blätter am Rand einer großen Platte anordnen.

7 Das gegarte Hähnchen aus der Flüssigkeit nehmen und im Backofen warm halten.

8 Die Sauce durch ein Sieb gießen. ¼ l davon in einen Topf geben und zum Kochen bringen. Die angerührte Maisstärke unterrühren und die Sauce damit andicken. Die Sauce über das Hähnchen gießen. Das Hähnchen servieren.

Tip

Das Hähnchenfleisch schmeckt wunderbar zart und duftet nach Mandarinen. Statt Chinakohl schmeckt auch blanchierter junger Wirsing.

Pikante Hühnerbrust

Yu Xiang Ba Kuai Ji

Zutaten für 3 Portionen:

*200 g Hühnerbrust ohne Haut
  und Knochen
Salz
1 EL Reiswein
2 Eier
50 g Maisstärke
30 g eingelegter Sichuan-
  Paprika (Rezept Seite 221;
  ersatzweise scharfe
  Bohnenpaste)
30 g Lauch
20 g Ingwerwurzel
3 Knoblauchzehen
1 EL Zucker
1 EL heller chinesischer Essig
1 TL Sojasauce
200 g Pflanzenöl*

*Zubereitungszeit:
etwa 45 Min.*

Pro Portion: 1500 kJ/ 360 kcal

1 Das Hühnerfleisch in mundgerechte Streifen schneiden und mit Salz und ½ EL Reiswein mischen. Eier mit Maisstärke verquirlen.

2 Paprika fein hacken. Lauch, Ingwer und Knoblauch putzen bzw. schälen und fein hacken. 1 EL Zucker mit 1 EL Essig, 1 TL Sojasauce und ½ EL Reiswein zur Sauce mischen.

3 Öl in einem Wok oder einem Topf erhitzen. Hühnerstreifen durch die Eiermasse ziehen und portionsweise im Fett etwa 1 Min. fritieren. Herausnehmen und abtropfen lassen.

4 Öl bis auf einen dünnen Film aus dem Wok gießen. Paprika, Ingwer und Knoblauch darin ½ Min. braten. Sauce dazugeben. Hühnerstreifen untermengen und alles noch einmal ½ Min. braten. Lauch untermischen und das Fleisch servieren.

Chrysanthemen-Huhn

Ju Hua-Ji

Zutaten für 3–4 Portionen:

*300 g Hühnerbrust ohne Haut
  und Knochen
Salz
2 EL Reiswein
2 kleine Eiweiß
150 g Maisstärke
30 g Lauch
20 g Ingwerwurzel
3 Knoblauchzehen
30 g eingelegter Sichuan-
  Paprika (Rezept Seite 221;
  ersatzweise scharfe
  Bohnenpaste)
1 EL Zucker
1 TL heller chinesischer Essig
1 TL Sojasauce
250 g Pflanzenöl*

*Zubereitungszeit:
etwa 40 Min.*

*Bei 4 Portionen pro Portion:
  1500 kJ/ 360 kcal*

1 Das Hühnerfleisch erst in etwa 3 cm große Quadrate schneiden. Die Quadrate dann etwa ½ cm tief schräg und kreuzförmig einschneiden.

2 Fleisch mit Salz und 1 EL Reiswein mischen. Eiweiß verquirlen und unter das Fleisch mischen. Fleisch in der Maisstärke wälzen. Es soll gründlich davon überzogen sein.

3 Lauch, Ingwer und Knoblauch putzen bzw. schälen und fein hacken. Paprika ebenfalls fein hacken. Zucker mit Essig, Sojasauce und 1 EL Reiswein mischen.

4 Öl in einem Topf oder einem Wok erhitzen. Hühnerstücke darin portionsweise etwa 2 Min. fritieren. Herausnehmen, abtropfen lassen und ordentlich auf einen Teller legen.

5 Öl bis auf einen dünnen Film ausgießen. Paprika, Ingwer und Knoblauch darin ½ Min. braten. Sauce unter-

Lampion-Ente

Deng Long Ya Zi

mischen, 3–4 EL Wasser dazugeben und noch ½ Min. garen. Lauch untermischen und die Sauce über die Hühnerstücke geben.

Zutaten für 6 Portionen:

1 Ente (etwa 2 kg)
1 EL Sojasauce
50 ml Reiswein
30 g Lauch
20 g Ingwerwurzel
2 EL Pflanzenöl
250 g Hühnerflügel oder Hühnerklein
30–50 g scharfe Bohnenpaste
2 l Hühnerbrühe
Salz
1 TL Zucker
2 TL Maisstärke, in 1 EL Wasser angerührt
200 g Blattsalat

Zubereitungszeit:
etwa 1¾ Std.

Pro Portion: 1900 kJ/ 450 kcal

1 Die Ente innen und außen waschen, trockentupfen und mit 1 TL Sojasauce und 2 EL Reiswein einreiben. Lauch und Ingwer putzen bzw. schälen und in grobe Scheiben schneiden.

2 1 EL Öl in einem Wok oder Schmortopf erhitzen. Ente darin rundherum anbraten, bis sie schön gebräunt ist. Das dauert etwa 15 Min. Ente dann herausnehmen. Hühnerflügel oder Hühnerklein in den Topf geben und die Ente darauf legen.

3 In einem anderen Topf 1 EL Öl erhitzen. Die Bohnenpaste dazugeben und unter Rühren ½ Min. braten. Hühnerbrühe angießen und zum Kochen bringen. Brühe abschäumen, auch die Schalenteile der Bohnenpaste entfernen. Lauch, Ingwer, restlichen Reiswein, Salz und 1 TL Zucker zugeben.

4 Brühe zur Ente gießen. Ente zugedeckt bei schwächer bis mittlerer Hitze etwa 50 Min. schmoren. Dabei einmal wenden. Dann herausnehmen und warm halten.

5 Von der Brühe 300 ml abmessen und in einem Topf zum Kochen bringen. Angerührte Maisstärke untermischen und die Sauce damit binden. Salat waschen, trockenschwenken und eine Platte damit auskleiden. Ente tranchieren, in ihrer ursprünglichen Form darauf legen und mit einem Teil der Sauce bestreichen. Restliche Sauce getrennt dazu reichen.

Scharf gewürzte Forelle

Jia Chang Yu Si

Zutaten für 4 Portionen:

300 g Forellenfilets
Salz
2 EL Reiswein
½ TL Maisstärke + 1 TL
   Maisstärke, in 1 EL Wasser
   angerührt
1 kleine grüne Paprikaschote
   (etwa 75 g)
25 g Ingwerwurzel
1 EL Sojasauce
1 EL Pflanzenöl
25 g scharfe Bohnenpaste

Zubereitungszeit:
etwa 30 Min.

Pro Portion: 460 kJ/ 110 kcal

1 Die Forellenfilets in etwa
4 cm lange, dünne Streifen
schneiden und mit Salz, 1 EL
Reiswein und ½ TL Maisstärke
mischen.

2 Paprikaschote waschen und
halbieren. Stielansätze sowie Trennwände mit Kernen
entfernen und die Schotenhälften in Streifen schneiden. Ingwer schälen und ebenfalls in
Streifen schneiden. Sojasauce
mit 1 EL Reiswein und der
angerührten Maisstärke mischen.

3 Wok oder Pfanne erhitzen.
Öl angießen und den Fisch
darin unter Rühren ½ Min.
braten. Bohnenpaste dazu-
geben. Paprika und Ingwer
untermischen und alles noch
einmal etwa ½ Min. braten.
Sauce untermischen und den
Fisch servieren.

Tip

Dazu schmeckt am besten Bier.
Salz brauchen Sie für dieses
Gericht nur ganz wenig, denn
die Bohnenpaste ist salzig.

Fisch mit Knoblauchsauce

Suan Shao Jia Chang Yu

Zutaten für 5 Portionen:

500 g beliebiges Fischfilet
5–6 junge Knoblauchzehen
1 EL Pflanzenöl
30 g scharfe Bohnenpaste
1 EL Reiswein
1 TL Sojasauce
⅛ l Hühnerbrühe

Zubereitungszeit:
etwa 20 Min.

Pro Portion: 590 kJ/ 140 kcal

1 Das Fischfleisch in etwa
4 cm lange Stücke schnei-
den. Den Knoblauch schälen
und grob zerkleinern.

2 Einen Wok oder eine Pfanne erhitzen. Das Öl hineingeben. Die zerkleinerten Knoblauchzehen hineingeben und
unter Rühren ½ Min. braten,
bis sie hellgelb wird. Fisch dazugeben und unter Rühren 1 Min.
braten. Bohnenpaste untermischen und den Fisch etwa
½ Min. weiterbraten, bis die
Flüssigkeit, die sich im Wok
gebildet hat, fast verdampft ist.

3 1 EL Reiswein, 1 TL Sojasauce und die Hühnerbrühe
untermischen und zum Kochen
bringen. Den Fisch etwa 4 Min.
köcheln lassen, bis der Knoblauch bißfest ist. Dann bei starker Hitze die Sauce leicht dickflüssig werden lassen. Das
Gericht dann servieren.

Gewürzter Bratmandarinfisch

Yu Xiang Hung Shao Yu

Zutaten für 4 Portionen:

1 Fisch von etwa 750 g
  (Seebarsch, Flußbarsch,
  Karpfen, kleiner Rotbarsch
  oder Brasse)
2 EL Reiswein
Salz
150 g Maisstärke + 1 TL
  Maisstärke, in 1 TL Wasser
  angerührt
20 g Lauch
20 g Ingwerwurzel
3 Knoblauchzehen
30 g eingelegter Sichuan-
  Paprika (Rezept Seite 221;
  ersatzweise scharfe
  Bohnenpaste)
1 EL Zucker
1 EL heller chinesischer Essig
1 TL Sojasauce
1 kg Pflanzenöl
80 ml Hühnerbrühe

Zubereitungszeit:
etwa 30 Min.

Pro Portion: 1700 kJ/ 400 kcal

1 Den Fisch innen und außen
gründlich kalt waschen und
trockentupfen. Den Fisch auf
einer Seite quer in einem Abstand von 4 cm bis zur Mittelgräte hin einschneiden. Das
Fischfleisch dann in Richtung
Fischkopf entlang der Mittelgräte so weit einschneiden,
daß eine Scheibe entsteht, die
aber noch am Fisch haften soll.
Auf diese Weise alle Fischstücke so weit einschneiden.
Wenn man jetzt den Fisch am
Schwanz hochhält, stehen die
Scheiben seitlich etwas ab.

2 Den Fisch mit 1 EL Reiswein und Salz würzen, dann
in der Maisstärke wenden. Er
soll gründlich davon überzogen
sein.

3 Lauch, Ingwer und Knoblauch putzen bzw. schälen
und fein hacken. Paprika ebenfalls kleinschneiden. Zucker
mit 1 EL Essig, 1 TL Sojasauce,

1 EL Reiswein und Salz
verrühren.

4 Öl in einem Wok oder einem Topf erhitzen. Es ist
heiß genug, wenn an einem
hölzernen Kochlöffelstiel, den
Sie ins heiße Fett tauchen,
kleine Bläschen aufsteigen.
Fisch hineingeben und pro Seite etwa 3 Min. fritieren, bis er
goldgelb ist. Fisch dann herausnehmen und auf einem Teller
warm halten.

5 Öl bis auf einen dünnen
Film aus dem Wok gießen.
Ingwer, Knoblauch und Paprika
darin etwa 1/2 Min. unter Rüh-
ren braten. Vermengte Sauce,
Brühe und angerührte Mais-
stärke dazugeben. Sauce etwa
1 Min. kochen, dann mit dem
Lauch mischen und über dem
Fisch verteilen.

Fritierte Garnelenröllchen

Wang You Xia Juan

Zutaten für 3 Portionen:

300 g rohe geschälte Garnelen
Salz, Pfeffer
2 EL Reiswein
½ EL Maisstärke, in 1 EL
　Wasser angerührt + 150 g
　Maisstärke
150 g Schweinenetz
　(rechtzeitig vorbestellen!)
2 Eiweiß
50 g Gurken und Möhren
　zusammen
30 g eingelegter Sichuan-
　Paprika (Rezept Seite 221;
　ersatzweise scharfe
　Bohnenpaste)
30 g Lauch
20 g Ingwerwurzel
2–3 Knoblauchzehen
1 EL Zucker
1 EL heller chinesischer Essig
1 TL Sojasauce
300 g Pflanzenöl

Zubereitungszeit:
etwa 1 Std.

Pro Portion: 2100 kJ/ 500 kcal

Tip

Das Schweinenetz dient als
Hülle für Garnelen und Gemüse. Wenn Sie es einmal nicht
bekommen oder etwas anderes
verwenden möchten, versu-
chen Sie fertig gekaufte Wan-
Tan-Hüllen oder den Teig von
den Frühlingsrollen, Rezept
Seite 170.

Varianten

Zu den Röllchen schmecken
außer der genannten Sauce
beliebige andere. Servieren Sie
zum Beispiel einmal Chilisauce
oder eine süß-saure Sauce,
beide fertig gekauft. Oder eine
der Saucen, die auf Seite 48
beschrieben sind.

1 Garnelen waschen, dann
auf einem Brett mit einem
Küchenbeil sehr fein hacken
oder durch den Fleischwolf
drehen. Garnelenhack mit Salz,
Pfeffer, 1 EL Reiswein und der
angerührten Maisstärke mischen.

2 Schweinenetz in lauwarmem Wasser etwa 5 Min.
einweichen. Dann vorsichtig
herausnehmen, waschen und
auf der Arbeitsfläche ausbreiten.

3 Eiweiße mit 60 g trockener
Maisstärke in eine Schüssel
geben und gründlich verrühren,
bis eine zähflüssige, aber
streichfähige Masse entstanden ist.

4 Gurken und Möhren putzen,
waschen und in feine Streifen schneiden. Paprika fein
hacken. Lauch, Ingwer und
Knoblauch putzen bzw. schälen
und fein hacken. Zucker mit
Essig, Sojasauce und restli-
chem Reiswein mischen.

5 Schweinenetz in Stücke von etwa 10 cm Breite und 20 cm Länge schneiden. Stükke dünn mit Eiweißmasse bestreichen und mit der Garnelenmasse, den Gurken und den Möhrenstreifen belegen.

6 Schweinenetz aufrollen. Die Ränder mit Eiweißmasse zusammenkleben. Die Röllchen gründlich in der restlichen Maisstärke wälzen. Sie sollen davon überzogen sein.

7 Öl in einem Topf oder einem Wok erhitzen. Röllchen darin portionsweise etwa 2 Min. fritieren. Dann herausnehmen und das Öl noch einmal heiß werden lassen. Die Röllchen noch einmal 1 Min. fritieren.

8 Öl aus dem Wok gießen. Paprika, Ingwer und Knoblauch darin unter Rühren 1 Min. braten. Sauce dazugeben, ½ Min. braten. Lauch untermischen und die Sauce in zwei Schälchen füllen. Die Krabbenröllchen in Stücke schneiden und beim Essen in die Sauce stippen.

Knusprige Fischstücke

Yu Xiang Su Yu Pian

Zutaten für 2 Portionen:

250 g beliebiges Fischfilet (zum
   Beispiel Rotbarsch)
Salz
2 EL Reiswein
30 g Lauch
20 g Ingwerwurzel
2 Knoblauchzehen
30 g eingelegter Sichuan-
   Paprika (Rezept Seite 221;
   ersatzweise scharfe
   Bohnenpaste)
2 Eier
50 g Maisstärke
1 EL Zucker
1 EL heller chinesischer Essig
1 TL Sojasauce
200 g Pflanzenöl

Zubereitungszeit:
etwa 30 Min.

Pro Portion: 2400 kJ/ 870 kcal

1 Das Fischfilet in etwa 4 cm
lange und 2 cm breite
Scheiben schneiden, mit Salz
und ½ EL Reiswein mischen.

2 Lauch, Ingwer und Knoblauch putzen und fein hakken. Eingelegten Paprika ebenfalls fein schneiden.

3 Eier in eine Schüssel geben
und mit der Maisstärke
verquirlen. 1 EL Zucker, 1 EL
Essig, 1 TL Sojasauce und
1½ EL Reiswein mischen.

4 Das Öl in einem Wok erhitzen. Fischstreifen durch die
Eiermasse ziehen und portionsweise im heißen Öl etwa
1 Min. goldgelb fritieren. Fischstücke wieder herausnehmen.

5 Öl bis auf einen dünnen
Film aus dem Wok gießen.
Paprika, Ingwer und Knoblauch
hineingeben und unter Rühren
etwa ½ Min. braten. Sauce
angießen. Fischstreifen wieder
untermischen und alles noch
einmal etwa ½ Min. unter Rühren garen. Mit dem Lauch mischen, auf einen Teller geben
und servieren.

Fisch mit Ingwersauce

La Wei Jiang Zhi Yu

Zutaten für 4 Portionen:

1 Fisch von etwa 750 g
   (Seebarsch, Flußbarsch,
   Graskarpfen oder Brasse)
Salz, Pfeffer
30 g Lauch
3 EL Pflanzenöl
3 getrocknete Chilischoten
50 g Ingwerwurzel
1 EL heller chinesischer Essig
1 TL Sojasauce
1 TL Sesamöl
2 EL heiße Hühnerbrühe oder
   Wasser

Zubereitungszeit:
etwa 30 Min.

Pro Portion: 710 kJ/ 170 kcal

1 Den Fisch gegebenenfalls
ausnehmen und schuppen.
Dann innen und außen wa-
schen und trockentupfen.

2 Fisch mit Salz und Pfeffer
würzen und auf eine ovale
Platte legen, auf dem er auch
gedämpft werden kann. Lauch

putzen und waschen, in Scheiben schneiden und auf den
Fisch legen. Die Platte in einen
Topf auf eine umgedrehte Tasse stellen. Etwa 3 cm hoch
Wasser in den Topf füllen. Fisch
zugedeckt etwa 10 Min. dämpfen.

3 Inzwischen einen Wok oder
eine Pfanne erhitzen. Öl
angießen. Chilischoten dazugeben und unter Rühren braten, bis sie dunkelrot sind und
würzig duften. Herausnehmen
und mit einem Küchenbeil fein
hacken.

4 Ingwer schälen und sehr
fein hacken, dann mit
Chilischoten, 1 EL Essig, 1 TL
Sojasauce, 1 TL Sesamöl, Salz
und der Hühnerbrühe oder dem
Wasser verrühren.

5 Gegarten Fisch auf einen
anderen Teller legen. Die
Ingwersauce darüber verteilen
und den Fisch servieren.

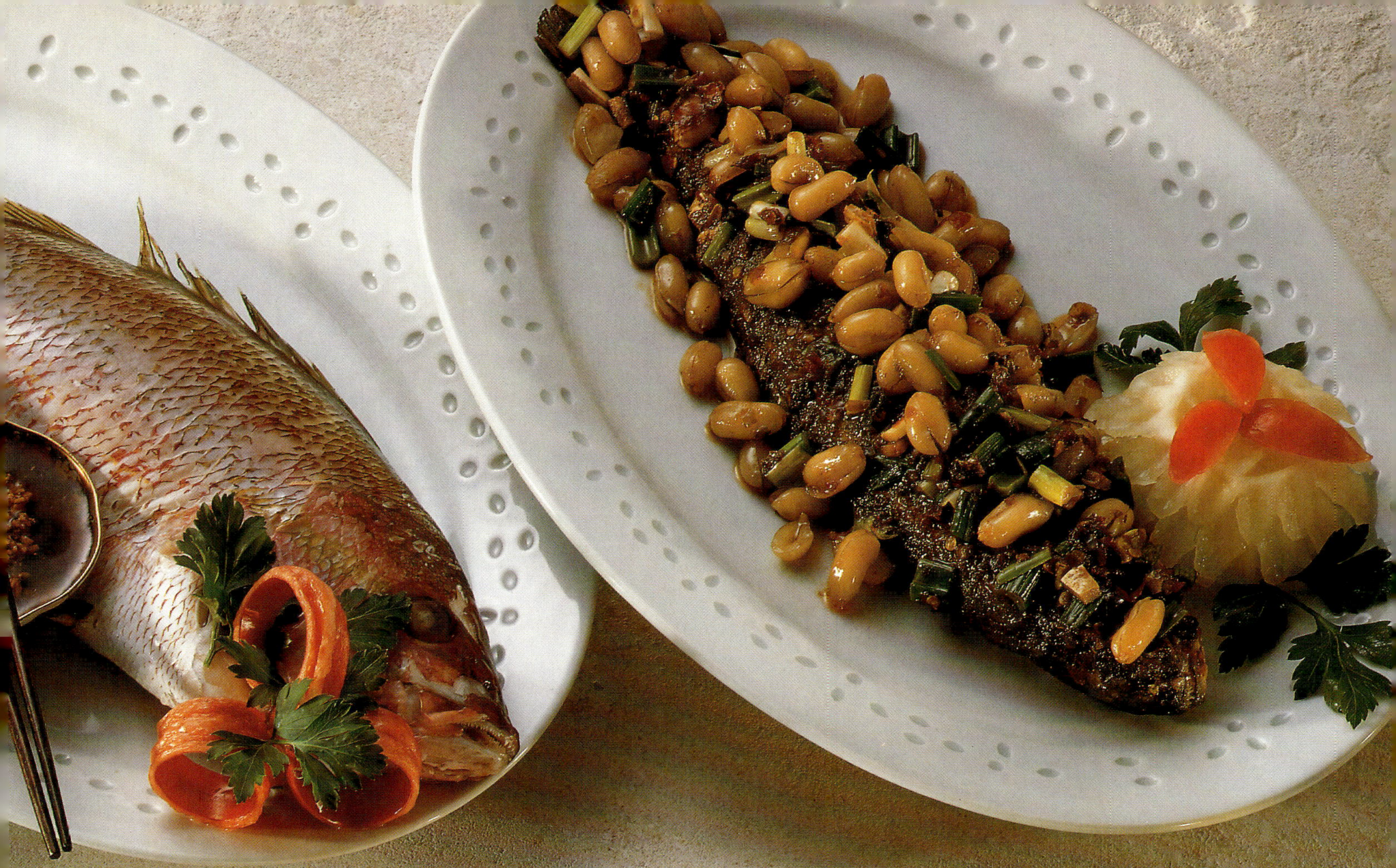

Geschmorter Fisch mit Erdnüssen

Hua Sheng Shao Yu

Tip

Dieses Gericht zählt in China zu den Delikatessen für heiße Tage, da scharfe und leicht säuerliche Gerichte als besonders erfrischend gelten.

Zutaten für 4 Portionen:

1 Fisch von etwa 750 g (Seebarsch, Flußbarsch, Graskarpfen oder Brasse)
20 g Lauch
20 g Ingwerwurzel
2–3 Knoblauchzehen
50 g Erdnußkerne
1 EL Pflanzenöl
30 g scharfe Bohnenpaste
1 EL Reiswein
1 TL Sojasauce
½ l Hühnerbrühe
1 TL Zucker, Salz
1 TL heller chinesischer Essig

Zubereitungszeit:
etwa 30 Min.

Pro Portion: 830 kJ/ 200 kcal

1 Den Fisch gegebenenfalls ausnehmen und schuppen. Dann innen und außen gründlich waschen und das Fleisch mit einem scharfen Messer kreuzweise einschneiden. Lauch, Ingwer und Knoblauch putzen bzw. schälen und fein hacken. Erdnüsse von den braunen Häuten befreien.

2 Öl in einem Wok oder einer Pfanne erhitzen. Fisch darin pro Seite ½ Min. braten. Dann herausnehmen. Bohnenpaste, Lauch und Knoblauch dazugeben und unter Rühren ½ Min. braten.

3 1 EL Reiswein, 1 TL Sojasauce und die Brühe angießen. Erdnüsse untermischen. Fisch wieder einlegen und mit dem Zucker und eventuell Salz würzen. Der Fisch soll von der Brühe bedeckt sein. Fisch zugedeckt bei schwacher Hitze etwa 8 Min. garen.

4 Fisch herausnehmen und auf einen Teller legen. Die Brühe bei starker Hitze einkochen lassen, bis sie leicht dicklich ist. Ingwer untermischen, Essig zugeben. Sauce auf den Fisch gießen und diesen servieren.

Tip

Dieses Gericht ist in China eine Delikatesse an kalten Tagen. Dazu passen Reis und Bier. Beim chinesischen Neujahrsfest darf ein Fischgericht nicht fehlen. Man ißt es aber nicht auf, da ein chinesisches Wort mit der gleichen Aussprache wie von Fisch »übrigbleiben« bedeutet. Die Fischreste bedeuten Reichtum für das nächste Jahr.

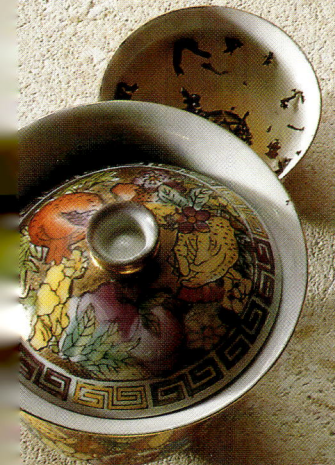

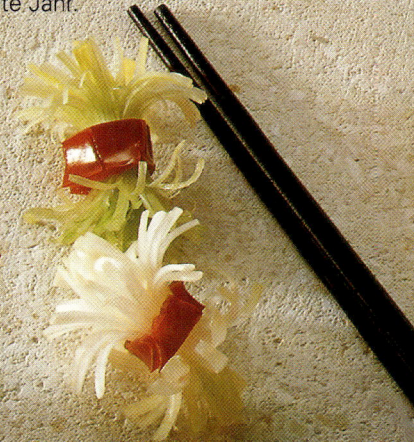

Garnelen mit Paprika

Hong Jiao Xia Pian

Zutaten für 2 Portionen:

200 g rohe geschälte Garnelen
Salz, Pfeffer
2 EL Reiswein
3 kleine rote Paprikaschoten
2 Eiweiß
10 g Maisstärke
150 g Pflanzenöl

Zubereitungszeit:
etwa 30 Min.

Pro Portion: 1500 kJ/ 360 kcal

1 Die Garnelen längs halbieren, vom Darm befreien und in etwa 3 cm lange Stücke schneiden. Die Garnelen mit Salz, Pfeffer und 1 EL Reiswein mischen.

2 Paprikaschoten waschen und halbieren. Stielansätze sowie Trennwände mit Kernen entfernen und die Schotenhälften in Rauten schneiden. Eiweiß mit der Maisstärke verquirlen und mit den Garnelen mischen.

3 Öl in einem Wok oder einer Pfanne erhitzen. Garnelenstücke darin unter leichtem Rühren etwa 2 Min. garen, dann herausnehmen.

4 Öl bis auf einen dünnen Film aus dem Wok gießen. Paprikastücke hineingeben und unter Rühren 1 Min. braten. 1 EL Reiswein angießen und die Schoten mit Salz und Pfeffer würzen. Garnelen untermischen und servieren.

Deftige Seegurken

Jia Chang Hai Shen

Zutaten für 5 Portionen:

100 g getrocknete Seegurken
je 100 g Gurken und Möhren
zusammen
20 g Lauch
20 g Ingwerwurzel
3–4 EL Pflanzenöl
40 g scharfe Bohnenpaste
1 EL Reiswein
400 ml Hühnerbrühe
1 TL Maisstärke, in 1 TL
Wasser angerührt

Quellzeit:
etwa 3 Tage
Zubereitungszeit:
etwa 40 Min.

Pro Portion: 600 kJ/ 140 kcal

1 Die Seegurken gründlich waschen, es sollen auch alle Schmutzreste zwischen den Hautstacheln entfernt werden. Die Seegurken dann in einer Schüssel mit kaltem Wasser bedecken und 3 Tage einweichen. Das Wasser während der Zeit mehrmals wechseln und die Seegurken waschen.

2 Die Seegurken dann der Länge nach aufschneiden. Eventuell die Innereien herauslösen und die Seegurken innen gründlich ausspülen. Seegurken in 4 cm lange und dünne Streifen schneiden und in kochendem Wasser etwa 3 Min. blanchieren.

3 Gurken und Möhren waschen bzw. schälen und in 5 cm lange und ½ cm breite Streifen schneiden. Lauch und Ingwer putzen bzw. schälen und in grobe Scheiben schneiden.

4 Einen Wok oder eine Pfanne erhitzen. Öl angießen. Bohnenpaste, Lauch und Ingwer hineingeben und unter Rühren etwa ½ Min. braten. Reiswein und Hühnerbrühe angießen und zum Kochen bringen. Brühe abschäumen.

Garnelen mit Wachteleiern

Chun Dan Yu Xiang Da Xia

5 Seegurken in die Brühe geben und zugedeckt bei schwacher Hitze etwa 10 Min. kochen.

6 Inzwischen in einem anderen Wok oder Topf Wasser zum Kochen bringen. Möhren hineingeben und etwa ½ Min. kochen. Gurken dazugeben und nur ganz kurz kochen. Beides herausnehmen und auf einen Teller legen.

7 Angerührte Maisstärke zu den Seegurken geben und die Sauce damit binden. Die Seegurken servieren.

Seegurken

werden nur getrocknet angeboten und sind auch unter der Bezeichnung Trepang im Handel. Seegurken werden nach dem Fang gekocht, dann an der Sonne getrocknet und zwischendurch einige Male in frischem Wasser gedämpft. Danach werden sie noch geräuchert und kommen dann in den Handel. Seegurken zählen vor allem in China und in Japan zu ganz besonderen Delikatessen und sind dementsprechend teuer.

Zutaten für 5 Portionen:

10 Riesengarnelen
20 g Lauch
20 g Ingwerwurzel
4 Knoblauchzehen
25 g eingelegter Sichuan-
  Paprika (Rezept Seite 221;
  ersatzweise scharfe
  Bohnenpaste)
1 EL Zucker
1 EL heller chinesischer Essig
10 Wachteleier
3–4 EL Pflanzenöl
Salz
1 EL Reiswein

<u>Zubereitungszeit:</u>
etwa 30 Min.

Pro Portion: 970 kJ/ 230 kcal

1 Die Garnelen waschen. Die Köpfe nach Wunsch dranlassen. Lauch, Ingwer und Knoblauch putzen und fein hacken. Paprika fein hacken. Zucker mit Essig mischen.

2 Wachteleier in kochendem Wasser 7 Min. kochen, dann herausnehmen, schälen und in heißem Wasser warm halten.

3 Inzwischen einen Wok oder eine Pfanne erhitzen. Öl hineingeben. Garnelen darin braten, bis sie rötlich werden, dann mit Salz würzen und den Reiswein angießen. Garnelen unter Rühren noch ½ Min. braten, dann herausnehmen und auf eine vorgewärmte Platte geben.

4 Paprika, Ingwer und Knoblauch in den Wok geben und unter Rühren etwa 1 Min. braten. Sauce angießen und noch ½ Min. braten.

5 Wachteleier in der Mitte der Platte anordnen. Lauch unter die Sauce mischen und über die Garnelen und die Eier gießen.

Reiskrusten mit Garnelen

Guo Ba Xia Pian

Zutaten für 2–3 Portionen:

200 g rohe geschälte Garnelen
1 EL Reiswein
Salz
1 Messerspitze Maisstärke
+ 2 EL Maisstärke, in 2 EL
  Wasser angerührt
100 g Gurken
20 g Lauch
20 g Ingwerwurzel
2 Knoblauchzehen
100 g Pflanzenöl
1 EL Reiswein
300 ml Hühnerbrühe
1 Prise Pfeffer
150 g getrocknete Reiskrusten
  (fertig gekauft oder wie
  unten beschrieben selbst
  gemacht)

Zubereitungszeit:
etwa 30 Min.

Bei 3 Portionen pro Portion:
  1735 kJ / 415 kcal

1 Die Garnelen in Scheiben schneiden. Den Reiswein mit Salz und 1 Messerspitze Maisstärke verrühren, mit den Garnelenscheiben mischen.

2 Gurke waschen und in 3 cm lange und 2 cm breite Scheiben schneiden. Lauch putzen und waschen. Ingwer wie eine Kartoffel schälen, Knoblauch häuten. Alle diese drei Zutaten fein zerkleinern.

3 Den Wok oder eine Pfanne erhitzen. 30 g Öl hineingeben und heiß werden lassen. Das Garnelenfleisch hinzufügen und kurz unter Rühren anbraten. Gurken, Lauch, Ingwer und Knoblauch hinzufügen und ebenfalls unter Rühren kurz anbraten.

4 Den Reiswein und die Hühnerbrühe angießen, mit Salz und Pfeffer würzen und zum Kochen bringen. 2 EL angerührte Maisstärke untermischen. Alles noch einmal aufkochen, bis die Sauce leicht gebunden ist.

5 Die Garnelenmischung in eine vorgewärmte Schüssel geben.

6 Den Wok säubern. Das restliche Öl hineingeben und erhitzen. Die Reiskrusten hineingeben und fritieren, bis sie aufgegangen und leicht gebräunt sind. Die Reiskrusten aus dem Öl heben und auf einen Teller geben. Das Garnelenragout dazu servieren.

Reiskrusten

können Sie auch selbst zubereiten. Dafür Reis in warmem Wasser einweichen und weichkochen. Dann in der Bratpfanne des Backofens etwa 4 mm dick ausbreiten. Den Reis bei 50° im Ofen so lange backen, bis er trocken ist. Dazu einen hölzernen Kochlöffelstiel zwischen die Backofentür klemmen, damit die Feuchtigkeit entweichen kann.

Kalte Sichuan-Nudeln mit Sauce

Si Chuan Liang Mian

Zutaten für 5 Portionen:

*500 g chinesische Weizen-
    nudeln
1 TL Sesamöl
150 g Gurke
30 g Lauch
30 g Knoblauch
2 EL Sojasauce
1 TL Essig
1 TL Chiliöl
1 TL Sesampaste
1 TL Zucker
Salz
1 Prise gemahlener Sichuan-
    Pfeffer*

Zubereitungszeit:
etwa 20 Min.

Pro Portion: 1600 kJ/ 385 kcal

1 In einem großen Topf reichlich Wasser zum Kochen
bringen. Die Nudeln hinzufügen
und bißfest garen. Nudeln dann
abgießen und auf ein Brett oder
in eine Schüssel geben. Die
Nudeln mit einer Gabel lockern
und mit dem Sesamöl mischen,
damit sie nicht zusammen-
kleben. Die Nudeln in fünf
Schüsseln oder auf einer Platte
anrichten.

2 Die Gurke waschen und in
feine Streifen schneiden.
Lauch putzen und waschen.
Knoblauch schälen und mit
dem Lauch fein hacken.

3 Sojasauce mit Essig, Chiliöl,
Sesampaste, Zucker, Salz
und gemahlenem Sichuan-
Pfeffer verrühren. Den Lauch
und den Knoblauch hinzufügen.
Die Sauce zu den Nudeln geben. Die Gurkenstreifen darüber streuen.

Berühmtes Gericht

Die Nudeln gehören zu den berühmten Spezialitäten Sichuans
und gelten in China an heißen
Tagen als ein besonderer Lek-
kerbissen. Sie werden meist
kalt serviert, können aber auch
heiß verzehrt werden.

Tip

Sie können die Nudeln nach
dem Zubereiten gut noch für
kurze Zeit im Kühlschrank aufbewahren.
Wichtig ist vor allem, daß Sie
die Nudeln nach dem Kochen
gleich lockern und mit dem
Sesamöl mischen, damit sie
nicht zusammenkleben.

Geschichte

Nudeln, mian, werden im ganzen Land bevorzugt an Geburtstagen serviert, denn sie symbolisieren ein »langes Leben«.
Ursprünglich stellten die Chinesen Nudeln nur aus Reis und
Weizen her (seit der Tang-Zeit,
618–907). Inzwischen dienen
auch Bohnen, Erbsen und Mais
als Grundprodukt.

Sichuan-Nudeln mit scharfer Sauce

Dan Dan Mian

Zutaten für 4–5 Portionen:

*40 g eingelegtes Trocken-
   gemüse (Chinakohl oder
   Senfkohl)
30 g Lauch
2 TL Sesampaste
4 TL Sesamöl
4 TL Chiliöl
2 EL Sojasauce
500 g chinesische Weizen-
   nudeln*

*Zubereitungszeit:
etwa 20 Min.*

*Bei 5 Portionen pro Portion:
   1500 kJ/ 360 kcal*

1 Das Trockengemüse fein
hacken. Den Lauch putzen,
waschen und ebenfalls fein
hacken. Beides in vier oder fünf
Schüsseln verteilen.

2 In einem Topf reichlich Wasser zum Kochen bringen.
Sesampaste mit dem Sesamöl
glattrühren. Chiliöl und Sojasauce untermischen und die
Sauce in die Schüsseln verteilen.

3 Nudeln im kochenden Wasser in etwa 2 Min. garen.
Dann abtropfen lassen und in
die Schüsseln verteilen. Mit der
Sauce mischen und eventuell
mit etwas Sojasauce nach-
würzen.

Nudeln

Diese aromatischen, feuchten
und zarten Sichuan-Nudeln
werden oft bei Festessen serviert. Viele Persönlichkeiten der
ganzen Welt haben mit diesen
Nudeln schon ihren Geburtstag
gefeiert. Da sie ursprünglich
mit der Schulterstange (chinesisch: Dan) verkauft wurden,
erhielten sie den Namen »Dan
Dan Mian«.

Eingelegtes Trockengemüse

wird erst getrocknet, dann in
Salzlake eingelegt. Bei uns gibt
es meist Senfkohl zu kaufen,
der in China sehr verbreitet ist,
bei uns aber frisch kaum zu
bekommen ist. Wenn Sie kein
eingelegtes Trockengemüse
bekommen, nehmen Sie statt
dessen anderes eingelegtes
Gemüse wie z.B. Paprika-
schoten.

Fisch-Nudeln der Schwester Song

Song Sao Mian

Zutaten für 5 Portionen:

200 g Fischfilet
2 EL Reiswein
1 Eiweiß
1 TL Maisstärke
Salz
60 g Bambussprossen
3 EL Pflanzenöl
30 g scharfe Bohnenpaste
2 TL Sojasauce
150 ml Hühnerbrühe
500 g chinesische Weizen-
    nudeln

Zubereitungszeit:
etwa 30 Min.

Pro Portion: 2160 kJ/ 500 kcal

1 Das Fischfilet mit einer Pinzette von allen Gräten befreien, dann in etwa ½ cm große Würfel schneiden. Mit 1 EL Reiswein, dem Eiweiß, der Maisstärke und Salz mischen und 10 Min. marinieren.

2 Die Bambussprossen in kleine Würfel schneiden.

3 Einen Wok oder eine Pfanne erhitzen. Öl hineingeben. Fisch unter ständigem Rühren im Öl kurz anbraten. Bambussprossen kurz mitbraten. Dann beides herausnehmen.

4 Bohnenpaste im verbliebenen Öl unter Rühren braten, bis sie würzig duftet. Dann 1 EL Reiswein, 2 TL Sojasauce und die Brühe angießen und zum Kochen bringen. Brühe abschäumen. Fisch und Bambussprossen wieder hineingeben und einmal aufkochen. Zur Seite stellen.

5 In einem Topf etwa 1 l Wasser zum Kochen bringen. Nudeln darin in etwa 2 Min. kochen, dann herausnehmen, abtropfen lassen und in fünf Schüsseln verteilen. Die Fischsauce darüber verteilen und die Nudeln servieren.

Geschichte

Einer Überlieferung zufolge stammt dieses Nudelgericht aus dem Gebiet südlich des Yangtse. Als der Qing-Kaiser Qianlong während einer Inspektionsreise durch Südchina eines Tages in einer Hafenstadt am Yangtse ankam, bot ihm eine Fischerfrau mit dem Namen Schwester Song Fisch mit Nudeln an. Daher kommt der Name dieses Gerichtes. Es schmeckt besonders gut an kalten Tagen.

Rindfleisch-Rettich-Suppe

Qing Dun Niu Rou

Zutaten für 6–7 Portionen:

500 g Rindfleisch ohne
    Knochen (Hochrippe)
30 g Lauch
10 g Ingwerwurzel
2 EL Reiswein
Salz, Pfeffer
250 g weißer Rettich

Zubereitungszeit:
etwa 1 Std. 10 Min.

Bei 7 Portionen pro Portion:
    470 kJ/ 110 kcal

1 Das Rindfleisch waschen
und in einen Wok oder Topf
geben. 2 l Wasser angießen
und zum Kochen bringen.

2 Inzwischen Lauch und Ingwer putzen bzw. schälen
und in grobe Scheiben schneiden. Brühe abschäumen.
Lauch, Ingwer, 2 EL Reiswein,
Salz und Pfeffer dazugeben.
Fleisch zugedeckt bei schwacher bis mittlerer Hitze etwa
50 Min. garen, bis es weich ist.

3 Kurz vor Ende der Garzeit
den Rettich schälen und in
½ cm breite und 4 cm lange
Streifen schneiden. Das
gegarte Fleisch aus der Brühe
nehmen und in gleich große
Stücke schneiden.

4 Rettich in der Brühe etwa
3 Min. garen. Dann Rind-
fleisch wieder dazugeben und
die Suppe servieren.

Tip
Wenn Sie zum Schluß weniger
Brühe nehmen, wird aus dieser
Suppe ein Hauptgericht mit
Reis.

Suppe mit gebratenen Eiern

Jian Dan Tang

Zutaten für 5–6 Portionen:

2 Eier
1 kleiner Pak choi
40 g Pflanzenöl
1 l Hühnerbrühe
Salz, Pfeffer

Zubereitungszeit:
etwa 20 Min.

Bei 6 Portionen pro Portion:
    440 kJ/ 100 kcal

1 Die Eier in einer Schüssel
verquirlen. Den Pak choi
von den äußeren Blättern befreien und waschen.

2 Einen Wok oder eine Pfanne erhitzen. Das Öl an-
gießen und heiß werden lassen. Die Eiermasse in den Wok
gießen. Den Wok dabei
schwenken, damit sich die
Eiermasse wie ein Pfannkuchen verteilt. Die Eiermasse bei
schwacher Hitze etwa 2 Min.
garen, bis sie gestockt ist.

3 Den Pak choi auf die Eiermasse geben. Dann auf
einen Teller gleiten lassen und
umgedreht wieder in den Wok
geben. Die Brühe angießen und
zum Kochen bringen. Die Suppe mit Salz und Pfeffer würzen
und servieren. Vor dem Essen
den Eierkuchen und den Pack
choi in Portionen teilen.

Suppe mit Hühner-Tofu-Bällchen

Kou Dai Dou Fu

Zutaten für 4 Portionen:

*50 g Hühnerbrust ohne Haut
     und Knochen*
100 g zarter Tofu
*½ EL Maisstärke, in 1 EL
     Wasser angerührt*
1 Eiweiß
Salz, Pfeffer
*300 g kleine Pak choi
     (ersatzweise 150 g Spinat)*
200 g Pflanzenöl
¾ l Hühnerbrühe

Zubereitungszeit:
etwa 30 Min.

Pro Portion: 730 kJ/ 170 kcal

1 Die Hühnerbrust mit einem Küchenbeil oder einem großen, schweren Messer sehr fein hacken und in eine Schüssel geben. Tofu mit der Klinge des Küchenbeils fein zerdrücken und in einem Sieb abtropfen lassen.

2 Hühnerfleisch und Tofu mit der angerührten Maisstärke, dem Eiweiß, Salz und Pfeffer mischen. Pak choi von den äußeren Blättern befreien und waschen.

3 Öl in einem Wok oder einer Pfanne erhitzen. Von der Hühner-Tofu-Masse etwa 1 EL abnehmen und mit zwei Löffeln zu ovalen Bällchen (wie Nockerl) formen. Bällchen im Öl etwa 3 Min. fritieren. Herausnehmen und abtropfen lassen.

4 Öl aus dem Wok gießen und den Wok säubern. Brühe angießen und erhitzen. Pak choi und Bällchen hineingeben und mit Salz und Pfeffer würzen. Suppe etwa 2 Min. kochen, dann in eine Schüssel geben und servieren.

Pfirsiche mit Zuckergelee

Bing Zhi Tao Fu

Zutaten für 5 Portionen:
500 g Pfirsiche
50 g Zucker

Zubereitungszeit:
etwa 30 Min.

Pro Portion: 310 kJ/ 75 kcal

1 Die Pfirsiche mit kochendem Wasser überbrühen, häuten und in feine Schnitze schneiden. Auf einen Teller legen, mit Folie abdecken und in den Kühlschrank stellen.

2 Zucker mit 1 TL Wasser in den Wok geben und bei mittlerer Hitze unter Rühren garen, bis er schmilzt. Die Hitze darf nicht zu stark sein, sonst verbrennt der Zucker. Weitergaren, bis die Masse gelblich wird, dann 50 ml Wasser untermischen. Alles unter Rühren zum Kochen bringen und 5–8 Min. bei mittlerer Hitze köcheln, bis das Zuckergelee in der Konsistenz wie flüssiger Honig ist.

3 Zuckergelee auf die gekühlten Pfirsiche gießen und das Dessert servieren.

Tips

Statt der frischen Pfirsiche können Sie auch Früchte aus der Dose nehmen.
Das erfrischende Dessert schmeckt an heißen Tagen besonders gut.
Nach Belieben können Sie die Pfirsiche mit Erdbeeren, Himbeeren oder Kiwischeiben garnieren.

Reisklöße mit süßer Füllun

Long Jing Tang Yuan

Zutaten für 5–7 Portionen:
200 g Klebreismehl
15 g Drachenbrunnen-Tee
   (ersatzweise anderer grüner
   Tee)
1 EL Sesamsamen
50 g Zucker
1 EL Weizenmehl
1 TL Sesampaste
5 Walnußkerne
1 TL Pflanzenöl

Zubereitungszeit:
etwa 1 Std.

Bei 7 Portionen pro Portion:
   670 kJ/ 160 kcal

1 Das Klebreismehl in eine Schüssel geben, etwa 175 ml Wasser dazugeben und das Mehl mit der Hand verkneten, bis ein glatter, glänzender Teig entsteht, der nicht an den Fingern kleben soll.

2 Den Tee mit 200 ml kochendem Wasser übergießen und ziehen lassen.

3 Sesamsamen in einem Wok oder einer Pfanne bei mittlerer Hitze unter Rühren anrösten, bis sie würzig duften. Abkühlen lassen, dann mit Zucker, 1 EL Weizenmehl, 1 TL Sesampaste, den Walnußkernen und 1 TL Öl vermischen.

4 Teig ebenfalls in 28 Stücke teilen. In der Hand etwas flach drücken, mit etwas Sesammasse belegen und über der Füllung verschließen. Auf diese Weise alle Klebreisklößchen formen.

5 Die Teeblätter abgießen. Noch einmal mit 150 ml kochendem Wasser übergießen und ziehen lassen.

6 In einem Topf etwa 1½ l Wasser zum Kochen bringen. Die Klößchen hineingeben und bei schwacher Hitze garen, bis sie an die Oberfläche steigen. Dann noch einmal etwa 2 Min. ziehen lassen.

Gedämpfte Birnen mit Klebreis

Bing Tang Rang Li

7 Klößchen herausnehmen und in Schälchen verteilen. Tee abgießen und in die Schälchen gießen und gleich servieren.

Tips

Vorsicht! Die Füllung ist heiß: verbrennen Sie sich nicht! Manche mögen die Klößchen lieber mit Wasser statt Tee.

Zutaten für 6 Portionen:

100 g Klebreis
1 EL Zucker
6 mittelgroße gelbe Birnen mit
  festem Fruchtfleisch
50 g Kandiszucker

Zubereitungszeit:
etwa 40 Min.

Pro Portion: 760 kJ / 180 kcal

1 Den Klebreis waschen und etwa 5 Min. in einer Schüssel in heißem Wasser einweichen. Die Schüssel in einen Topf auf eine umgedrehte Tasse stellen. Etwa 4 cm hoch Wasser in den Topf gießen und den Reis zugedeckt etwa 10 Min. dämpfen.

2 Den Reis dann abtropfen lassen und mit 1 EL Zucker verrühren. Die Birnen waschen. An der Spitze einen Deckel abschneiden. Das Kerngehäuse mit einem Obstmesser vorsichtig herauslösen, ohne dabei die

Birnen zu verletzen. Den Klebreis in die Birnen füllen.

3 Birnen in einen Bambusdämpfer oder einen Dämpfeinsatz stellen, mit dem abgelösten Birnendeckel belegen und über dem heißen Wasserdampf bei mittlerer Hitze zugedeckt etwa 10 Min. dämpfen.

4 Während die Birnen garen, 300 ml Wasser mit dem Kandiszucker in einen Topf geben und zum Kochen bringen. Das Wasser unter Rühren

erhitzen, bis der Kandiszucker geschmolzen ist. Die Birnen ordentlich auf einen Teller legen. Mit dem Zuckerwasser begießen und servieren.

249

Wassermelonengelee

Shui Jing Xi Gua Dong

Zutaten für 4–6 Portionen:

250 g Wassermelone (geputzt gewogen)
20 g Agar-Agar
2–4 EL Zucker

Zubereitungszeit:
etwa 20 Min. (+ 45 Min. Kühlzeit)

Bei 6 Portionen pro Portion:
200 kJ/ 50 kcal

1 Die Wassermelone schälen und von den Kernen befreien. Das Fruchtfleisch in kleine Scheiben schneiden und auf eine Platte mit etwa 2 cm hohem Rand geben.

2 In einem Topf ½ l Wasser zum Kochen bringen. Das Agar-Agar und den Zucker untermischen. Alles etwa 1 Min. unter Rühren kochen,

3 Geleemasse etwa 1 cm dick über die Wassermelonenstücke gießen und

etwas erkalten lassen. Dann im Kühlschrank in etwa 45 Min. fest werden lassen.

4 Gelee in 2 x 2 cm große Stücke schneiden und ordentlich auf einem Teller anrichten.

Tip

Das erfrischende Dessert schmeckt an heißen Tagen besonders gut.

Laba-Reisbrei

La Ba Zhou

Zutaten für 6 Portionen:

100 g Klebreis und Langkornreis zusammen
20 getrocknete Lotossamen
1 EL kleine getrocknete rote Bohnen
50 g Eßkastanien (Maronen)
10 getrocknete rote Datteln (ersatzweise braune)
20 g kandierter Kürbis (ersatzweise kandierte Melone)
20 g Walnußkerne (etwa 10 Stück)
50 g Kandiszucker

Zubereitungszeit:
etwa 1 Std. 40 Min.

Pro Portion: 810 kJ/ 190 kcal

1 Den Reis waschen und abtropfen lassen. Die Lotossamen in einer Schüssel mit heißem Wasser bedecken und 20 Min. quellen lassen. Die roten Bohnen getrennt ebenfalls in heißem Wasser 20 Min. quellen lassen.

2 Kastanien mit einem scharfen Messer an der Spitze kreuzweise einritzen. In kochendem Wasser etwa 5 Min. blanchieren, dann kalt abschrecken und schälen.

3 Die Datteln waschen. Die Kürbisscheiben in kleine Würfel schneiden.

4 In einen Topf 1 l Wasser geben. Die roten Bohnen, die Lotossamen und die Kastanien hineingeben und zum Kochen bringen. Dann bei schwacher Hitze zugedeckt 30 Min. garen.

5 Reis, Walnußkerne (eventuell halbiert), Datteln und Kürbis dazugeben und alles unter Rühren noch einmal etwa 20 Min. kochen.

6 Wenn der Reisbrei dicklich wird, den Kandiszucker untermischen und unter Rühren schmelzen. Den Reisbrei in

Reistaschen mit Bananenblättern

Ye Er Ba

Schälchen verteilen und servieren.

Laba-Reisbrei.

zählt zu den Delikatessen, die zum traditionellen chinesischen Labafest, einem buddhistischen Fest, das am 8. Dezember (Mondkalender) gefeiert wird, zubereitet werden. Er ist durch die vielen verschiedenen Zutaten sehr nahrhaft. Die Zutaten sollten alle schön weich gegart werden.
Der Laba-Reisbrei kann auch mehr als 8 Zutaten enthalten. Das Gericht wird traditionsgemäß auch zur Feier nach einer erfolgreichen Ernte serviert.

Zutaten für 5 Portionen:

1 Zwergbananenblatt
  (ersatzweise Lotos- oder
  Schilfblatt)
1 TL Sesampaste
1 TL Sesamöl
50 g Zucker
1 EL Weizenmehl
1 EL Sesamsamen
1 TL Pflanzenöl
200 g Klebreismehl

Zubereitungszeit:
etwa 50 Min.

Pro Portion: 940 kJ/ 220 kcal

1 Bananenblatt waschen und in 15 Stücke von 12 cm Länge und 8 cm Breite schneiden. Die Stücke in kochendem Wasser 1 Min. blanchieren. Herausnehmen, kalt abschrecken und trockenreiben.

2 Sesampaste mit dem Sesamöl verrühren. Zucker, Weizenmehl, Sesamsamen und Öl vermischen.

3 Reismehl mit 175 ml lauwarmem Wasser verkneten, bis ein glatter, glänzender Teig entsteht, der nicht an den Fingern klebt.

4 Teig in 15 Stücke teilen. Ein Stück in die Hand nehmen und länglich formen und flach drücken. Etwas Füllung darauf setzen und einhüllen. Jeweils auf 1 Bananenblatt legen. Die Ränder des Blattes nach innen klappen und festdrücken.

5 Teigtaschen in einem Bambusdämpfer oder einem Dämpfeinsatz etwa 15 Min. dämpfen. Die Hitze soll dabei nicht zu stark sein, sonst werden die Teigtaschen trocken. Dann auf einem Teller anrichten und servieren.

Tip

Dieses Dessert gilt in China als Delikatesse für Sommer und Herbst.
Die Füllung können Sie auch pikant zubereiten, zum Beispiel mit Schweinefleisch.

251

Von den Gaben der Erde

Die vegetarische Küche

Das Jahr bricht an, jungfräuliche Sprossen zeigen sich mild und süß.
Gewärmt vom Frühling wiegen sie sich zart, diese edlen Schößlinge.
Brech' dir eine Handvoll, doch vergiß sauer und salzig, allein gedämpft munden sie göttlich.
(Lu You 1125-1209)

»Nehmt alles Kraut, das auf Erden Samen trägt, und eßt von allen Bäumen mit samenhaltigen Früchten.« Mit diesen Worten soll der Herrgott den ersten Menschen ihren Speisezettel diktiert haben. Demnach lebten Adam und Eva als Vegetarier. Sie schritten durch den Garten Eden, ohne daß es ihnen nach Fleisch gelüstete, zumindest bis zum Sündenfall. Orden in Ost und West erzogen ihre Gläubigen in der fleischlosen Kost, in der Genügsamkeit eines schlichten Lebens. So die Benediktiner, die Kartäuser, die Buddhisten und die Taoisten. Entspringt nicht aller irdische Fluch dem Fleisch? Nach der Sage vom Zeus-Betrüger Prometheus erkranken, altern und sterben die Menschen wegen des Verzehrs von Fleisch, während die Götter ihre Unsterblichkeit durch den Genuß von »duftenden Räucheropfern und Wohlgerüchen von Myrrhe und Weihrauch« erlangen. Der westliche findet im östlichen Mythos seine Entsprechung. Als edelste Speise galt den Taoisten der Tau, das Elixier des Himmels und der Erde. Genügsam zu leben, nehmen sich die Menschen von alters her vor. Doch meist scheitert der gute Wille an der fetten Hausmannskost des Alltags. Su, das Zeichen für vegetarisch, bedeutet ursprünglich »zartgesponnene Seide« sowie »unverziert«. Das Erhabene und das Einfache scheinen sich demnach zu paaren: das Edle mit der Einfachheit des bäuerlichen Lebens. Die Ursprünge der vegetarischen Küche reichen 3000 Jahre zurück und hängen mit der schreienden Armut des chinesischen Volkes zusammen. Allein den

Herrschenden war der Genuß von Tieren, die vom Element Luft Qi leben, vorbehalten, während sich das gemeine Volk von den Gaben der Erde, eben »unverziert«, zu ernähren hatte. Und trotzdem galt – schrankenlos für alle – die Gesundheit als edles Gut, als Geschenk der Götter. Eine wichtige Sparte der vegetarischen Küche, die »Nachahmung von Fleisch- und Fischgerichten«, mag befremdend anmuten, tatsächlich ist sie ein genialer Kunstgriff, denn einfallsreichen Köchen gelang es, aus der Not eine Tugend zu machen. Doch dieser Kniff konnte erst mit der Entdeckung von Tofu vor 2200 Jahren gelingen. Das wichtige, von Lin Hong verfaßte Kochbuch Shan Jia Jing Gong (1190–1243) wäre ohne Nachahmungs-Rezepte à la »Falscher Bratfisch« und »Falsches gedämpftes Huhn« längst vergessen. Kombiniert mit Tofu, werden hier Gerichte aus Bohnen, Lotoswurzeln, Gemüsen, Kräutern, Pilzen und Nudeln aufgelistet. In den Überlieferungen

nehmen die reinen Gemüsegerichte nur einen bescheidenen Platz ein, ganz im Gegensatz zum Juwel der vegetarischen Küche. Alles dreht sich hier um Tofu und seine »drei Stützen«, den Pilz, die Sojasprosse und den Bambusschößling. So auch im Ben Xin Zhai Su Shi Pu, dem »Vegetarischen Kochbuch aus dem Benxin-Studio«, verfaßt von Chen Dasou in den Jahren 1210–1245. Über Jahrtausende von entwöhnten Bauern lieblos benutzt und von verwöhnten Kaisern gerade mal als exotischer Gaumenkitzel geduldet, öffnete die Orchidee von vegetarischer Küche erst zu Zeiten der Qing-Dynastie ihre Blüte voll. Zwischen 1644 und 1911 zeigte sie sich in solch üppiger Fülle, daß man sie gleich dreifach genießen konnte – als Hofküche, Tempelküche und bürgerliche Küche. Für den kaiserlichen Hof kreierten ausgesuchte Köche fleischlose Speisen, die aus der Zeremonie des Fastens hervorgegangen waren. Der Kaiser

pflegte drei Tage vor der Wintersonnenwende im Zhai Gong, dem Palast des Fastens, wie ein Untertan auf »unreines« Fleisch und geistige Getränke zu verzichten. Kniend bat er den Himmel, als dessen Sohn er verehrt wurde, um eine reiche Ernte in seinem iridischen Reich. Gereinigt an Körper und Geist brachte er anschließend Speiseopfer für die Ahnen dar. Über die Fastenzeit hinaus arbeitete im Kaiserpalast die Su Ju, die »Dienststelle für Vegetarisches«, wo zu Zeiten des Guangxu-Kaisers (reg. 1871–1908) siebenundzwanzig Meisterköche dienten. Die Tempel-Küche verwöhnte ursprünglich die weltlichen Wohltäter der Orden und die reichen, reuigen Beamten, die durch Ablaß und reine Kost ihre Seelen vor Höllenqualen bewahren wollten. Die kochenden Mönche nannten ihr Essen Luohan Zhai, angelehnt an den Namen der achtzehn Schüler Buddhas. Die frivole Maxime der bürgerlichen Küche lautete »deftig und herzhaft«. Demnach brauchte sie weder auf die »Fünf Scharf«: Knoblauch, Lauch, Schalotte, Stink-Asant und Frühlingszwiebel, noch auf die »Fünf Stink«: Schnittlauch, Frühlingszwiebel, Knoblauch, Winterraps und Koriander zu verzichten. Wu Xin und Wu Hun zu genießen, war und ist nämlich nur Buddhisten und Taoisten untersagt. Als der indische Buddhismus in Form des »Großen Fahrzeugs« Mahayana um 60 n.Chr. in China eintraf, waren die ersten Anhänger des neuen Glaubens noch Fleischgenuß gewohnt, allerdings nur Speisen aus dem »Fleisch der dreifachen Reinheit«, San Jing Rou. Das war

Zufrieden und erleuchtet
Der Dickbauch-Buddha Mile Fo.

Fleisch von Tieren, deren Tötung sie weder gehört noch gesehen hatten. Mehr noch, sie durften nur Fleisch von Tieren essen, deren Schlachtung sie nie erwartet hätten. Dieses »Jein« zum Fleisch galt nicht für alle, denn die buddhistische Gemeinde Chinas war bereits zu Anfang gespalten. Die Anhänger von Devadatta, einem ehemaligen Schüler und späteren Gegner des historischen Buddha, Siddharta Gautama, lehnten wie ihr orthodoxer Meister den Genuß von Fleisch, Milch und Eiern ab. Auch dem Liang-Kaiser Wudi war der eingeschränkte Fleischgenuß zuviel. Als Taoist hatte er im Jahr 502 den Thron bestiegen, als strenggläubiger Buddhist verließ er ihn 549 wieder. Wudi verbannte das Fleisch aus der buddhistischen Küche und ersetzte den Konfuzianismus durch das Große Fahrzeug als Staatsreligion. Fleischlosigkeit ohne Wenn und Aber bestimmten fortan die Shakyamuni-Küche, chinesisch Shi Cai genannt. Obwohl Maitreya, der Buddha der Zukunft, gegen Ende der Song-Zeit (960 –1280) in völlig veränderter Gestalt, nämlich als lachender »Dickbauch-Buddha« erneut auftauchte und jetzt zum Symbol für sinnliche Genüsse wurde, hielt der Buddhismus bis heute am Fleischverzicht fest. Der frühe Kaiser Wudi hatte das Verbot der »Fünf Scharf« nur für sich und die Strenggläubigen durchsetzen können. Bleibt die Frage, warum meidet die echte vegetarische Küche bis heute den Lauch und den Knoblauch? Vielleicht aus Ehrfurcht vor den Göttern, die bekanntlich von Tau und duftendem Räucherwerk leben.

*Ein scheuer,
neugieriger Blick*
Mönch im taoistischen
Tempelkloster »Weiße
Wolke« in Peking.

Gelbes Juwel

Tofu

Die universale Suche nach der Unsterblichkeit endete mit einer mundgerechten Entdeckung. Bei ihren verbissenen Experimenten mit Gips und Bohnen zauberten ein rebellischer Fürst und seine Hofalchimisten das »gelbe Juwel« der chinesischen Küche hervor. Vor 2200 Jahren setzten Taoisten in den Bagong-Bergen der heutigen Provinz Anhui (siehe Seite 16) alles daran, die begehrte Pille des ewigen Lebens zu entdecken. Hatten sie anfangs mit weichem Gold, Zinnober und flüssigem Quecksilber experimentiert, so versuchten sie sich nach lebensgefährlichen Fehlschlägen mit dem Mischen von bindendem Gips, zerstampften Sojabohnen und wässriger Salzlauge. Und siehe da, eines Tages konnten sie etwas Weißgraues kosten, ohne daß einer starb. Ernüchtert hielten sie Klumpen von Sojabohnenkäse in Händen. Angetreten, das Himmelsgleiche der Utopie zu entzaubern, hatten die Taoisten einmal mehr das Mosaik der erdverbundenen Realität bereichert. Diesmal mit der nahrhaften Kostbarkeit Dou Fu, die wir unter dem japanischen Namen Tofu kennen. Außer jenem Juwel der chinesischen Küche entdeckten die Taoisten übrigens das Schießpulver. Der Schirmherr jener Alchimisten, der Fürst von Huainan, mußte zwar erbärmlich sterben, doch er ging als Tofu-Gott in die Geschichte ein. Nur zwei Jahre nachdem er gegen die von seinem Großvater gegründete Han-Dynastie aufbegehrt hatte, im Jahr 122 v.Chr., wurde Liu An hingerichtet.

Im Bann der Feuersglut
Zubereitung einer Tofu-Suppe in einer Imbißstube des Gelben Drachen-Flüßchen-Dorfes in der Provinz Sichuan.

Bei Erfindungen einfallslos

Kommen unsere Schullehrer auf Erfindungen zu sprechen, dann loben sie China für Kompaß, Schießpulver und Papier. Fragt man unsere Köche nach Chinas Beitrag zur Kochkunst der Welt, dann rührt man an einer Bildungslücke. Viele Vegetarier hingegen können ein Trio von Erfindungen benennen, nämlich Tofu, Sojasprosse und Sojasauce. Also alles Abkömmlinge einer gemeinsamen Mutter, der hellgrünen Sojabohne Glycine max. Lüftet die schlichte Bohne, von Chinesen einfach Gelbe Bohne genannt, ihr Geheimnis, dann bietet sie sich als cholesterinfreier Hort an Proteinen und B-Vitaminen dar. Getrocknet und verschlossen, noch ohne Keimling, dient sie der Erzeugung von käseartigem Tofu. Im Oktober ernten die Bauern die reifen Sojasträucher ab und lassen die Bohnen acht Wochen lang trocknen, bis ihre Haut strohfarben erscheint. Jetzt können die steinharten Sojabohnen erst weiterverarbeitet werden, nachdem sie vier bis fünf Stunden in Wasser eingeweicht wurden. Ihre Härte ist schließlich dahin, sie können anstandslos in der Mühle püriert werden. Als nächstes wird die Milch kurz, ganz kurz aufgekocht und dann von Schalen und festem Fleisch befreit. Noch zeigt sich kein Gerinnen, noch fehlt das Bindemittel.

Ohne Gips kein Gerinnen

Erst beim Zusatz von Calciumsulfat, bekannt als Gipspulver, flockt die Milch aus. Um dem angehenden Tofu einen ganz besonderen »Kick« zu geben, träufeln Kenner Knabenurin in die gärende Milch. Die quarkartige Paste, vom Wasser getrennt, gießt man in eine durchlässige Bambussteige, die mit einem feinmaschigen Tuch ausgeschlagen ist. Um eine glatte Oberfläche zu erreichen und die überschüssige Flüssigkeit nach unten wegzudrücken, wird das Ganze mit einem Brett

Das Pürieren beginnt
Traditionelle Tofu-Herstellung mit einem Mahlstein (Bild oben).

Jetzt flockt die Milch aus
Die Zugabe von Gips ist hierfür notwendig (Bild Mitte).

Auf die quarkartige Paste kommt es an
Erst wenn das Wasser fehlt, kann Bohnenkäse fest werden (Bild unten).

und mit Steinen beschwert. Nach einer halben Stunde ist der Quark schwammig, die Steige kann umgedreht und das Tuch gelüftet werden. Um ihn richtig schnittfest zu bekommen, bedarf es eines Ofens. Zugegeben, derart zubereiteter, himmlisch weicher Sojabohnenkäse schmeckt schrecklich fad. Doch gerade diese Unbedarftheit, dieses Nichts läßt dem Feinschmecker das Wasser im

Mund zusammenlaufen. Da der Eigengeschmack fehlt, vergleicht er Tofu gerne mit den beiden edelsten Delikatessen, der Haifischflossen- und der Schwalbennest-Suppe. Auch hier offenbart sich die wahre Kunst des Koches erst durch raffiniertes Würzen. Chinesische Meisterköche sind wie besessene Bastler, nach ihrem Willen darf der bleiche Tofu auf keinen Fall geschmacklich

nackt bleiben, sondern muß »eingekleidet« werden. Und schon begegnet er dem Hungrigen erheblich farbenfroher, wurde er doch mariniert, geräuchert, luftgetrocknet, fermentiert, fritiert und vor allem mit Gewürzen und herzhaften Gemüsen kombiniert.

Alles in allem verfügen die vier Regionalküchen über mindestens hundertfünfzig verschiedene Tofu-Varianten und zehn-

tausend Gerichte und Snacks aus jenem »unsterblichen« Sojabohnenkäse. Das gelbe Juwel ist das Mark der vegetarischen Küche (siehe Seite 254). Ohne dieses kulinarische Geschmeide fehlte die Speisesparte »Nachahmungen von Fleisch und Geflügel«. Schweinefüße und Hühnerflügel bestünden dann eben nur aus echtem Fleisch und nicht aus dem falschen Fleisch Tofu.

Schnittfest wie eine Torte
Auf der ausgeklappten
Lade wird geräucherter
Tofu in Platten angeboten.
Tofu-Verkäufer in Kanton.

Rezepte der vegetarischen Küche

Spinat in Ingwersauce

Jiang Zhi Po Cai

Zutaten für 3–4 Portionen:

500 g Spinat
40 g Ingwerwurzel
1 EL Essig
1 TL Sojasauce
Salz
1 TL Sesamöl

Zubereitungszeit:
etwa 30 Min.

Bei 4 Portionen pro Portion:
220 kJ/ 55 kcal

1 Spinat verlesen, von den groben Stielen befreien und in stehendem kaltem Wasser mehrmals gründlich waschen. Den Spinat dann in reichlich sprudelnd kochendem Wasser etwa 2 Min. blanchieren.

2 Spinat abgießen, kalt abschrecken, abtropfen lassen und auf einen größeren Teller geben. Spinat kurz in den Kühlschrank stellen.

3 Ingwer schälen und sehr fein hacken. Ingwer mit 1 EL Essig, 1 TL Sojasauce, Salz und 1 TL Sesamöl mischen und über den Spinat gießen. Den Spinat servieren.

Tip

Ein Gericht mit kräftig grüner Farbe, das angenehm erfrischend, säuerlich und leicht scharf schmeckt. Der Spinat sollte sehr frisch und am besten zart sein.
In Winter schmeckt das Gericht auch mit dem kräftigen Wurzelspinat. Dann am besten warm servieren.

Pikanter Tofu

Ma Po Dou Fu

Zutaten für 4–5 Portionen:

500 g Tofu
30 g scharfe Bohnenpaste
10 g fermentierte schwarze
   Bohnen
20 g Ingwerwurzel
10 g Knoblauch
25 g Frühlingszwiebelgrün
½ TL Salz
2–3 EL Pflanzenöl
1 EL Reiswein
1 TL Sojasauce
1 TL Maisstärke, in 1 TL
   Wasser angerührt
1 kräftige Prise gemahlener
   Sichuan-Pfeffer

Zubereitungszeit:
etwa 30 Min.

Bei 5 Portionen pro Portion:
725 kJ/ 175 kcal

1 Tofu in Würfel von etwa 1½ cm Größe schneiden. Bohnenpaste in eine Schüssel geben. Die schwarzen Bohnen fein hacken und dazugeben. Ingwer und Knoblauch schälen und fein hacken. Die Frühlingszwiebeln waschen und in ½ cm lange Stücke schneiden.

2 ½ l Wasser in einem Wok oder einem Topf zum Kochen bringen. Die Tofuwürfel und das Salz dazugeben. Den Tofu sofort wieder herausnehmen. Er soll nur heiß werden.

3 Das Wasser aus dem Wok gießen. Den Wok erhitzen und 2–3 EL Öl darin heiß werden lassen. Bohnenpaste, die schwarzen Bohnen, Ingwer und Knoblauch in den Wok geben und unter Rühren etwa ½ Min. braten.

4 Reiswein, Sojasauce und 200 ml Wasser dazugeben. Tofuwürfel einlegen und alles bei schwacher Hitze etwa 1 Min. schmoren. Die aufgelöste Maisstärke hinzufügen und die Sauce damit binden.

Austernpilze mit Knoblauchsauce

Suan Zhi Ping Gu

5 Die Frühlingszwiebeln unter den Tofu mischen und alles mit dem Sichuan-Pfeffer bestreut servieren.

Tips

Den Tofu sollten Sie nicht zu lange garen, weil er sonst zerfällt. Im Originalrezept werden Knoblauchsprossen angegeben. Wenn Sie selbst Knoblauch im Garten haben, nehmen Sie das frische Grün.

Geschichte

Das Gericht zählt zu den berühmtesten Delikatessen der chinesischen Küche. Ursprünglich wurde es von einer pockennarbigen Frau zubereitet, daher hat es auch seinen Namen: »Ma Po Dou Fu« heißt wörtlich übersetzt: »Bohnenquark der pockennarbigen Frau«. Manchmal wird das Gericht noch mit 50 g Rinderfilet – in feine Streifen geschnitten – angereichert und mit Hühnerbrühe zubereitet.

Zutaten für 3 Portionen:

800 g zarte Austernpilze (geputzt 500 g)
4-5 Knoblauchzehen
2 EL Pflanzenöl
2 EL Reiswein
1 EL Sojasauce
Salz, Pfeffer
1 TL Maisstärke, in 2 TL Wasser angerührt

Zubereitungszeit:
etwa 45 Min.

Pro Portion: 415 kJ / 100 kcal

1 Die Austernpilze von den Strünken befreien und möglichst rund in einem Durchmesser von 3 cm schneiden. Die Pilze gegebenenfalls kurz waschen. Die Knoblauchzehen schälen und fein hacken.

2 In einem Wok oder Topf etwa 1 l Wasser zum Kochen bringen. Die Pilze hineingeben und etwa 1 Min. kochen lassen. Dann auf einem Küchentuch abtropfen lassen und gründlich trockentupfen.

3 Einen Wok oder eine Pfanne erhitzen. Das Öl darin heiß werden lassen. Knoblauch hinzufügen und bei mittlerer Hitze unter Rühren ½–1 Min. braten, bis er würzig duftet.

4 2 EL Reiswein, 1 EL Sojasauce und 200 ml Wasser dazugießen. Die Austernpilze dazugeben, mit Salz und Pfeffer würzen und noch einmal ½ Min. garen. Die angerührte Maisstärke untermischen und die Sauce damit binden.

Tip

Die Austernpilze schmecken fein und zart und duften stark nach Knoblauch. Mit Reis schmecken sie besonders gut. Den Knoblauch sollten sie gut braten, aber keinesfalls braun werden lassen, sonst schmeckt er bitter.

Im Originalrezept sind übrigens 75 g Knoblauch angegeben. Wir haben die Pilze also etwas »entschärft«.
Wenn Sie nicht vollkommen vegetarisch essen möchten, können Sie statt Wasser Hühnerbrühe verwenden – wie im Originalrezept.
Sehr gut schmecken die Pilze, wenn Sie sie vor dem Servieren mit frischem Koriander bestreuen.

Vegetarische Platte »Allerlei«

Wu Wei Su Shi Jin

Zutaten für 5 Portionen:

150 g Möhren
150 g weißer Rettich
250 g Gurken
150 g zarter Stangensellerie
10 getrocknete Tongku-Pilze
  (Shiitake)
200 g Broccoliröschen
1 EL Zucker
1 EL heller chinesischer Essig
1 TL + 6 EL Sesamöl
5 getrocknete Chilischoten
Salz, Pfeffer

Zubereitungszeit:
etwa 1 Std.

Pro Portion: 630 kJ/ 150 kcal

1 Die Möhren und die Rettiche schälen, waschen und jeweils in etwa 7 cm lange und 2 cm breite Scheiben schneiden. Die Gurken waschen und in etwa 7 cm lange Stücke schneiden. Die Gurkenstücke mit der Hand einige Male hin und her rollen, damit sich die Schale dünn abschälen läßt. Die Schale abschneiden und in 2 cm breite Scheiben schneiden. Den Sellerie putzen, waschen und in 7 cm lange Stücke schneiden. Die Pilze in einer Schüssel mit kochendem Wasser überbrühen und 10 Min. einweichen. Die Broccoliröschen waschen.

2 Die Möhren und den Rettich in kochendem Wasser etwa 2 Min. blanchieren, dann herausnehmen, abschrecken und in eine Schüssel geben. 1 EL Zucker mit 1 EL Essig, Salz und 1 TL Sesamöl verrühren und untermischen.

3 Chilischoten in kleine Ringe schneiden. Einen Wok oder eine Pfanne erhitzen. 5 EL Sesamöl hineingeben. Die Chilischoten darin bei mittlerer Hitze unter Rühren ½ Min. braten. Die Gurken und den Sellerie hineingeben, mit Salz würzen und etwa ½ Min. unter Rühren braten. Heraus-nehmen und in eine Schüssel geben.

4 Die Pilze abtropfen lassen und in etwa 100 ml Wasser mit Salz und Pfeffer 2 Min. kochen. Die Broccoliröschen in kochendem Salzwasser etwa 1 Min. blanchieren, abschrecken und abtropfen lassen. Pilze und Broccoli mit Salz, Pfeffer und 1 EL Sesamöl mischen.

5 Alle Gemüse, außer den Broccoli, in etwa 3 cm lange, rautenförmige Stücke schneiden.

6 Rettich, Möhren, Tongku-Pilze, Sellerie und Gurken mit Abstand voneinander in runder Form auf einer Platte anrichten. Den Broccoli mit den Röschen nach oben dazwischen verteilen.

Tip

In China wird die vegetarische Platte gekühlt serviert. Sie schmeckt als leichtes Hauptgericht im Sommer oder als erfrischende Vorspeise.

Reis mit Tongku-Pilzen

Xiang Gu Shi Jing Chao Fan

Zutaten für 4 Portionen:

250 g Langkornreis
100 g frische Tongku-Pilze
* (Shiitake)*
75 g zarte Möhren
100 g enthülste Erbsen (frisch
* oder tiefgefroren)*
2 Eier
2–3 EL Pflanzenöl
Salz, Pfeffer

Zubereitungszeit:
etwa 45 Min.

Pro Portion: 1400 kJ/ 330 kcal

1 Den Reis waschen, mit der
doppelten Menge Wasser
zum Kochen bringen und zugedeckt bei schwacher Hitze in
etwa 20 Min. ausquellen lassen. Dann in eine Schüssel
geben und gründlich abkühlen
lassen. Eventuell sogar bis zum
nächsten Tag.

2 Die Pilze putzen und in
kleine Würfel schneiden.
Die Möhren schälen und eben-

falls klein würfeln. Die Erbsen
in kochendem Wasser etwa
3 Min. garen, dann kalt abschrecken und abtropfen lassen. Die Eier verquirlen.

3 Einen Wok oder eine Pfanne erhitzen. Öl hineingeben.
Eiermasse darin unter Rühren
1 Min. braten. Gemüse untermischen, mit Salz und Pfeffer
würzen und unter Rühren
½ Min. braten. Reis zugeben
und alles noch einmal 2 Min.
garen. Dabei ständig rühren.

Tip

Dieses Gericht können Sie gut
mit Reisresten zubereiten,
wenn es schnell gehen muß.

Gurkensalat Peking-Art

Beijing Pai Huang Gua

Zutaten für 4–5 Portionen:

500 g Gurken
2–3 EL Sesamöl
Salz
3–4 Knoblauchzehen

Zubereitungszeit:
etwa 15 Min.

Bei 5 Portionen pro Portion:
* 240 kJ/ 55 kcal*

1 Die Gurken gründlich waschen und längs halbieren.
Die Stücke mit der breiten
Seite des Küchenbeils etwas
klopfen. Dann in Stücke schneiden und auf einem Teller oder
einer Platte anrichten.

2 Das Sesamöl mit Salz in
einer Schüssel verrühren.
Knoblauch schälen, fein hacken
und dazugeben. Die Sauce
gründlich mischen, dann über
die Gurkenstücke gießen. Gurken eventuell 10 Min. durch-
ziehen lassen.

Gebratener Weißkohl

Qiang Lian Hua Bai

Zutaten für 4–5 Portionen:

*500 g junger Weißkohl (geputzt
    gewogen)*
2 frische rote Chilischoten
1 EL Zucker
1 TL heller chinesischer Essig
1 TL Sojasauce
1 TL Reiswein
Salz
*1 TL Maisstärke, in 1 EL
    Wasser angerührt*
2–3 EL Pflanzenöl
10 Sichuan-Pfefferkörner

Zubereitungszeit:
etwa 20 Min.

*Bei 5 Portionen pro Portion:
    370 kJ/ 90 kcal*

1 Den Weißkohl von allen
welken Blättern und dem
Strunk befreien. Die Blätter
waschen und in etwa 2 cm
große, rautenförmige Stücke
schneiden. Die Chilischoten
vom Stielansatz und allen Kernen befreien, waschen und in
2 cm große Stücke schneiden.

2 Für die Sauce 1 EL Zucker
mit 1 TL Essig, 1 TL Sojasauce, 1 TL Reiswein, Salz und
der aufgelösten Maisstärke
mischen.

3 Einen Wok oder eine
Pfanne erhitzen. Das Öl angießen. Die Pfefferkörner hineingeben und unter Rühren
½ Min. braten. Dann herausnehmen. Die Chilschoten ins Öl
geben und ½ Min. braten. Den
Weißkohl hinzufügen und unter
Rühren bei mittlerer Hitze etwa
2 Min. braten, bis er bißfest ist.
Die Sauce untermischen und
alles noch einmal etwa ½ Min.
garen. Den Weißkohl servieren.

Tip

Den Weißkohl sollten Sie nicht
länger garen, er soll schön
knackig sein. Dazu schmeckt
Bier besonders gut.

Pikante Auberginen

Yu Xiang Qie Hua

Zutaten für 4 Portionen:

750 g junge Auberginen
20 g Lauch
20 g Ingwerwurzel
2–3 Knoblauchzehen
*30 g eingelegter Paprika
    (Rezept Seite 221;
    ersatzweise 1 EL scharfe
    Bohnenpaste)*
1 TL Zucker
*1 TL schwarzer chinesischer
    Essig*
1 TL Sojasauce
1 TL Reiswein
Salz
*1 TL Maisstärke, in 1 EL
    Wasser angerührt*
150 g Pflanzenöl

Zubereitungszeit:
etwa 45 Min.

Pro Portion: 1600 kJ/ 380 kcal

1 Die Auberginen waschen
und mit einem Sparschäler
schälen. Die Auberginen dann
längs in etwa 2 cm dicke Scheiben schneiden. Die Scheiben

auf einer Seite kreuzförmig ein-
aber nicht durchschneiden,
dann in 3 cm lange und 2 cm
breite Stücke schneiden.

2 Lauch, Ingwer und Knob-
lauch putzen bzw. schälen
und fein hacken. Den eingelegten Paprika ebenfalls fein hakken. 1 TL Zucker mit 1 TL Essig, 1 TL Sojasauce, 1 TL Reiswein, Salz, der aufgelösten
Maisstärke und 1–2 EL Wasser
mischen.

3 50 g Öl in einem Wok oder
einem Topf erhitzen. Die
Auberginen in 3 Portionen jeweils in 50 g Öl etwa 3 Min.
fritieren, bis sie goldbraun sind.
Dann herausnehmen und auf
Küchenpapier abtropfen lassen.

4 Den eingelegten Paprika,
den Ingwer und den Knob-
lauch im verbliebenen Öl unter
ständigem Rühren bei mittlerer
Hitze ½ Min. braten, bis die
Zutaten würzig duften. Die

Paprikaschoten mit Tongku-Pilzen

Xiang Gu Qing Jiao

Sauce dazugeben und ebenfalls ½ Min. unter Rühren garen. Dann die Auberginenstücke untermischen und in etwa ½ Min. unter Rühren wieder heiß werden lassen. Die Auberginen auf einen Teller geben, mit dem Lauch bestreuen und servieren.

Tip

Je nachdem, wieviel Sauce Sie möchten, können Sie auch mehr Wasser zugeben. Als Beilage schmeckt zu den Auberginen Reis und als Getränk Bier oder grüner Tee.

Zutaten für 4 Portionen:

5 getrocknete oder frische Tongku-Pilze (Shiitake)
500 g zarte grüne Paprikaschoten
2–3 EL Pflanzenöl
Salz, Pfeffer
1 TL Sesamöl

Zubereitungszeit:
etwa 20 Min.

Pro Portion: 340 kJ/ 80 kcal

1 Die getrockneten Tongku-Pilze in einer Schüssel mit kochendem Wasser übergießen und etwa 10 Min. quellen lassen. Frische Pilze mit einem feuchten Tuch abwischen.

2 Inzwischen die Paprikaschoten waschen, vom Stielansatz und den Kernen mit den Trennwänden befreien und in 4 cm lange, feine Streifen schneiden. Die Pilze ebenfalls in feine Streifen schneiden.

3 Einen Wok oder eine Pfanne erhitzen. Das Öl angießen. Die Paprika- und die Pilzstreifen darin unter Rühren bei starker Hitze etwa 2 Min. braten. Mit Salz und Pfeffer würzen, in einen Teller geben und mit dem Sesamöl beträufelt servieren.

Varianten

Statt der Paprikaschoten schmecken auch Mini-Maiskölbchen (frisch aus dem Asien-Laden oder aus der Dose), Pak choi oder Wachskürbis (Wintermelone).

265

Chinakohl süß-sauer

Tang Cu La Bai Cai

Zutaten für 2–3 Portionen:

250 g zarter Chinakohl
3 getrocknete Chilischoten
40 g Sesamöl
1 EL Zucker
1 EL heller chinesischer Essig
Salz

Zubereitungszeit:
etwa 45 Min.

Bei 3 Portionen pro Portion:
595 kJ/ 145 kcal

1 Die Chinakohlblätter waschen und die dicken Blatt-
rippen flach schneiden. Die
Blätter der Länge nach halbieren. Die Chilischoten etwa
5 Min. in warmem Wasser
einweichen, dann von den
Kernen befreien und in feine
Streifen schneiden.

2 In einem Topf reichlich Wasser zum Kochen bringen.
Den Chinakohl darin etwa
2 Min. blanchieren. Dann kalt
abschrecken, abtropfen lassen
und auf einen Teller legen.

3 Den Wok oder eine Pfanne
erhitzen. 40 g Sesamöl
darin heiß werden lassen. Chili
hinzufügen und unter Rühren
braten, bis sie duften.

4 Wok oder Pfanne vom Herd
nehmen. 1 EL Zucker, 1 EL
Essig, Salz und 1 EL Wasser
hineingeben und gut verrühren.
Noch einmal bei schwacher
Hitze unter Rühren erwärmen,
bis der Zucker geschmolzen ist.

5 Sauce über den Chinakohl
gießen. Chinakohl etwa
20 Min. marinieren.

6 Chinakohl dann aus der
Marinade nehmen, in 4 cm
lange Streifen schneiden und
ordentlich auf einen Teller legen. Die Chilistreifen aus der
Marinade fischen und neben
dem Chinakohl anrichten.
Marinade nach Wunsch ge-
trennt dazu servieren.

Kürbis mit Tongku-Pilzen

Xiang Gu Dong Gua

Zutaten für 5 Portionen:

750 g Kürbis
10 getrocknete Tongku-Pilze
(Shiitake)
Salz, Pfeffer
1 TL Maisstärke, in 1 TL
Wasser angerührt

Zubereitungszeit:
etwa 30 Min.

Pro Portion: 230 kJ/ 55 kcal

1 Den Kürbis waschen, schälen, von den Kernen befrei-
en und in etwa 3 cm lange,
2 cm breite und 1 cm dicke
Stücke schneiden.

2 In einem Topf etwa 1 l Wasser zum Kochen bringen.
Die Kürbisstücke hineingeben
und etwa 5 Min. kochen. Dann
herausnehmen. Von der Koch-
flüssigkeit ½ l abmessen.

3 Inzwischen die Pilze etwa
10 Min. in lauwarmem Was-
ser einweichen. Dann abtropfen lassen.

4 Die Garflüssigkeit vom Kürbis in einem Wok oder Topf
erhitzen. Kürbisstücke, Salz und
Pfeffer dazugeben. Alles 2 Min.
kochen lassen.

5 Kürbisstücke mit einem
Schaumlöffel herausfischen
und ordentlich auf einen Teller
legen.

6 Pilze in die Brühe geben
und 1 Min. kochen lassen.
Dann ebenfalls herausnehmen
und auf dem Teller anrichten.

7 Brühe noch einmal auf-
kochen, abschäumen. Mais-
stärke unterrühren und die
Sauce damit binden. Über den
Kürbis gießen und servieren.

Rettich und Möhren in Milchsuppe

Nai Tang Luo Bo Yuan

Zutaten für 3–4 Portionen:

500 g weißer Rettich und Möhren zusammen
Salz, Pfeffer
50 ml Milch
1 TL Maisstärke, in 1 EL Wasser angerührt

Zubereitungszeit:
etwa 30 Min.

Bei 4 Portionen pro Portion:
175 kJ/ 45 kcal

1 Den Rettich und die Möhren schälen und in etwa 1½ cm dicke Scheiben schneiden. Die Rettichstücke sollen etwas dicker sein.

2 In einem Wok oder Topf ½ l Wasser zum Kochen bringen. Rettich und Möhren darin etwa 2 Min. blanchieren, dann herausnehmen und abtropfen lassen.

3 Blanchierbrühe mit Salz und Pfeffer würzen und zum Kochen bringen. Rettich und Möhren dazugeben. Die Milch untermischen und alles bei schwacher Hitze 6 Min. schmoren, bis Rettich und Möhren knackig sind.

4 Gemüse aus der Garflüssigkeit nehmen und auf einem Teller ordentlich anrichten.

5 Garflüssigkeit zum Kochen bringen. Die Maisstärke untermischen und die Sauce damit binden. Sauce über das Gemüse gießen und servieren.

Tip

Das Gericht schmeckt erfrischend und ist gut zur »Ernüchterung« nach dem Genuß von zuviel Alkohol. Dazu paßt Reis.

Sojasprossen mit Paprika

Shuang Se Yin Ya

Zutaten für 4–5 Portionen:

400 g Sojabohnensprossen
1 Stück grüne Paprikaschote
(etwa 50 g)
40 g Pflanzenöl
1 Prise Salz

Zubereitungszeit:
etwa 10 Min.

Bei 5 Portionen pro Portion:
460 kJ/ 115 kcal

1 Die Sojabohnensprossen in einem Sieb gründlich waschen und abtropfen lassen. Bei nicht ganz frischen Sprossen die Enden abschneiden. Paprikaschote waschen, gegebenenfalls von Trennwänden und Kernen befreien und in 4 cm lange, dünne Streifen schneiden.

2 Den Wok oder eine Pfanne erhitzen. Das Öl angießen und heiß werden lassen, bis es raucht. Die Paprikastreifen und die Sprossen hinzufügen und unter Rühren etwa 1 Min. braten, bis sie bißfest sind. Das Salz hinzufügen und gut untermischen. Das Gericht servieren.

Tip
Dieses vegetarische Gericht eignet sich besonders gut für die Sommerzeit, denn es ist schnell zubereitet und leicht verdaulich. Das Gelingen hängt sehr stark von der richtigen Behandlung der Gemüse im Wok ab: Paprika und Sprossen nicht zu lange braten, dafür zügig rühren – entweder mit Eßstäbchen oder mit dem hölzernen Pfannenschieber. So bleibt das Gemüse schön knackig und behält die frische Farbe.

Gebratene Gurken

Qiang Huang Gua

Zutaten für 2–3 Portionen:

300 g zarte Salatgurke
4 rote getrocknete Chilischoten
(siehe Tip)
40 g Sesamöl
1 Prise Salz

Zubereitungszeit:
etwa 15 Min.

Bei 3 Portionen pro Portion:
670 kJ/ 165 kcal

1 Die Gurken sehr gut waschen (nicht schälen!) und in 6 cm lange, 1 cm breite und ½ cm dünne Scheiben schneiden. Chilischoten in Stücke von etwa 1 cm Länge schneiden.

2 Den Wok oder eine Pfanne erhitzen. Das Öl angießen und ebenfalls erhitzen. Die Chilischoten und die Gurken hinzufügen und unter Rühren bei starker Hitze etwa 3 Minuten garen. Das Salz untermischen und alles noch einmal kurz braten.

3 Die Gurken auf einen Teller geben und abkühlen lassen. Dann servieren.

Tip
Die Gurken schmecken durch die Chilischoten sehr scharf. Wenn Sie das nicht so mögen, versuchen Sie es erst einmal mit nur 1 Chilischote.
Die Gurken sollten Sie nicht zu lange garen, sie werden sonst zu weich und verlieren ihre schöne grüne Farbe.

Tofu mit Chinakohl

Dou Fu Bai Cai

Zutaten für 3–4 Portionen:

350 g Tofu
500 g Chinakohl
10 g Ingwerwurzel
1 Frühlingszwiebel
50 g Pflanzenöl
1 EL Sojasauce
3 EL Reiswein
1 Prise Pfeffer
3 TL Maisstärke, in 3 EL
   Wasser angerührt
1 EL Zucker
Salz

Zubereitungszeit:
etwa 30 Min.

Bei 4 Portionen pro Portion:
  855 kJ/ 205 kcal

1 Tofu abtropfen lassen und in Würfel schneiden. Den Chinakohl in einzelne Blätter teilen, waschen, putzen und in Streifen von etwa 3 cm Länge schneiden. Ingwer schälen und fein hacken. Die Frühlingszwiebel waschen, putzen und den weißen Teil hacken.

2 Wasser zum Kochen bringen und den Chinakohl darin etwa 1 Min. blanchieren. Dann abtropfen lassen.

3 Den Wok oder eine Pfanne erhitzen. Das Öl hinzufügen und heiß werden lassen. Den Ingwer und die Frühlingszwiebel kurz darin anbraten. Etwa 150 ml Wasser und 1 EL Sojasauce angießen und zum Kochen bringen.

4 Den Reiswein und den Pfeffer untermischen. Den Tofu und den Chinakohl dazugeben und etwa 5 Min. schmoren.

5 Den Tofu mit dem Zucker und Salz abschmecken. Die angerührte Maisstärke untermischen. Alles noch einmal aufkochen, bis die Sauce leicht dicklich ist.

Rezept- und Sachregister

Hier finden Sie die deutschen und die chinesischen Rezepttitel einmal in alphabetischer Reihenfolge und noch einmal unter den wichtigsten Zutaten, die sie enthalten, auch wenn diese im Titel nicht genannt werden. Ebenso wichtige Begriffe aus den Einführungen zu den Regionen.

Rezeptverzeichnis von Vorspeisen bis Süßigkeiten

Autoren und Fotografen

Liu Zihua
geboren 1953, lebt in Peking (Beijing), wo er seit 1973 im berühmten „Sichuan-Restaurant" arbeitet. Durch seine vielseitige Ausbildung und zahlreiche Reisen durch China ist er Experte für alle vier kulinarischen Stile des Landes. Seine Kochkunst und Erfahrung hat er mit vier Kochbüchern unter Beweis gestellt, eines davon ist ein Bestseller in China. Zusammen mit seinem Lehrer, Chen Songru, hat der Meisterkoch Bankette für Deng Xiaoping und Prinz Sihanouk, aber auch für andere führende Staatsmänner ausgerichtet. Für dieses Buch kam er eigens nach München, um die Gerichte im Fotostudio original chinesisch zu kochen.

Uli Franz
geboren 1949, ist einer der führenden deutschen China-Experten. Er verbrachte drei Jahre (1977–1980) in Peking (Beijing) und veröffentlichte acht Bücher und zahlreiche Artikel über Chinas Kultur und das politische Leben. Zusammen mit einem chinesischen Meisterkoch hat er bereits ein Buch über die chinesische Küche geschrieben, das von der Deutschen Gastronomischen Akademie ausgezeichnet wurde.

Li Li
wurde 1963 in Nanchang/ Jiangxi geboren, studierte in der VR China Germanistik und unterrichtete Deutsch an der Hangzhou-Universität. Seit 1988 lebt sie in München und arbeitet als Dolmetscherin, so auch während der Fotoaufnahmen im Studio Eising.

Xiao-Hui Wang
wurde 1957 in Tianjin geboren und studierte in Shanghai Architektur. Sie lebt seit 1986 in Deutschland und hat bei diesem Buch als wertvolle Beraterin mitgewirkt.

Foodphotography Eising
wurde von Pete A. und Susi Eising gegründet. In diesem ausschließlich auf Lebensmittelfotografie spezialisierten Studio entstehen anspruchsvolle Food- und Getränkeaufnahmen. Zum Kundenkreis gehören Werbeagenturen und Industrieunternehmen, Zeitschriftenredaktionen und Kochbuchverlage. Sowohl im Studio als auch in der Küche sind nur Profis beschäftigt. In der Studioküche arbeiten ständig zwei Köche.
Um den Service abzurunden, ist dem Fotostudio eine Bildagentur mit Sitz in München und der Schweiz angeschlossen, selbstverständlich mit dem großen Hauptthema Food.

Titelbild

Das Foto auf dem Umschlag vorn zeigt Fünffarbige gedämpfte Teigtaschen (im Dämpfkorb), Rezept Seite 198, und Fritierte Teigtaschen mit zwei Füllungen, Rezept Seite 199).

Bildnachweis

Umschlag- und Rezeptfotos: Susi und Pete A. Eising
Seite 21, 52 rechts, 67 links Mitte: Chen Zonglie, Beijing
Alle anderen Fotos, auch Umschlagrückseite: Uli Franz
Die historischen Abbildung auf den Seiten 28, 29, 30 wurden uns vom »Chinese Cuisine Magazine« zur Verfügung gestellt.

Bezugsquelle

Asiatische Lebensmittel, Geräte und Zubehör können Sie unter folgender Adresse bestellen:
Mai Ling
Westenriederstr. 8a
80331 München

Dankeschön

für die freundliche Unterstützung.
Gaggenau Hausgeräte
Taiping, München,
Radspieler, München.

Impressum

Genehmigte Lizenzausgabe für Verlagsgruppe Weltbild GmbH, Steinerne Furt, 86167 Augsburg
Copyright © 1992 Gräfe und Unzer Verlag GmbH, München
Alle Rechte vorbehalten. Nachdruck, auch auszugsweise, sowie Verbreitung durch Film, Funk, Fernsehen und Internet, durch fotomechanische Wiedergabe, Tonträger und Datenverarbeitungssysteme jeder Art nur mit schriftlicher Genehmigung des Verlages.

Redaktion: Birgit Rademacker

Lektorat: Cornelia Schinharl

Korrektorat: Susanne Bodensteiner, Marion Reichelm

Versuchsküche: Dorothea Henghuber, Doris Leitner, Renate Neis, Ursula Schinharl, Christa Schmedes

Gestaltung: Heinz Kraxenberger, Birgit Rademacker

Umschlaggestaltung: Studio Höpfner-Thoma, Gräfelfing (Bay.)

Gesamtherstellung: aprinta Druck GmbH & Co. KG, Senefelderstraße 3–11, 86650 Wemding

Printed in Germany

ISBN 3-8289-1188-9

2007   2006   2005   2004

Die letzte Jahreszahl gibt die aktuelle Lizenzausgabe an.

Alle Rechte vorbehalten.

Einkaufen im Internet:
www.weltbild.de

花 生 冰
渡 萝 冰
葡 萄 冰
鸡 尾 果 汁 冰
什 锦 奶 油 鸡 屋
莲 子 冰 水